Zu diesem Buch

Wie konnte die Welt aus dem Nichts entstehen? Was ist der Mensch? Wie entstand das Bewußtsein, das den Menschen von allen anderen Lebewesen unterscheidet? Und wenn ein Gott die Welt und den Menschen erschaffen hat, wer oder was ist dann «Gott»? Grundfragen der Naturwissenschaft, der Psychologie und der Religion erfahren hier im Licht der Kabbala eine überraschend moderne und schlüssige Antwort. Diese geheimen Lehren, die nichts mit dogmatischer Religiosität zu tun haben, ermöglichen dem ernsthaften Sucher, selbst den tiefen Wahrheiten des Kosmos auf die Spur zu kommen.

Doch das System der Kabbala bietet nicht nur eine faszinierende Erklärung des Schöpfungsprozesses, sondern liefert uns auch die praktischen Schritte zur Selbstveränderung und Selbstverwirklichung. Wir können die Welt verbessern, indem wir Menschen mit unserer wahren Natur Verbindung aufnehmen und die schöpferischen Möglichkeiten *bewußt* anwenden. Dann sind wir Wesen mit grenzenlosen Fähigkeiten – eben Quanten-Götter.

JEFF LOVE war Innenarchitekt, bevor er sich der Psychologie zuwandte. Er leitet seit mehr als zwanzig Jahren Gruppen im Bereich der Humanistischen Psychologie. Er half, mehrere Therapiezentren aufzubauen, darunter die «Bridge Mountain Foundation» in Kalifornien, «Center» in Amsterdam und «La Finca La Follenca» in Spanien.

Jeff Love

Die Quantengötter

Ursprung und Natur
von
Materie und Bewußtsein

Deutsch von
Johannes Glauche

transformation

rororo transformation
Herausgegeben von Bernd Jost
und Jutta Schwarz

Umschlagentwurf Peter Keller

Veröffentlicht im Rowohlt Taschenbuch Verlag GmbH,
Reinbek bei Hamburg, Dezember 1987
Die Originalausgabe erschien unter dem Titel
«The Quantum Gods» bei Element Books Ltd.,
Longmead, Shaftesbury, Dorset, England, 1976
Copyright © 1987 by Rowohlt Taschenbuch Verlag GmbH,
Reinbek bei Hamburg
Copyright © Jeff Love 1976
Die deutsche Übersetzung wurde mit freundlicher Genehmigung
vom Eugen Diederichs Verlag Köln übernommen
Alle Rechte vorbehalten
Gesamtherstellung Clausen & Bosse, Leck
Printed in Germany
1280-ISBN 3 499 18418 4

Inhalt

ZWEITER TEIL
PSYCHOMETAPHYSIK

DRITTER TEIL
SELBSTFINDUNGSKURS

Vorwort

Die Quanten-Götter sind Wesen grenzenloser Fähigkeiten. Doch jeder von ihnen existiert allein, der Existenz der Anderen nicht bewußt und unfähig, sich als schöpferisches Wesen zu beweisen.

Nur durch die Schöpfung einer gemeinsamen Wirklichkeit kann der Quanten-Gott seiner selbst und anderer bewußt werden. Die Quanten-Götter unterzeichnen eine Konvention der Absichtlichkeit, in die sie ihre ganze Existenz investieren, um eine gemeinsam-geschaffene Wirklichkeit hervorzubringen. Ihr Motiv für die Unterzeichnung dieser Konvention ist Liebe – der Wunsch, ihren Zustand des Alleinseins zu beenden und miteinander Kontakt aufzunehmen.

Die Konvention ist geschrieben mit der Feder der Absichtlichkeit auf dem Papier von Zeit und Raum und mit der Tinte von Masse und Energie. Die gemeinsame Wirklichkeit der Quanten-Götter besteht aus Bewußtsein und einem besonderen Zustand des Bewußtseins, genannt Materie. Materie ist das Medium, Sein ist die Botschaft.

Dies ist keine Science-fiction-Phantasie. Die Quanten-Götter sind keine Geister, Engel oder Wesen von einem anderen Stern oder aus einer anderen Dimension. Dies ist ein einzigartiges Stück radikaler metaphysischer Philosophie.

Die Quanten-Götter, das sind du und ich!

ERSTER TEIL
DAS KABBALISTISCHE MODELL

Der Weg des Punktes

Eine Geschichte in Zeichnungen.
Einige grundlegende Aspekte der Kabbalah sind
hier dargestellt.

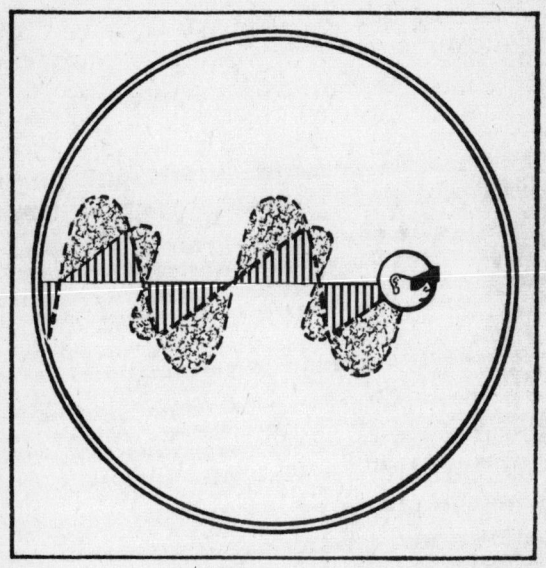

Der Punkt stellt das individuelle ICH BIN
oder Selbst dar

AUS DEM
NICHTS
KOMMT ALLES . . .

Stellen Sie sich vor,
daß die gegenüberliegende Seite fehlt.
Sie stellt den Urzustand dar, der

AIN

genannt wird.
AIN bedeutet
das ABSOLUTE
und
GRENZENLOSE NICHTS

Die gegenüberliegende Seite
stellt den Zustand

AIN SOPH

dar.
AIN SOPH bedeutet
UNENDLICHKEIT.

Die gegenüberliegende Seite
stellt den Zustand

AIN SOPH AUR

dar, was
GRENZENLOSES LICHT
bedeutet.

Die gegenüberliegende Seite stellt die einander überlagerten drei Zustände AIN, AIN SOPH und AIN SOPH AUR vereint dar. Diese drei Zustände zusammen heißen

NEGATIVE EXISTENZ

Negative Existenz ist der Zustand *vor* der Schöpfung. Sie ist die Quelle aller endlichen und manifesten Dinge, bleibt aber selbst

UNENDLICH UND UNMANIFESTIERT

Dies ist eine Vergrößerung
der Darstellung der
NEGATIVEN EXISTENZ

Negative Existenz ist hier dargestellt durch eine
unendliche Zahl von Punkten, gleichmäßig verteilt
in der Unendlichkeit.

Dies ist eine weitere Vergrößerung
der Darstellung der
NEGATIVEN EXISTENZ

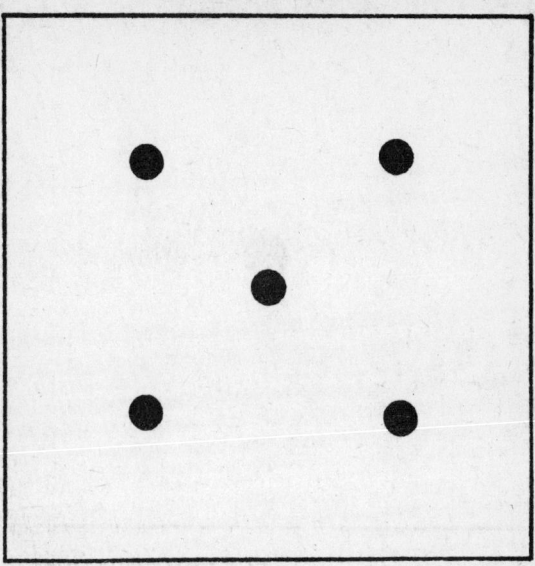

Jeder Punkt kann jetzt als einzelnes Individuum
erkannt werden. Die Punkte beginnen die Eigenschaft der Positiven Existenz gegenüber dem Hintergrund der Leere der Negativen Existenz anzu-
nehmen.

Der Punkt stellt das Selbst
oder ICH des Schöpfers dar.

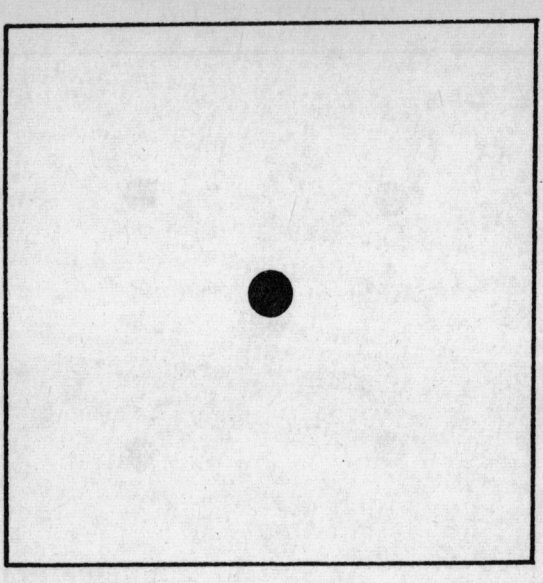

Der Punkt ist eine unendlich kleine Einheit, noch
ohne Dimension. Der Punkt ist unsichtbar; durch
den Farbfleck ist nur seine Existenz angedeutet.
Der Punkt stellt den Schöpfer dar im Zustand
EHIEH, was »Ich werde sein« bedeutet. Im Voll-
zug der Individualisierung tritt der Schöpfer aus
dem Zustand der Negativen Existenz in den der Positiven Existenz.
In Hinsicht auf die Unendlichkeit der Negativen
Existenz ist der Schöpfer jetzt endlich. Gleichzeitig
ist er unendlich in bezug auf die Positive Existenz,
deren Ursprung er ist.

Ein Punkt ist grenzenloses Potential.
Ein Schöpfer ist grenzenlose Fähigkeit.

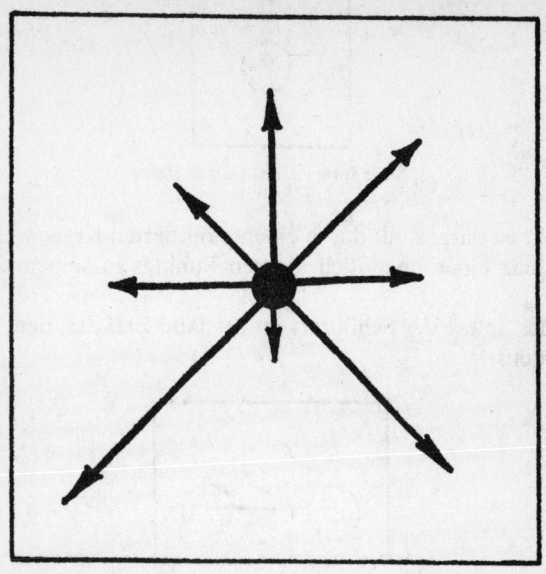

Ein Punkt kann sich bewegen: über jede beliebige
Entfernung und in jede beliebige Richtung.
Ein Punkt ist grenzenloses Potential.
Als Punkt ist der Schöpfer im Zustand des Werdens
(EHIEH).
Als sich bewegender Punkt ist der Schöpfer im Zu-
stand des Erschaffens.
Im Zustand des Erschaffens ist der Schöpfer in dem
JHWH (Jehovah) genannten Zustand. Das bedeu-
tet Essenz des SEINS.
Als Schöpfer ist ER unbegrenzte Schaffensfähig-
keit.
Schaffen ist die Essenz des SEINS.
Alle graphischen Formen sind durch den Weg des
Punktes geschaffen.
Alle manifestierte Existenz ist durch die Aktivität
des Schöpfers geschaffen.

Die Aktivität des Schöpfers

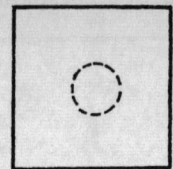

Erste Stufe   Dimensionslosigkeit

Der Punkt ist dargestellt durch einen punktierten Kreis, welcher auf die Existenz eines unendlich kleinen Punktes in seinem Zentrum hinweist.

Das ist das Selbst des Schöpfers im Zustand EHIEH, dem Zustand des Werdens.

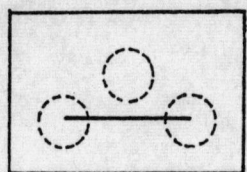

Zweite Stufe   Eine Dimension

Die Bewegung eines Punktes in eine Richtung schafft eine Linie. Die Linie ist sein Weg zwischen zwei Punkten.

Das ist das Selbst des Schöpfers, das sich zwischen dem Zustand JHWH (dem TUN) und dem Zustand JHWH ELOHIM (dem SICH BEWEGEN) bewegt.

Die Linie zeigt die Ur-Absichtlichkeit des Schöpfers an.

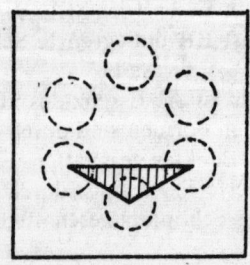

Dritte Stufe   Zwei Dimensionen

Die Bewegung eines Punktes in zwei Richtungen schafft eine Ebene. Eine Ebene ist der Weg zwischen drei Punkten.

Das ist das Selbst des Schöpfers, das sich zwischen drei Zuständen bewegt, welche eine Spiegelung der ersten drei Zustände auf niederer Ebene sind. Hier ist die Ur-Absichtlichkeit aufgespalten in zwei Richtungen, die die Polarität von Schöpferischem und Empfangendem darstellen. Der dritte Zustand ist das Gleichgewicht zwischen den beiden. Der Gleichgewichtspunkt fällt direkt unter den Zustand EHIEH auf die Mittellinie. Er zeigt das Selbst des Schöpfers in einem Zustand, in dem ER der Polarität, die er schuf, unterworfen ist.

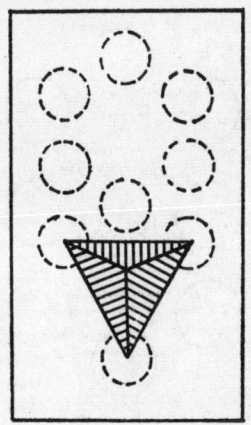

Vierte Stufe   Drei Dimensionen

Die Bewegung eines Punktes in drei Richtungen schafft einen Körper. Ein Körper ist der Weg zwischen vier oder mehr Punkten.

Die vier Punkte stellen eine Synthese aller vorhergehenden Zustände dar, welche hier in der dreidimensionalen Existenz stabilisiert sind. Das Selbst des Schöpfers ist stabilisiert in einem Zustand, in dem, in der Spitze der Pyramide, die Polaritäten männlich–weiblich und Geist–Materie auf ihrer Grundfläche ausgeglichen werden. Die Pyramide stellt das Universum dar, das durch die Aktivität des Schöpfers geschaffen wurde, der ihm nun innewohnt.

Die graphische, geometrische Entwicklung zeigt, wie ein Punkt von unbegrenztem Potential durch seine Aktivität eine zunehmend endliche Realität seines Potentials demonstriert. Auf gleiche Weise ist der Schöpfer unbegrenzte Fähigkeit, während seine Schöpfung eine zunehmend endliche Bestätigung dieser Fähigkeit ist.

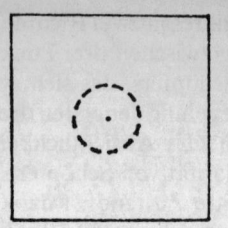

Dies ist das ICH des Schöpfers

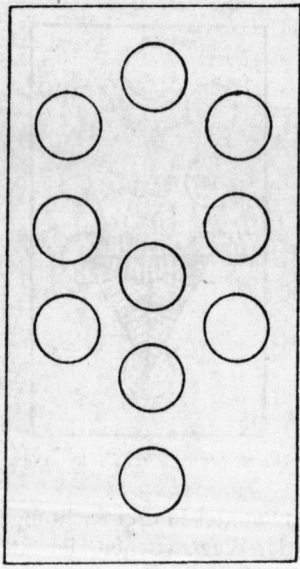

Dies ist der Körper des Schöpfers

Die obenstehende Struktur wird »Baum des Lebens« genannt. Die hebräischen Worte, die man mit »Baum des Lebens« übersetzt, bedeuten »Seins-Plan«, oder das was Philosophen Ontologie nennen. Jeder einzelne der zehn Kreise wird Sephirah genannt (in der Mehrzahl Sephiroth). Man sagt, die Sephiroth entspringen dem Sein des Schöpfers, wie man sagen kann, daß Form aus dem Punkt entspringt. Sowohl der Schöpfer wie auch der Punkt sind überall in ihrer Schöpfung, denn was immer sie schufen, hat ihr Wesen. Der Baum des Lebens ist ein archetypisches Muster, durch das Sein zu Form wird.

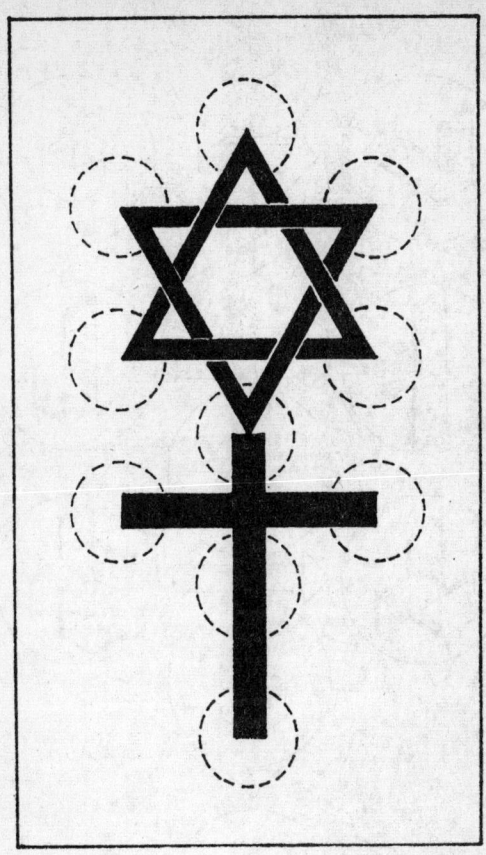

Der Baum des Lebens ist die symbolische Grundlage eines alten und sehr umfangreichen metaphysischen Systems, das man Kabbalah nennt. Die Kabbalah ist ein Führer zu inneren Wahrheiten, die den äußeren Formen der jüdischen und christlichen Religionen zugrunde liegen. Im bezug auf das Absolute sind alle religiösen Dogmen und Philosophien begrenzte Ansichten. Die symbolische Kabbalah bietet einen direkteren Weg des Verstehens des Absoluten, indem sie dem Sucher hilft, Ansichten durch die Verwendung universaler Symbole zu transzendieren.

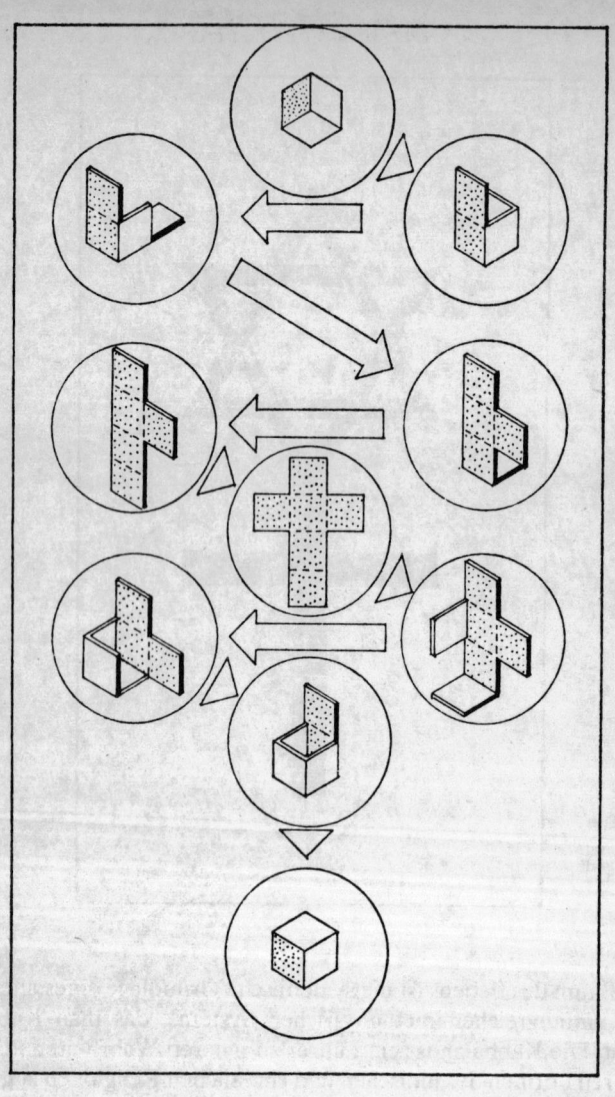

Der Baum des Lebens beschreibt den sich entfaltenden Übergang von Gott zu Mensch. Das Diagramm auf der gegenüberliegenden Seite zeigt Gott (dargestellt als Würfel). Gott, das ICH WERDE SEIN, nimmt den ersten Platz oben im Diagramm ein. Mensch, das »Ebenbild und die Gleichgestalt Gottes«, nimmt den letzten Platz unten im Diagramm ein. In der sechsten Position, auf halbem Wege zwischen Gott und Mensch, ist der Bewußtseinszustand »Christus«, symbolisiert durch ein Kreuz.

Der obere Würfel ist wie eine Pappschachtel. Seine Oberflächen stellen das Bewußtsein der Göttlichkeit dar. Wie man sieht, sind nur drei der sechs Oberflächen sichtbar. Im Prozeß der Entfaltung (folge den Pfeilen) werden alle sechs Seiten im Kreuz sichtbar. Das Kreuz faltet sich dann wieder zurück in einen Würfel, aber diesmal mit den vorher äußeren Oberflächen nach innen. In der zehnten Position stellt der Würfel mit umgekehrten Innen- und Außenseiten das Bewußtsein der materiellen Welt dar, in dem das göttliche Bewußtsein verborgen ist.

In der Kabbalah ist »Christus« keine Persönlichkeit. Christus ist ein Bewußtseinszustand, verkörpert in vielen Individuen der Geschichte, einschließlich dem Menschen Jesus. Es ist ein Bewußtseinszustand, in dem Geistigkeit und Materialismus, Bewußtsein des Selbst und Bewußtsein des Anderen, innere Göttlichkeit und äußere Persönlichkeit in vollkommenem Gleichgewicht sind. Das Erlangen dieses Bewußtseinszustandes ist das Ziel des Studiums der Kabbalah.

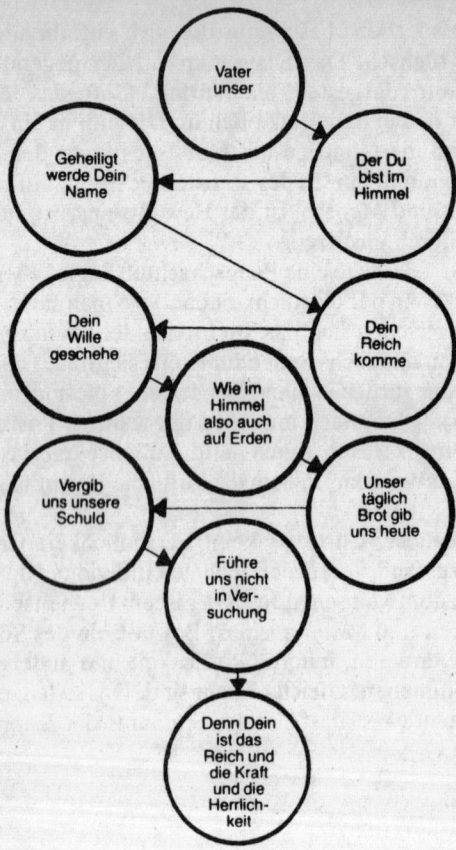

Das Vaterunser, dessen Autorschaft Jesus zugesprochen wird, wird in den meisten, wenn nicht allen christlichen Denominationen benutzt. Sein Ausdruck ist ähnlich dem älteren jüdischen Gebet, dem Kaddish. Das Gebet teilt sich, von der Konstruktion her, in zehn separate Aussagen. Diese zehn Aussagen gehen in vieler Hinsicht parallel mit den zehn Sephiroth des Baumes des Lebens. Wenn wir annehmen, daß Jesus der Autor ist, spricht das dafür, daß er mit kabbalistischer Symbolik vertraut war.

Die Sephiroth

Jede Sephirah hat einen Namen und eine Zahl, die ihre Stelle in der Schöpfung andeuten.

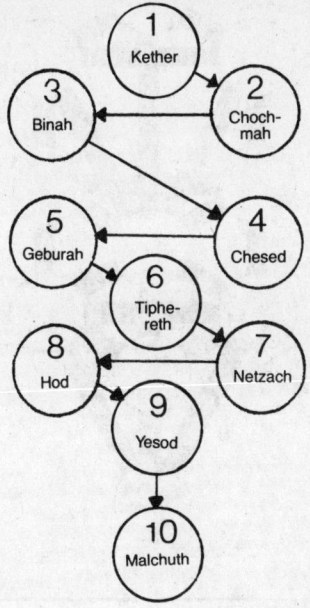

1	Kether	Krone
2	Chochmah	Weisheit
3	Binah	Verstehen
4	Chesed	Gnade
5	Geburah	Strenge
6	Tiphereth	Schönheit
7	Netzach	Sieg
8	Hod	Herrlichkeit
9	Yesod	Grundlage
10	Malchuth	Königreich

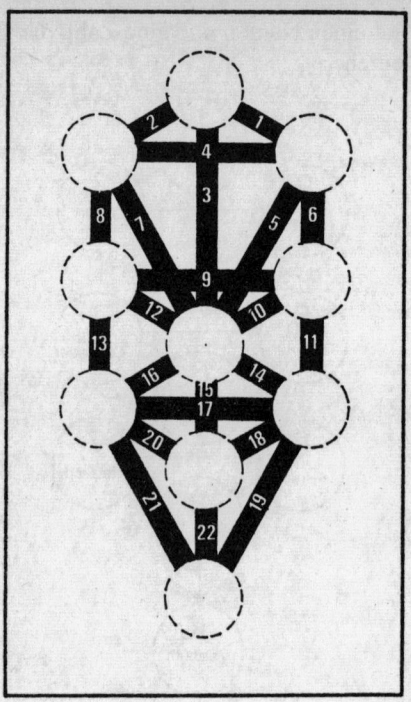

Zweiundzwanzig Pfade verbinden die Sephiroth des Baumes des Lebens. Jeder Pfad (erste Spalte der gegenüberstehenden Tabelle) entspricht einem Buchstaben des hebräischen Alphabetes (zweite Spalte), hat eine astrologische Entsprechung (dritte Spalte) und ist dargestellt durch eine der zweiundzwanzig Hauptkarten des geheim-
nis-vollen Tarot (vierte Spalte für die Nummer der Karte und die
fünfte Spalte für deren Name).

1	Aleph	Uranus	0	Der Narr
2	Bet	Merkur	1	Der Magier
3	Gimmel	Mond	2	Die Hohepriesterin
4	Dallet	Venus	3	Die Herrscherin
5	Heh	Widder	4	Der Herrscher
6	Wav	Stier	5	Der Hohepriester
7	Zain	Zwillinge	6	Die Liebenden
8	Chet	Krebs	7	Der Triumphwagen
9	Tet	Löwe	8	Stärke
10	Yod	Jungfrau	9	Der Weise
11	Khaf	Jupiter	10	Das Glücksrad
12	Lammed	Waage	11	Gerechtigkeit
13	Mem	Neptun	12	Der Hängende Mann
14	Nun	Skorpion	13	Tod
15	Sammech	Schütze	14	Gleichmaß
16	Ayn	Steinbock	15	Der Teufel
17	Peh	Mars	16	Der Turm
18	Zadde	Wassermann	17	Der Stern
19	Qof	Fische	18	Der Mond
20	Resch	Sonne	19	Die Sonne
21	Schin	Pluto	20	Das Gericht
22	Tav	Saturn	21	Die Welt

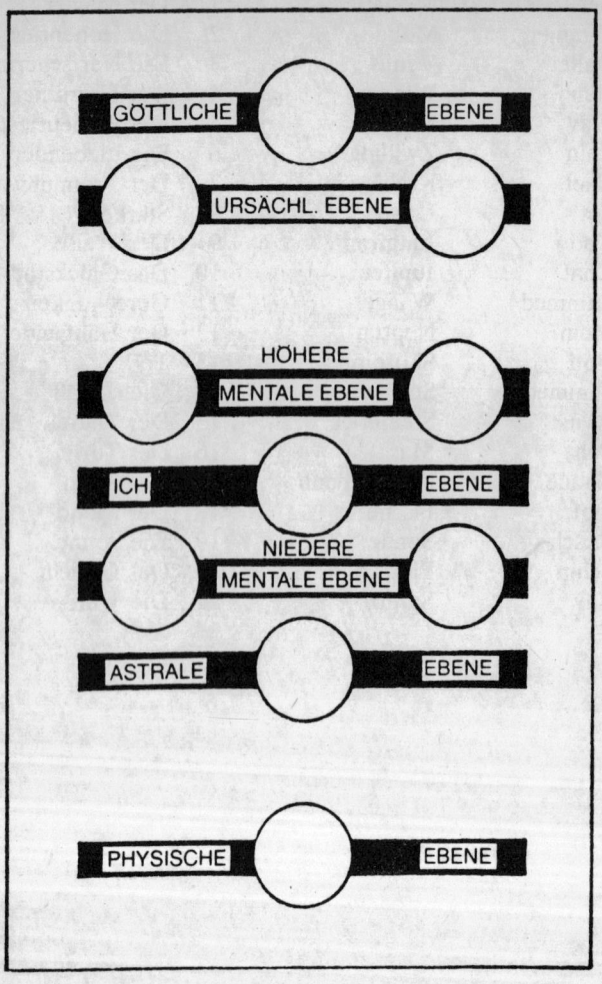

Zieht man eine horizontale Linie durch jede Sephirah oder jedes Se-
phirothpaar, sind damit die sieben Ebenen der Existenz angedeutet.
Es sind dies die sieben Himmel, die in vielen religiösen und theoso-
phischen Lehren erwähnt werden.

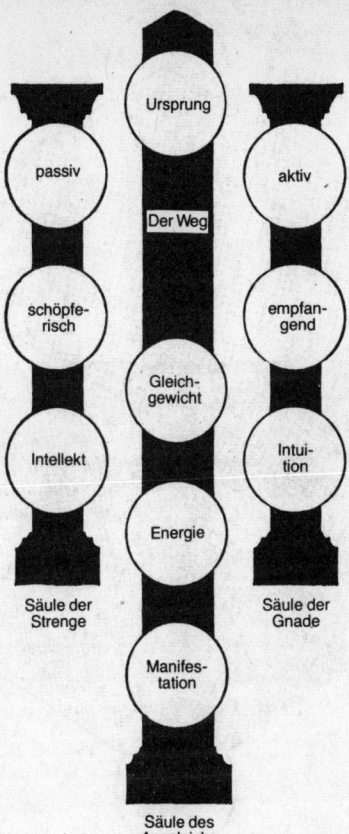

Der Baum des Lebens stellt Beziehung her zwischen unendlich und endlich, mikrokosmisch und makrokosmisch, innen und außen, These und Antithese, Ansicht und Gegenansicht und gibt uns eine Waage, um Zweck und Mittel abzuwägen. Er ist eine Methode, scheinbare Ähnlichkeiten zu differenzieren, scheinbare Gegensätze auszugleichen und philosophische Zusammenschau zu ermöglichen. Durch Verwendung des Baumes des Lebens kann man ursprünglich unbewußte und unvorstellbare Ideen ins Bewußtsein heben. Die Entwicklung dieser primären Fähigkeiten wird als Intelligenz gewertet.

37

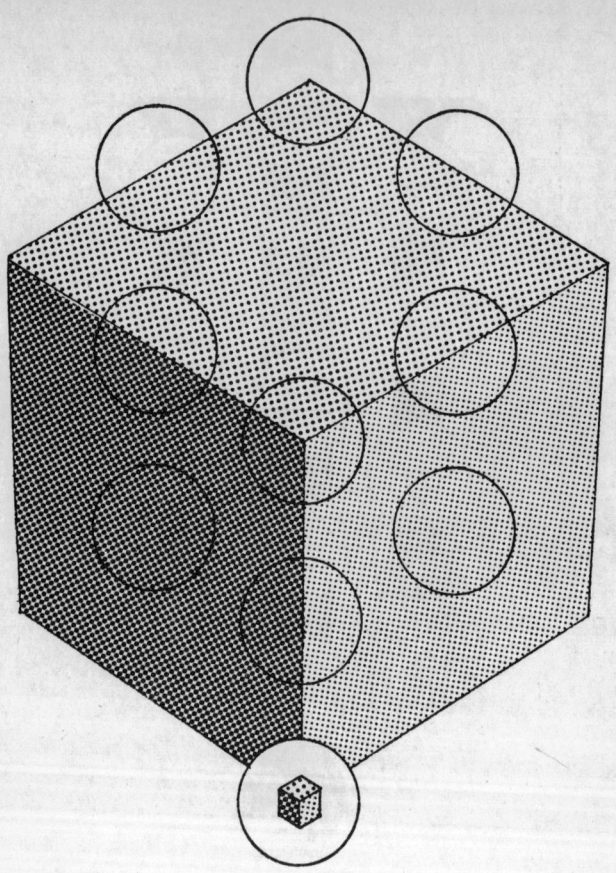

Der Baum des Lebens sucht die Realität, die allen Erscheinungen zugrunde liegt, zu beschreiben. Der Würfel in der zehnten Sephirah stellt die äußere Manifestation der neun vorangehenden Sephiroth dar, die als Einheit zusammenwirken.

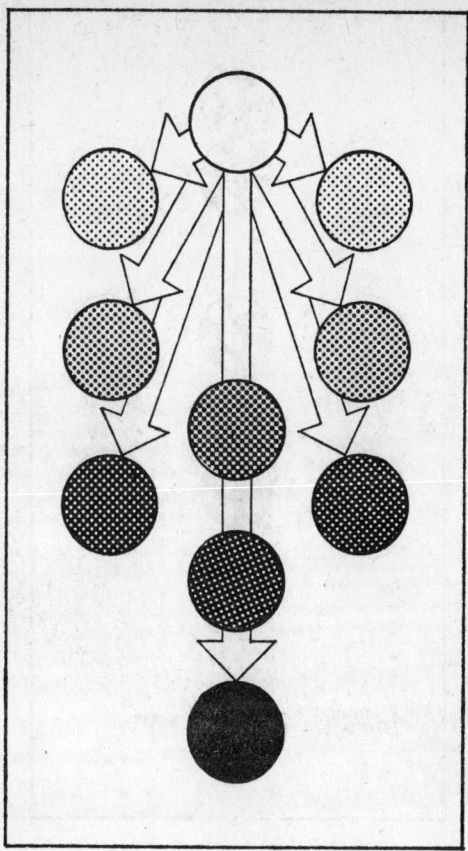

Die erste Sephirah ist der Ursprung. Man könnte sie durch weißes Licht symbolisieren. Wenn das weiße Licht der ersten Sephirah durch die anderen neun Sephiroth projiziert wird, teilt es sich in seine Teilfarben und Schattierungen, so wie Licht im Prisma gebrochen wird. Die Theosophen nennen dieses Phänomen die sieben Strahlen der Schöpfung.

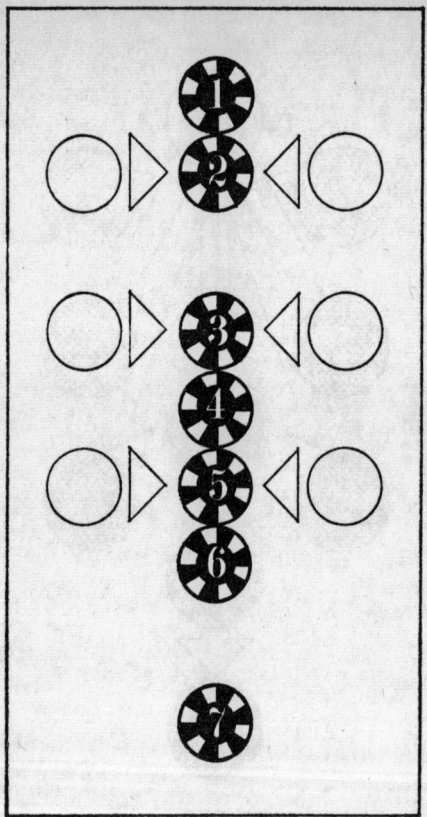

Ein Chakra ist ein Energiezentrum im Körper. Wenn die Polaritäten, dargestellt durch die drei gegenüberliegenden Gegensatzpaare (rechts und links der Mittelsäule), im Gleichgewicht sind, öffnet sich das Chakra dazwischen. Ein geöffnetes Chakra gibt dem Menschen innere Erkenntnis- und Schöpferkraft. Das erste Chakra, das oberste im Diagramm, heißt das Kronenchakra. Die anderen heißen »Drittes Auge« (2), Hals-Chakra (3), Herz-Chakra (4), Sonnengeflecht-Chakra (5), Bauch-Chakra oder Hara (6), und Basis-Chakra.

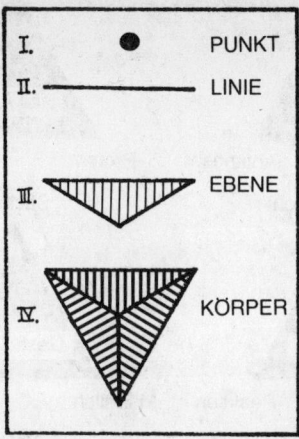

Dritte Stufe   Zwei Dimensionen

Am Anfang dieses Kapitels wurde gezeigt, wie der Baum des Lebens aus einer vierstufigen geometrischen Progression entwickelt wurde. In dieser Progression kamen die drei Eigenschaften von Punkt, Linie und Ebene zusammen, um den Körper in der vierten Stufe zu bilden. Alle scheinbar statischen Dinge können als Prozesse beschrieben werden. Alle Prozesse können als drei Aspekte beschrieben werden, die zusammenwirken und so den vierten schaffen.

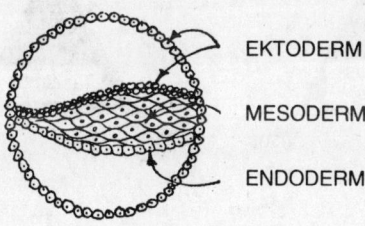

Die Embryo-Scheibe

Der menschliche Körper entwickelt sich aus einem Embryo, der aus drei Zellarten besteht.

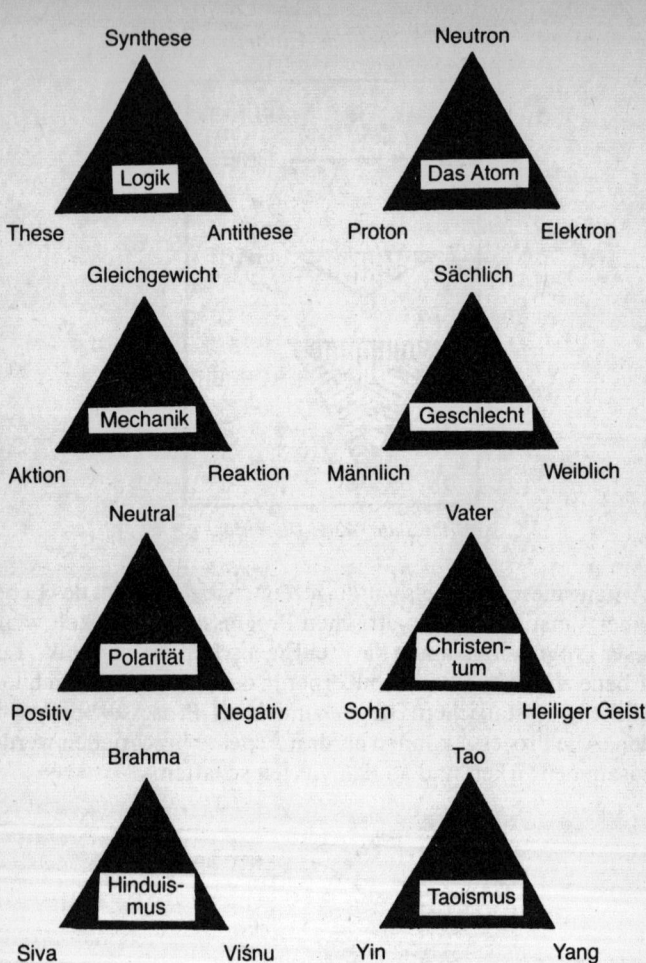

	Synthese			Neutron	
	Logik			Das Atom	
These		Antithese	Proton		Elektron
	Gleichgewicht			Sächlich	
	Mechanik			Geschlecht	
Aktion		Reaktion	Männlich		Weiblich
	Neutral			Vater	
	Polarität			Christentum	
Positiv		Negativ	Sohn		Heiliger Geist
	Brahma			Tao	
	Hinduismus			Taoismus	
Śiva		Viśnu	Yin		Yang

Die Dreiheit-als-Einheit wird in der Kabbalah Tetragrammaton genannt. Seine vier Buchstaben sind die des unaussprechlichen Gottesnamens. Obwohl er manchmal als Jehova übersetzt wird, ist es an sich kein Name sondern eine Formel, die einen universalen Prozeß beschreibt.

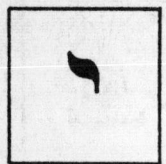

Der erste Buchstabe, *yod*, hat die einfachste Konstruktion aller hebräischen Buchstaben. Er ist die Grundform, auf der die anderen hebräischen Buchstaben fußen. Er symbolisiert eine Flamme, ist männlich, aktiv und schöpferisch. Er ist das Prinzip der Kraft.

Der zweite Buchstabe, *heh*, ist weiblich, passiv und stellt das Empfangende oder das Formprinzip in bezug auf *yod* dar. *Heh* ist das Prinzip der Struktur.

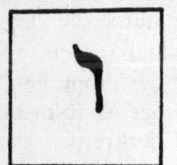

Der dritte Buchstabe, *wav*, ist die Aktivität von *yod* (Kraft), die sich in der Struktur von *heh* bewegt. *Wav* ist das Prinzip der Bewegung.

Heh ist wiederholt als vierter Buchstabe des Tetragrammaton. Hier deutet es eine Struktur oder Form an, die Resultat der ersten drei Buchstaben »als-Einheit-handelnd« ist. Das zweite *heh* bedeutet Manifestation oder Form.

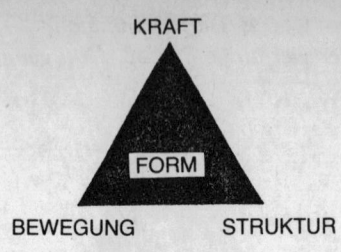

KRAFT

FORM

BEWEGUNG STRUKTUR

Vier allgemeine Eigenschaften können hiervon abstrahiert werden: Kraft, Struktur, Bewegung und Form.

  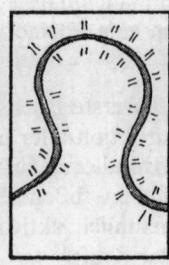 

Ein einfaches Beispiel für das Tetragrammaton (Dreieinigkeit) ist ein elektrischer Stromkreis. Die Kraft (Elektrizität) läuft durch eine Struktur (Verdrahtung), dadurch Bewegung erzeugend (Stromfluß), der in einer Form resultiert (die Leistung, die dadurch erzeugt wird, hier das Brennen der Lampe).

Die vier Aspekte des Tetragrammaton werden durch die vier Elemente symbolisiert – Feuer, Wasser, Luft und Erde; durch die vier Farben des Kleinen Arkanum der Tarotkarten — Stäbe, Kelche, Münzen und Schwerter, von denen sich die Farben der modernen Spielkarten ableiten: Kreuz, Herz, Karo und Pik. In der Astrologie haben sie ihre Parallele in den vier festen Zeichen des Tierkreises, die die vier Ecken des Universums darstellen.

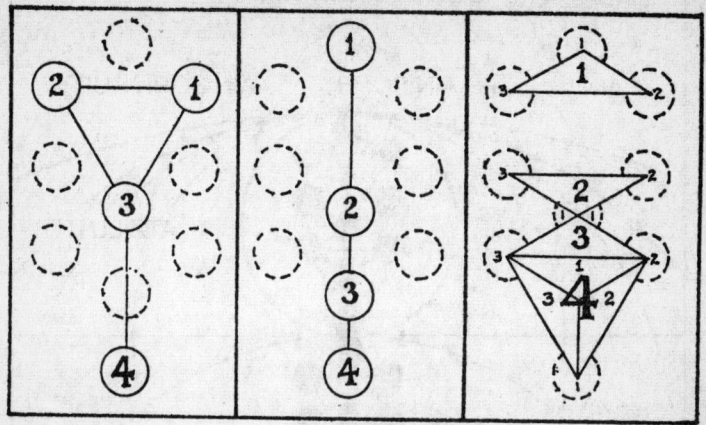

Das Tetragrammaton kann auf die Beziehungen zwischen den Sephiroth angewendet werden. Hier ist es auf mikrokosmischer Ebene angewandt.

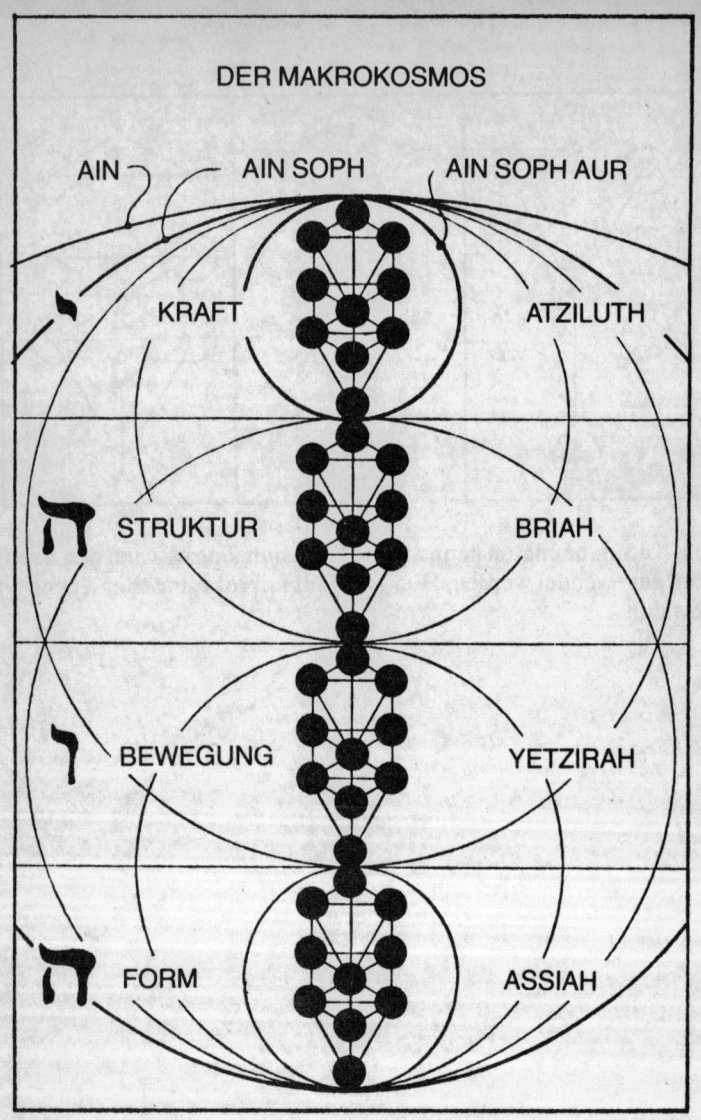

DER MAKROKOSMOS

AIN — AIN SOPH — AIN SOPH AUR

KRAFT — ATZILUTH

STRUKTUR — BRIAH

BEWEGUNG — YETZIRAH

FORM — ASSIAH

46

Die vier Welten des Makrokosmos

Vier kabbalistische Welten, jede einen Baum des Lebens enthaltend, symbolisieren die Natur der gesamten Positiven Existenz (den Makrokosmos). Jede Welt hat einen Titel, und jede Sephirah in jeder dieser Welten hat ihren Namen.

ATZILUTH ist die erste Welt, die aus der Negativen Existenz entspringt. Ihr Titel ist »Die Grenzenlose Welt der Göttlichen Namen«. Jede Sephirah dieser Welt hat einen hebräischen Namen, der mit dem Namen »Gott« übersetzt wird.

BRIAH, die zweite Welt, ist »Die Erzengel-Welt der Schöpfung«. Sie entspringt der zehnten Sephirah von ATZILUTH. Jede Sephirah ist nach einem Erzengel benannt.

YETZIRAH, die dritte Welt, entspringt der zehnten Sephirah von BRIAH. Es ist »Die Hierarchische Welt der Gestaltung«. Jede Sephirah ist nach einer Engelshierarchie benannt.

ASSIAH ist die vierte Welt. Es ist »Die Elementare Welt der Substanzen«. Jede Sephirah hat eine astrologische Zuordnung. Die zehnte Sephirah von ASSIAH ist »Die Sphäre der vier Elemente«. Die vier Elemente – Feuer, Wasser, Luft und Erde – weisen zurück auf die vier Aspekte des Tetragrammaton. Das deutet an, daß der gesamte Makrokosmos innerhalb der niedrigsten Sephirah des niedersten Baumes, dem Mikrokosmos, zu finden ist.

Die kabbalistische Literatur scheint die immer noch weitverbreitete Ansicht zu bestärken, daß eine abgründige Trennung zwischen Mensch und Gott besteht. Je älter die Literatur ist, um so stärker scheint sie diesen Unterschied zu betonen: »Weh dem, der IHN (Gott) mit seinen Attributen oder gar mit dem Sohn des Menschen vergleicht, dessen Grundlage Staub ist und der verschwindet und nicht mehr gefunden wird.«

Um eine Gesamtheit zu beschreiben, muß die Kabbalah, wie alle Klassifizierungssysteme, die Teile des Ganzen beschreiben. Bis dann alles beschrieben und zusammengesetzt ist, verstärkt das System unglücklicherweise durch eben diese Beschaffenheit den zeitweiligen Eindruck der Getrenntheit.

Das Wesen des Ganzen ist der Name aus vier Buchstaben. Es steht geschrieben, daß dieser Name der Schlüssel des Verständnisses alles dessen ist, was die Menschheit über das Wesen der gesamten Realität verstehen kann. Sieh dir den Namen selbst aufmerksam an. Er deutet an, wie Gott aussehen könnte.

Eine kurze Übersicht über die Kabbalah

Die Kabbalah ist ein System religiöser Philosophie. Es enthält die inneren Lehren und die mystische Bedeutung sowohl des Judentums als auch des Christentums.

Kabbalah (oft auch Qabala, Cabala usw. geschrieben, mit der Betonung auf der ersten Silbe) kommt von dem hebräischen Verb »kibel« (Qof-Bet-Lammed), »erhalten, annehmen«, oder dem Substantiv »kabal«, »Empfänger«. Der Sinngehalt des Wortes ist derselbe wie der des Titels des letzten Buches des Neuen Testamentes, »Apokalypse«, griechisch für Offenbarung oder Enthüllung. Die Kabbalah wird auch »Die Geheime Weisheit« genannt, da sie als Tradition weitergegeben wurde »durch die Eingeweihten und in den hebräischen Heiligen Schriften angedeutet ist durch Zeichen, die allen außer den Eingeweihten verborgen sind«.

Historische Anmerkung

Niemand weiß genau, wie alt die Kabbalah ist, aber es wird allgemein angenommen, daß sie älter als das Alte Testament ist, zumindest in ihrer mündlichen Überlieferung. Es gibt zwei grundsätzliche Geschichten über den Ursprung der Kabbalah, die man in der einschlägigen Literatur finden kann.

1. Vor dem Sündenfall lehrte Gott die Mysterien der Kabbalah einer ausgewählten Gruppe von Engeln. Die Engel unterwiesen später Adam, damit er durch das Verstehen dieser Prinzipien wieder in den Himmel Eingang finden möge. Die Kabbalah wurde dann mit Hilfe der Engel mündlich von Generation zu Generation weitergegeben.

2. Moses erstieg den Berg Sinai dreimal. Jedesmal war er für vierzig Tage in der Gegenwart Gottes. Das erste Mal erhielt er das geschriebene Gesetz, das zweite Mal die Seele des Gesetzes und das dritte Mal erhielt er die Seele der Seele des Gesetzes – das ist die Kabbalah und ihre Mysterien. Moses legte die heiligen Mysterien dann in verborgener Form in den ersten fünf Büchern der Bibel, dem Pentateuch, nieder.

Die klassische Kabbalah kann man in fünf Teile teilen: Die mündliche Überlieferung, die Schriftliche Kabbalah, die Buchstaben- oder Kryptische Kabbalah, die Symbolische Kabbalah und die Praktische Kabbalah.

Die mündliche Überlieferung bezieht sich auf die Praxis, die Geheimnisse der Kabbalah mündlich von Vater zu Sohn oder von Lehrer zu Schüler weiterzugeben. Es existierten und existieren heute noch Schulen und Geheimbünde, die diese Tradition bewahren. Die mündliche Überlieferung geht in vorgeschichtliche Zeiten zurück.

Obwohl die Kabbalah ein Eckstein sowohl der jüdischen als auch der christlichen Religion ist, werden Sie in zeitgenössischen Kirchen oder Synagogen nichts davon hören. Der allergrößte Teil der heutigen Theologen hat entweder gar keine Kenntnis von der Kabbalah oder aber ungenaue akademische Vorstellungen über ihren Inhalt. Viele halten die Kabbalah für reinen Aberglauben. Andere halten sie für frevelhaft, und viele verbieten sogar den Mitgliedern ihrer Religionsgemeinschaft, darüber zu lesen.

In den Sekten, meist hassidischen, die die Kabbalah lehren, muß – der klassisch jüdischen Tradition gemäß – ein Mann über vierzig Jahre alt sein, eine Familie und eine eingehende Kenntnis der äußeren Lehren der Heiligen Schrift besitzen, um sich mit ihr beschäftigen zu dürfen. Ohne unehrerbietig sein zu wollen, muß der Autor gestehen, daß er keine dieser Voraussetzungen erfüllt.

Die Schriftliche Kabbalah

Die Schriftliche Kabbalah besteht aus Versuchen, die mündliche Kabbalah schriftlich zu fixieren, wie auch aus Kommentaren zu dem bereits Geschriebenen. Die Unmenge von heute verfügbaren Kommentaren basiert auf jenen vier Werken, die als Quellen der schriftlichen Kabbalah angesehen werden: dem *Sepher Jetzirah,* dem Buch der Weltformung, das Rabbi Akiba zugeschrieben wird (etwa 120 n. Chr.); dem *Sepher ha Zohar,* auch Sohar genannt, von Simeon Ben Jochai (etwa 160 n. Chr.); den Kommentaren zu den Zehn Sephiroth, von Rabbi Ezra (12. Jahrhundert) und der Apokalypse des Johannes, dem letzten Bibelbuch.

Legenden zufolge existiert die Geheimwissenschaft Israels seit dem Beginn der Welt, aber Rabbi Simeon war der erste, der sie niederschrieb. 1200 Jahre später wurde diese Schrift aufgefunden und von Moses de Lyon als der Sohar veröffentlicht. Einige Autoritäten halten seine Echtheit für fraglich und sagen, Moses de Lyon sei selbst der Autor gewesen (1305 n. Chr.).

Heute gibt es Hunderte von Werken über die Kabbalah. Nahezu alle beziehen sich auf eines dieser Originaldokumente und interpretieren es dann von diesem oder jenem Standpunkt aus.

Im folgenden ist eine kurze Übersicht über den Inhalt der verschiedenen Grundwerke gegeben, die aber in keiner Weise Anspruch auf Vollständigkeit erhebt.

Die Kabbalah sucht den Übergang vom Unendlichen zum Endlichen, den Weg vom Absoluten zum Relativen, die Beziehung zwischen Materie und Intelligenz, den Einfluß von Intelligenz auf Materie und die Beziehung von Schöpfer und Schöpfung zu erklären.

Die Grundlehren der Kabbalah versuchen das Wesen Gottes zu beleuchten, die kosmologische Struktur der Welt, die Schöpfung von Engeln und Mensch, die Bestimmung der Welt und die Wichtigkeit und den inneren Sinn der Heiligen Schriften zu erklären.

In dieser Literatur wird Gott AIN SOPH genannt, was »endlos« und »grenzenlos« bedeutet. ER ist absolute Einheit. Es gibt nichts außer IHM und ER ist in allem. Das AIN SOPH kann weder intellektuell verstanden, noch durch Worte umschrieben werden. In bezug auf unser Denken existiert ER nicht, da ein Undenkbares ein Nicht-Existierendes ist. Um SEINE Existenz erfahrbar zu machen, mußte das AIN SOPH aktiv und schöpferisch werden. Aber das AIN SOPH kann nicht direkt schöpferisch tätig sein, da ES weder Wille, Absicht, Wunsch, Gedanke, Sprache, noch Aktivität hat, da all diese Attribute endlich und begrenzt sind, während das AIN SOPH endlos und unbegrenzt ist. Das AIN SOPH kann nichts IHM Unähnliches schaffen, also nichts, das nicht endlos und unbegrenzt wäre.

Die Weltordnung der Dinge gibt zu verstehen, daß die Welt kein Kind des Zufalls ist, sondern ein intelligenter Plan. Deshalb wird das AIN SOPH als *indirekter* Schöpfer der Welt angesehen. Das Mittel, durch das AIN SOPH SEINE Existenz in der geschaffenen Welt erfahrbar macht, sind die zehn Sephiroth (Sephirah, Einzahl, heißt Licht, Ausfluß, Emanation oder Intelligenz), die vom Grenzenlosen ausstrahlen.

In urtümlicher Sprache beschreibt ein kabbalistischer Text die Schöpfung gemäß der kabbalistischen Kosmologie:

»Der Alte der Alten, der Verborgene der Verborgenen, hat eine Gestalt und hat auch keine. Er hat eine Gestalt, durch welche die Welt besteht, und hat auch keine Gestalt, weil ER nicht begriffen werden kann. Als ER zuerst Gestalt annahm (als erste Sephirah), ließ ER neun glänzende Lichter aus SICH hervortreten, welche, leuchtend durch ihn, nach allen Seiten helles Licht verbreiteten, so wie ein erhobenes Licht Strahlen in alle Richtungen aussendet. Wenn wir herantreten, um diese Strahlen zu erfassen, so begreifen wir weiter nichts, als daß sie alle jenem Licht entströmen. So ist der Heilige Alte ein absolutes Licht, selbst aber verborgen und unfaßlich. Wir können IHN nur durch die leuchtenden Lichter erfassen, die zum Teil sichtbar, zum Teil verborgen sind und die den »HEILIGEN NAMEN GOTTES« ausmachen. Zuerst schickte AIN SOPH aus seinem unendlichen Licht eine spirituelle Substanz oder Intelligenz aus. Die erste Sephirah heißt ›Krone‹ und wird in der Bibel mit dem heiligen Namen EHIEH (gesprochen éh-hi-je) oder ICH BIN umschrieben, da sie absolutes Sein ist und das Unendliche im Gegensatz zum Endlichen repräsentiert. Die erste Sephirah enthält die anderen neun und läßt sie aus sich entspringen.«

Und die Worte des Sepher Jetzirah umschreibend: »Gott grub SEINEN heiligen Namen ein und formte und erschuf die Welt in 32 geheimnisvollen Bahnen mit Zahlen, Buchstaben und Lauten, die in IHM sind. Zehn Sephiroth und 22 Buchstaben (das hebräische Alphabet) sind die Grundlage aller Dinge. Die zehn Zahlen sind analog den zehn Fingern und den zehn Zehen; fünf gegenüber fünf. In der Mitte zwischen ihnen ist der Bund mit dem Einen Gott. Zehn ist ihre Zahl (der Sephiroth), kommend aus dem Nichts; zehn, nicht neun; zehn, nicht elf. Verstehe diese Weisheit, nimm auf diese Erkenntnis und sei weise. Suche dieses Geheimnis und gehe ihm nach. Untersuche Alles mit Hilfe der zehn Sephiroth, bringe die Welt zurück zu ihrem Schöpfer und führe den Schöpfer wieder auf seinen Thron. ER ist der einzige Schöpfer und neben IHM ist kein anderer. Seiner Attribute sind zehn und sind ohne Ende.

Die Erscheinung der zehn Sephiroth aus dem Nichts ist wie ein Blitz und ist ohne Anfang und Ende. Das Wort Gottes ist darin beim Ausgang und beim Eingang. Sie bewegen sich nach SEINEM Gebot und liegen vor SEINEM Thron.

Die zehn Sephiroth haben ihr Ende verbunden mit ihrem Anfang und ihren Anfang mit ihrem Ende, wie eine Flamme mit der brennenden Kohle, denn der HERR ist Einer und da ist kein zweiter.

Betreffs der Zahlen der Sphären der Existenz aus dem Nichts – versiegele Deine Lippen und wache über Dein Herz, wenn Du sie bedenkst. Wenn Dein Mund sich zum Wort öffnet und wenn Dein Herz einen Gedanken hegt, dann kontrolliere sie (Dich selbst); kehre zurück zur Stille. So steht es geschrieben: ›Und die Lebewesen gingen und kamen zurück‹ (Hesekiel 14). Und so wurde der Bund mit uns gemacht.«

Das Sepher Jetzirah bezieht die Buchstaben des hebräischen Alphabets auf ihre Symbole. Es beschreibt die 22 Buchstaben auf den drei Grundbuchstaben fußend: *Aleph,* dem Symbol für Luft; *Schin,* dem Symbol für Feuer, und *Mem,* dem Symbol für Wasser. Jedem der sieben Doppellaute ist ein Planet zugeordnet, und die verbleibenden zwölf einfachen Laute sind den zwölf Zeichen des Tierkreises zugeschrieben. Das Sepher Jetzirah fährt dann mit diesem Hinweis fort: »Gott setzte auch die Gegenteile gegeneinander; gut gegen böse und böse gegen gut.« Von der Dreiheit (den ersten drei Buchstaben und den ersten drei Sephiroth) sagt es: »Da sind drei, von denen jedes allein steht; eines positiv, eines negativ und das dritte sie ausgleichend. Über sie alle regiert Gott, der treue König, aus SEINER heiligen Stadt in alle Ewigkeit. Gott ist einer über drei; drei sind über sieben, sieben sind über zwölf; doch alle sind verbunden.
Mit 22 Buchstaben, mit drei Sepherim (Zahlen, Buchstaben und Lauten) formte und erschuf der ICH BIN, der Herr Zebaoth, der Allmächtige und Ewige, SEINE Welt, alle Kreaturen und die Dinge, die noch kommen werden.«

Die Buchstabenkabbalah

Die Buchstabenkabbalah befaßt sich mit dem Entschlüsseln von Information in Heiligen Schriften, einschließlich des Alten und Neuen Testamentes. Der Gedanke, daß die Heiligen Schriften verschlüsselte Ansammlungen von Wissen sind, ist bei den meisten Theologen, nicht zu sprechen vom Durchschnittsjuden oder -christen, entweder unbekannt oder ungeglaubt. Diese Tatsache ist der Grund dafür, daß in allen Übersetzungen der Bibel in moderne Sprachen scheinbar unlogische und seltsam anmutende Passagen vorkommen.
Der Originaltext im Hebräischen hat keine Vokale; alle Buchstaben sind Konsonanten. Die Vokale wurden später hinzugefügt in Form von Punkten und Zeichen, um die moderne Aussprache anzudeuten. Hinzu kommt noch, daß der Originaltext in den Schriftrollen keinen Wortanfang und kein Wortende anzeigte, wie das heute üblich ist, sondern der Übersetzer muß selbst entscheiden, wo in dem Strom von Buchstaben ein Wort beginnt und endet.
Jeder Buchstabe des hebräischen Alphabetes ist nicht nur Buchstabe sondern gleichzeitig auch Zahl. Es gab kein anderes Zahlensystem außer dem Alphabet der Schriften. Je zwei Zahlen werden jedem Buchstaben zugesellt: die Zahl in der Reihenfolge der Buchstaben im

Alphabet und der Zahlenwert, der nach dem zehnten Buchstaben von der Zahl in der Reihenfolge verschieden ist (der Wert des elften Buchstaben ist 20).

Jeder Buchstabe ist auch ein Wort, das ein Objekt beschreibt, wenn er voll ausgeschrieben ist, z. B. *Aleph* heißt Ochse. Darüber hinaus repräsentiert jeder Buchstabe eine archetypische Idee (*Aleph* = Kraft), die der Objektbeschreibung entspricht oder auch nicht. Da die Buchstaben selbst eine Art Kurzschrift sind – jeder ist ein vereinfachtes Bild –, stellt jeder ein archetypisches Bild dar, das seine Entsprechung in den 22 Trümpfen des Tarot hat.

Jeder hebräische Buchstabe hat einen Platz auf der Darstellung des Baumes des Lebens, indem er je zwei Sephiroth durch eine Linie, genannt »Pfad« oder »Weg«, verbindet (siehe Seite 34). Die Position eines Buchstaben im Baum der zehn Sephiroth deutet eine Beziehung zwischen den Gottesaspekten an, die er verbindet. Jedem Buchstaben ist auch ein Element, ein Planet oder ein astrologisches Zeichen zugeordnet (siehe Seite 35).

Hier ein kurzer Ausblick auf einige der Methoden, mit denen die Schriften entschlüsselt werden: Carlos Suares beschreibt eine Art und Weise, verschlüsselte hebräische Texte direkt oder intuitiv zu lesen. Voraussetzung ist, daß dem Schüler dieser Methode die archetypischen Ideen und Gefühlswerte, die jedem Buchstaben zugehören, gegenwärtig sind. Dann kann er die Buchstaben so lesen, als ob sie Teile einer Gleichung wären und nicht Teile von Wörtern. Auf diese Weise sprechen die Gefühlswerte der Buchstaben und erzählen, verbunden mit dem Gefühlswert des nächsten Buchstaben, eine intuitive Geschichte.

Eine Entschlüsselungsmethode, Gematria genannt, berechnet die Zahlenwerte eines Buchstabens, Wortes oder Ausdruckes. Ein anderes Wort oder ein anderer Ausdruck mit gleichem Zahlenwert wird dann für das Original gesetzt. Auf diese Weise werden Wörter oder Ausdrücke ersetzt durch andere, um eine neue Bedeutung oder zusätzliche Einsichten in den Sinn des Originaltextes zu erhalten.

In einer anderen Entschlüsselungsmethode, Notarikon, wird jeder Buchstabe eines Wortes als Anfangsbuchstabe oder Abkürzung eines anderen Wortes angesehen. Eine Variation dieser Methode ist z. B., den ersten und letzten Buchstaben eines Wortes zu nennen und daraus ein neues Wort zu formen.

Eine weitere Methode, Temurah genannt, wird verwendet, wenn man annimmt, daß gewisse Wörter oder Ausdrücke geheime Bedeutung haben. Diese Wörter werden dann auf ein Gitternetz, ähnlich

einem Kreuzworträtsel, aufgetragen. Man kann dann die Buchstaben vorwärts, rückwärts, nach oben und unten sowie diagonal lesen.
Ein weiteres System teilt das Alphabet. Die zweite Hälfte des Alphabetes wird unter die erste Hälfte geschrieben. Dann werden die oberen Buchstaben durch die unteren ersetzt und umgekehrt.
Als ob das nicht schon kompliziert genug wäre, kombiniert man zwei oder mehr dieser Methoden, so daß ein einziges Wort aus einer solchen Schrift umfangreiche Information enthalten kann. Da dies eine sehr subjektive Arbeitsweise ist, ist es nicht möglich zu beweisen, daß die gefundene Bedeutung die von den ursprünglichen Autoren beabsichtigte ist. Diese Feststellung gilt aber genauso für die vielen Übersetzungen und Interpretationen, die das Dogma der etablierten Religionen im Westen ausmachen.
In der Bibel finden wir elf hebräische Namen, die alle mit dem deutschen Wort »GOTT«* übersetzt werden. Jeder dieser Namen bezieht sich auf einen bestimmten Aspekt Gottes – oder beschreibt Gott anders –, und all das ist in der Übersetzung verlorengegangen. Einige Kabbalisten sagen, daß alle Personennamen der Bibel Bewußtseinszustände und alle Ortsnamen Bewußtseinseigenschaften beschreiben. Zum Beispiel: Abraham ist der Bewußtseinszustand »Glaube«; Bethlehem bezieht sich auf den Wohnort der göttlichen Kräfte in jedem von uns.
Im folgenden Kapitel »Das schöpferische Gesetz« werden die Methoden der Buchstabenkabbalah verwendet, um zu zeigen, welche innere Bedeutung die Schriften haben.

Die Symbolische Kabbalah

Die Symbolische Kabbalah entwickelt sich aus der Schriftlichen und wird von ihr beschrieben. Sie hat zwei grundsätzliche Aspekte: das Tetragrammaton – die Vier-Buchstaben-Formel oder den »Namen« Gottes – und das Diagramm der Sephiroth, den Baum des Lebens. Das Tetragrammaton wird ausführlicher im Kapitel über das Schöpferische Gesetz besprochen (siehe auch S. 43).
Der Baum des Lebens ist eine graphische Darstellung der Weisheit

---

* Die elf Gottesnamen der Bibel entsprechen nicht genau den zehn Gottesnamen in der kabbalistischen Welt von ATZILUTH. Der gebräuchliche Name Jehovah hat jedoch zwei Aspekte, da er sich auch auf das Tetragrammaton bezieht und so als elfter Name angesehen werden kann.

der kabbalistischen Lehren. Das Diagramm ist ein Meditationsobjekt für den Schüler, der durch seinen Gebrauch zum aktiven Teilhaber an der Weisheit der Kabbalah wird.

Der Baum des Lebens ist eine geometrische Anordnung der Namen, Symbole, Zahlen und Buchstaben, die in der Schriftlichen Kabbalah erwähnt werden. Das ermöglicht dem Schüler die umfangreiche Information, die die Kabbalah enthält, in einem Symbol integriert zu sehen. Es zeigt, wie alle Aspekte der Kabbalah miteinander in Beziehung stehen. Es ist das Mittel, durch das der Schüler diese Weisheit in sein eigenes Bewußtsein aufnimmt.

Das Diagramm des Baumes des Lebens besteht aus zehn Sphären oder Sephiroth, von denen jede einen Aspekt Gottes darstellt und ein Grundprinzip, auf dem das Universum fußt. Wie wir sehen, sind diese Sephiroth durch 22 Wege oder Pfade verbunden, von denen jeder einen hebräischen Buchstaben hat.

Die erste Substanz oder Intelligenz, die Gott aus der Negativen Existenz ausstrahlt, ist, wie uns die Schriftliche Kabbalah lehrt, die »Krone«. Dies ist der Titel der ersten Sephirah am Baum des Lebens und stellt den Anfang der Positiven Existenz dar. Der Baum des Lebens ist also eine symbolische Beschreibung der Positiven Existenz, in welcher Gott der indirekte Schöpfer des Universums ist.

Das Folgende ist eine kurze Zusammenfassung dessen, was die Literatur über die zehn Sephiroth sagt:

Die erste Sephirah ist Kether, die Krone, und ihr ist die yetziratische Beschreibung »Verborgene Intelligenz« zugeschrieben. Sie ist das Resultat der Zentrierung und des Auf-einen-Punkt-Zusammenfließens von AIN SOPH AUR. Aus diesem Zustand heraus sammelt sich das alldurchdringende Licht wie in einem Brennpunkt und wird so zur Quelle aller folgenden Ideationen und Manifestationen.

Die zweite Sephirah ist Chochmah, Weisheit, und wird »Erleuchtende Intelligenz« genannt. Sie wird als männlicher Aspekt angesehen, als aktives, positives Prinzip, und wird auch *Abba,* der große Vater, genannt. Der Übergang von der ersten zur zweiten Sephirah findet statt, wenn das AIN SOPH AUR, noch unendlich, eine Spiegelung seiner selbst schafft und damit die erste Dualität hervorbringt. Chochmah, als Spiegelung, übernimmt dann den Schöpferaspekt im ersten Schritt vom Unendlichen zum Endlichen.

Die dritte Sephirah ist Binah, Verstehen, auch »Heiligende Intelligenz« genannt. Ihre Aspekte sind weiblich, empfangend, negativ, und sie wird auch *Aima* oder große Mutter genannt. Sie repräsentiert die Essenz der Substanz, während Chochmah die Essenz des Bewußt-

seins repräsentiert. Sie ist die der Gesamtheit der Existenz zugrundeliegende objektive Realität.

Die ersten drei Sephiroth werden »Höhere«* genannt. Sie sind getrennt von den folgenden sieben Sephiroth, den »Niederen«*, durch
den Abgrund. Der Abgrund ist eine metaphysische Kluft, die das
Vorstellbare vom Unvorstellbaren trennt. Das Dreieck der Höheren,
gebildet von den ersten drei Sephiroth, ist ein Ideal in bezug auf die
Tatsächlichkeit der Niederen. Die Kluft zeigt an, daß der normale In-
tellekt direkteren Erkenntnismitteln weichen muß, ehe die Höheren
erreichbar sind.

Die vierte Sephirah ist Chesed oder Gnade und wird »Aufnehmende
oder Verbindende Intelligenz« genannt. Sie ist die erste der sieben
Niederen Sephiroth, die auch die Kräfte des Aufbaus heißen. Wie
Chochmah hat auch Chesed männliche, aktive und positive Merkma-
le, ist aber auf niederer Ebene wirksam. Das Dreieck, das durch die
zweiten drei Sephiroth gebildet wird, sieht man als Spiegelung des ersten Dreiecks an, so wie Chochmah die Spiegelung von Kether ist.

Die fünfte Sephirah ist Geburah, Strenge, und heißt die »Fundamentale Intelligenz«. Gleich Binah, aber auf niederer Ebene, ist sie weib-
licher, empfangender und negativer Natur. Im Unterschied zu Binah
werden ihr aber Eigenschaften wie Stärke, Kraft und Energie zugeschrieben.

Die sechste Sephirah ist Tiphereth, Schönheit, und wird die »Vermit-
telnde Intelligenz« genannt. Schönheit, Harmonie und Ausgeglichenheit sind ihr zugeschrieben, und sie zeigt durch ihre Position in
der Mitte des Baumes das Wirken von Kether innerhalb des Gebietes
»Form«. Wenn Chochmah der Vater ist, Binah die Mutter, dann ist
Tiphereth der Sohn.

Die siebte Sephirah ist Netzach, Sieg, und die »Verborgene Intelligenz«. Sie ist eine männliche Sphäre, der Eigenschaften der Liebe
und der Fortpflanzungskräfte der Natur zugeschrieben werden.

Die achte Sephirah ist Hod, Herrlichkeit, und wird »Absolute oder
Vollkommene Intelligenz« genannt. Diese weibliche Sphäre ist mit
intellektuellen Fähigkeiten und der Erfindungsgabe verbunden.

Die neunte Sephirah ist Yesod, die Grundlage, die »Reine oder Klare
Intelligenz« genannt. Sie sitzt in der Mitte des Baumes unter Tiphereth, und man sieht in ihr die feinstoffliche Grundlage der physischen

---

* Anmerkung des Übersetzers: Die »Höheren« und die »Niederen« sind nur im *Bild*
des Lebensbaumes »höher« und »niedriger«.

Welt. Sie deutet das Auf und Ab der Weltenkräfte an und wird mit der Astralebene in Verbindung gebracht.

Die zehnte Sephirah ist Malchuth, das Königreich, und ist die »Strahlende Intelligenz«. Sie repräsentiert Materie in ihrer Gesamtheit und ist deshalb die Entsprechung des Baumes des Lebens in der physischen Welt. Diese Sphäre enthält alle anderen und ist das Resultat des Wirkens der vorangehenden neun Sephiroth. Es ist geschrieben: »Kether ist in Malchuth, Malchuth in Kether, aber auf andere Art und Weise.«

Die Praktische Kabbalah

Die Praktische Kabbalah beinhaltet die Anwendung der verschiedenen Aspekte der Kabbalah, um das Bewußtsein oder die Lebensweise zu ändern.

Die Anwendung der in der Kabbalah zu findenden Vorstellungen auf die eigene Einstellung zum Leben ist die Grundfunktion der Praktischen Kabbalah. Dieser Prozeß beinhaltet den systematischen Gebrauch der kabbalistischen Symbolik, mit deren Hilfe sämtliche Annahmen über das Wesen des Selbst, über das Leben und über Andere überprüft werden. Es ist ein Prozeß, in dem man Vernunft und Logik auf vorher unbesehen Geglaubtes anwendet.

Die frühe Literatur fordert den Suchenden auf, alles im Licht der zehn Sephiroth zu untersuchen. Die Sephiroth sind jene Grundaspekte Gottes (als Gesamtheit der Schöpfung gesehen), die sachlichem, rationalem Denken zugänglich sind. Der Schüler der Kabbalah hat somit jederzeit ein Dezimalkarteisystem verfügbar, in das er alle seine psychologischen und philosophischen Gedanken einzuordnen vermag. Um das tun zu können, muß er alle seine Gedanken über die scheinbare Dichotomie von gut und böse, männlich und weiblich, innerer und äußerer Erfahrung klären. Im Verlauf dieses Prozesses wird der geistige Horizont ausgedehnt, um eine immer umfassendere Sicht der Realität zu gewinnen. Das Bewußtsein wird in diesem Prozeß erweitert.

Das läßt den Schüler sich mehr und mehr auf seine eigene Fähigkeit besinnen, die Wahrheit innen selbst zu erfahren. Er erlebt, wie er die Grenzen des normalen rationalen Denkens durchbricht und in die tieferen Bereiche der mystischen Erfahrung eindringt. Mystische Erfahrungen sind einfach ein Mittel, direkter zu Erkenntnis zu gelangen, als das mit rationalem Denken allein möglich wäre. Da der mystische oder der direktere Weg, die Wahrheit zu erkennen, durch den Prozeß des Überwindens von festen Meinungen erreicht wird, kann der Schüler jede mystische Erfahrung gegen die rational gebildete Ansicht der Realität, welche die Kabbalah gibt, prüfen. Dadurch findet er, daß das, was er einst mystisch nannte, tatsächlich eine reinere Form der Ratio ist.

Magie oder Hermetik ist ein anderer Aspekt der Praktischen Kabbalah. Oberflächlich gesehen befaßt sich zeremonielle Magie damit, mit Wesen außerhalb der physischen Welt, etwa Engeln, Kräften und Elementarwesen, Kontakt aufzunehmen. Ist die Verbindung hergestellt, bittet man die Geister um die Ausführung eines Dienstes für den Magier oder fordert Informationen. Tatsächlich aber ist der innere Zweck der Zeremonie, die Fähigkeit der Willenskonzentration zu entwickeln. Es ist eine Form der Meditation. Zeremonien werden auch verwendet, um den Schritt von einer zur nächsten Stufe des persönlichen Wachstums zu markieren. Das ist die ursprüngliche Absicht vieler Zeremonien, die jetzt in den verschiedenen Kirchen der Welt zelebriert werden.

Astrologie, Alchimie und der Tarot sind mit der praktischen Kabbalah verbunden. Viele Organisationen wie die Rosenkreuzer und die Freimaurer verdanken ihre Zeremonien und Lehren der Kabbalah. Hinter all der Symbolik und den Zeremonien der verschiedenen Schulen der Praktischen Kabbalah, einschließlich der modernen Kirchen- und Synagogenpraktiken, steht ein grundsätzlicher Prozeß – der Prozeß, durch den man mit der Wahrheit in Verbindung kommt. Es ist dasselbe Prinzip, durch das Absichtlichkeit offenbar wird.

Im folgenden Kapitel, genannt »Das schöpferische Gesetz«, werden verschiedene Aspekte der Kabbalah auf die Heiligen Schriften angewendet, um diesen grundlegenden Prozeß aufzuzeigen.

Das schöpferische Gesetz –
Das Grundprinzip der Schöpfung

Einführung

Das schöpferische Gesetz wurde, in der hier vorliegenden Form, von Samuel Bousky, Kalifornien, formuliert. Er ist Physiker, spezialisiert auf Fragen der Erforschung der Anwendung von Laser-Technologie für hochbelegte Datenspeichersysteme. (Die Symbolische Kabbalah kann man als metaphysisches hochbelegtes Datenspeichersystem ansehen.) Er sagt, die Entschlüsselung von Schriften mit Hilfe des kabbalistischen Kode sei sein Hobby.

Befragt, wie er das Gesetz gefunden habe, antwortet Sam: »Ich hörte keine Stimmen und hatte keine Visionen; ich las es auch in keinem Buch. Ich setzte es zusammen wie ein Puzzlespiel, nur war es schwieriger für mich, da ich die Teile nicht erkannte, als ich sie zuerst sah.«

Ich glaube, es ist wichtig zu erwähnen, daß Sam Bousky sich nicht als religiösen Menschen, sondern als Wissenschaftler betrachtet. Er zeigte kein Interesse an der Bibel, ehe er durch den verstorbenen Neville Goddard über einige ihrer Mysterien gehört hatte.

Sam entdeckte – oder besser, wiederentdeckte – das schöpferische Gesetz durch die Anwendung des Entschlüsselungssystems der Buchstaben- und der Symbolischen Kabbalah auf den hebräischen Text der Bibel. Obwohl die Bibel die Quelle seines Materials ist, setzen weder er noch ich voraus, daß man dem schöpferischen Gesetz Glauben schenken solle, einfach weil es auf der Bibel fußt. Der Glaube an etwas sollte verwendet werden wie eine Hypothese in der Wissenschaft: als ein zeitweiliges Modell, eine Methode für das Auffinden dessen, was wirklich wahr und nützlich ist. Es ist nicht notwendigerweise die Wahrheit selbst.

Im Jahre 1969 gab Sam für mich und meine Kollegen der Bridge Mountain Foundation, einem kleinen emanzipatorischen Zentrum in Ben Lomond, Kalifornien, zwei Wochenendseminare über das schöpferische Gesetz. Seitdem haben viele der damals Anwesenden, ich eingeschlossen, diese Prinzipien in verschiedenen Aspekten unseres Lebens erfolgreich angewandt.

Durch die Anwendung des schöpferischen Gesetzes bin ich zu dem Schluß gekommen, daß es die Methode ist, mit der jeder Mensch seine Gedanken, Gefühle und sein Verhalten formt und erhält. Es ist die Art und Weise, wie wir unser Bewußtsein mit Einstellungen, Annahmen und Glaubenssätzen programmieren, wie wir geistige Bilder von uns selbst und voneinander machen und wie wir an sozial geformten Systemen teilnehmen, etwa den existierenden religiösen, ökonomischen und politischen Systemen. Es ist die Art, wie wir unsere Lebensumstände schaffen und auch die Geschehnisse, die wir entweder Zufälle nennen oder dem Schicksal zuschreiben.

Es ist ein Gesetz, nicht unähnlich den Gesetzen der Schwerkraft und des Elektromagnetismus. Es wirkt in unserem Leben, ob wir uns seiner Existenz bewußt sind oder nicht und ob wir es für gut oder schlecht halten.

Ehe wir die vielen physikalischen Gesetze kannten, die uns beeinflussen, waren wir ihnen mehr oder weniger ausgeliefert. Jetzt, da wir sie verstehen, haben wir die Fähigkeit gewonnen, sie zu benutzen. Damit ist unsere Fähigkeit, die Dinge in Richtung auf das zu ändern, was wir für besser halten, tausendfach gesteigert.

Für die meisten von uns ist das Prinzip des schöpferischen Gesetzes zutiefst unterbewußt. Trotzdem wirkt es im Leben von jedem von uns. Solche Gesetze haben keine »eingebaute« Moral. Sie wirken sowohl für wie auch gegen uns. Wollen wir ein Gesetz nutzbar machen, um unsere Umstände zu verbessern, dann müssen wir es uns zuerst bewußt machen und seine Prinzipien verstehen.

Dieses Gesetz wirkt, anders als die physikalischen Gesetze, nicht nur in der physischen Welt, sondern auch in der geistigen und psychologischen Welt. Es ist daher schwieriger im Laboratorium zu beweisen und wird deshalb von der Wissenschaft wohl für einige Zeit noch nicht entdeckt werden, wenn überhaupt jemals. So gibt es keinen Beweis dafür, daß das schöpferische Gesetz existiert oder funktioniert wie hier beschrieben. Aber auch die Wissenschaftler haben weder Beweise dafür, daß Schwerkraft oder Elektrizität existieren, wie sie sie verstehen, noch wissen sie genau, was diese sind. Die Wissenschaft hat einfach gelernt, damit umzugehen und ihre Wirkungen zu beschreiben.

Die Wissenschaftler halten die Existenz eines Gesetzes oder Prinzips für bewiesen, wenn andere Wissenschaftler in anderen Laboratorien unter Anwendung desselben Gesetzes zu den gleichen Resultaten kommen. Auf diese Weise kann der Leser sich selbst die Existenz des schöpferischen Gesetzes beweisen – im Labor seines eigenen Lebens. Der folgende Teil erklärt die Methoden, die Samuel Bousky benutzte, um das schöpferische Gesetz zu entdecken. Im Laufe der Beschreibung gibt er viele Beispiele der Anwendung der Buchstaben- und Symbolischen Kabbalah auf die Schriften. Die Information ist einer Reihe von Tonbandaufnahmen von Vorträgen entnommen, die Sam Anfang 1972 in einem New-Age-Zentrum in Finca La Follenca in Südspanien hielt.

Am Anfang der Vorträge wies er darauf hin, daß jeder von uns ein schöpferisches Wesen ist. Damit meint er, daß wir schöpferisch sind weit über die Grenzen der normalen Wortbedeutung hinaus. Nicht nur sind wir im künstlerischen und konstruktiven Sinne schöpferisch, sondern wir vermögen grundlegende Änderungen in unserem persönlichen und zwischenmenschlichen Bereich vorzunehmen. Auch hier ist es nicht möglich, Beweise zu erbringen. Beweisen kann das nur jeder einzelne für sich, der ausprobiert und herausfindet, daß das schöpferische Gesetz ihm in seinem täglichen Leben dienlich ist.

Die vier Ebenen des Bibelverständnisses

Wie schon erwähnt, entdeckte Samuel Bousky das schöpferische Gesetz (oder Prinzip) durch die Anwendung der Buchstaben- und der Symbolischen Kabbalah auf den hebräischen Text der Bibel.* Um das schöpferische Gesetz verstehen und um seine Bedeutung würdigen zu können, sollte man verstehen, wie es entdeckt wurde.
Die Bibel ist auf vier Verständnisebenen geschrieben – der geschichtlichen, der allegorischen, der kryptischen und der kabbalistischen Ebene.

Die geschichtliche Ebene

Die geschichtliche Ebene der Bibel ist eine Erzählung der Geschehnisse im Leben von jüdischen und christlichen Menschen über einen Zeitraum von etwa 4000 Jahren hinweg.

Die allegorische Ebene

Die allegorische oder sinnbildliche Ebene der Bibel ist eine geheime Beschreibung des stufenweisen Prozesses der persönlichen geistigen Entwicklung. Nach der Meinung von Sam Bousky zeigt die gesamte allegorische Geschichte der Bibel die Entwicklung von Adam zu Christus in jedem einzelnen Menschen. Adam ist das menschliche Urbild, die niedere Natur. Christus ist der Gott-Mensch, die göttliche Natur. Die Bibel ist die detaillierte Geschichte dieser Entwicklung,

---

* Neben kabbalistischen Methoden verwendete Sam auch Definitionen und Erkenntnisse aus »The Unity Dictionary« und »Strong's Exhaustive Concordance«.

ihrer Rückschläge, der Richtung, die sie nimmt, und der Führung, die auf dieser Reise notwendig ist.

Alle Personennamen der Bibel, besonders des Alten Testamentes, sind verschlüsselte Eigennamen, die Bewußtseinsstufen darstellen. Alle Ortsnamen der Bibel sind Bedingungen, unter denen diese Bewußtseinszustände existieren. Diese Zustände und Bedingungen des Bewußtseins sind Stadien, durch die jedes menschliche Individuum auf dem Weg des persönlichen Wachstums geht.

Die Bibel selbst sagt, daß sie als Allegorie verstanden sein will. Paulus sagt: »Denn es ist geschrieben: Abraham hat zwei Söhne gehabt, einen von der Magd und einen von der Freien. Aber der von der Magd war, ist nach dem Fleisch geboren; der aber von der Freien, ist durch die Verheißung geboren, welches allegorisch ist. Denn das sind die zwei Testamente, eines vom Berg Sinai und das andere von Jerusalem.« (Galater 4, 22–24.)

Schauen wir, was die Allegorie von Abraham und seinen zwei Söhnen auch ausdrücken könnte: Abraham ist der Zustand des Glaubens oder der Anfang des geistigen Wachstums; Sarah, der Name der freien Frau, steht für den Zustand des Hervorbringens des göttlichen Bewußtseins; Hagar, die Sklavenfrau, ist das Bewußtsein der materiellen Welt oder die Fassade der Persönlichkeit. Sarah gebärt Isaak, der für das freudige Erwachen des göttlichen Bewußtseins steht, während Hagar Ismael gebiert, den Zustand des unaufmerksamen Hörens; Sinai bezieht sich auf einen Moralkodex oder ein Gesetz, das einem Individuum von außen aufgezwängt wird, während Jerusalem – eine Verbindung der zwei hebräischen Worte »*yara*«, fließen, herausfließen, und »*shalom*«, Friede, Harmonie – das natürliche Ausfließen von Moral geboren aus innerer Harmonie andeutet.

Paulus wollte wahrscheinlich ausdrücken: Wenn du allen Glauben in die Fassade der materiell orientierten Persönlichkeiten legst, kannst du nur begrenzte Erkenntnis erlangen, eine, die einen Moralkodex benötigt, um dich vor zerstörerischen Impulsen zu bewahren. Wenn du jedoch deinen Glauben auf das Hervorbringen der göttlichen Natur richtest, wirst du ein freudiges Erwachen des göttlichen Bewußtseins in dir erfahren, das keinen äußeren Moralkodex benötigt, da du dann in Einklang mit dem Universum lebst.

Die kryptische Ebene

Die kryptische Ebene der Bibel ist die Geheimschrift oder Chiffre, die in den 22 Buchstaben des hebräischen Alphabetes liegt. Hebräisch ist eine der wenigen Sprachen, in denen jeder Buchstabe auch ein Wort ist. Jeder Buchstabe ist auch, wie schon erwähnt, eine Zahl und hat eine Verbindung zu einer archetypischen Vorstellung.

Der erste Buchstabe, *Aleph,* ist das Ausatmen. Er hat keinen Eigenklang, außer wenn er mit einem Vokalklang verbunden ist. *Aleph* selbst ist der Ausdruck dessen, was in der Bibel *das Wort* (Gottes) genannt wird. *Aleph* entspricht dem deutschen A, ist die Zahl 1 und heißt als Wort »Ochse«. Als Vorstellung enthält es Stärke, Befruchtung, Einweihung in die schöpferische Kraft.

Der zweite Buchstabe, *Bet,* ist die Zahl 2 und heißt Haus. Die Vorstellung, verbunden mit *Bet,* ist das, was hineingeht (in uns).

Gimmel ist der dritte Buchstabe, numerisch 3; als Wort Kamel. Die Vorstellung ist Übergang oder Bewegung.

Dallet ist 4 und heißt Tür. Es bedeutet Ausgang oder Eingang, oder das Überschreiten einer Schwelle oder eines Hindernisses.

Es würde viele Wörter in Anspruch nehmen, um die archetypische Vorstellung hinter jedem Buchstaben zu beschreiben. Diese Wörter würden je nach Kultur und Zeit unterschiedlich interpretiert werden. Um die Essenz der Bedeutung zu erhalten, sind die archetypischen Vorstellungen der hebräischen Buchstaben in bildlicher Form im Tarot dargestellt in einer universell verständlichen Symbolik. Unsere modernen Spielkarten haben ihren Ursprung im Tarot. Die 52 Karten des modernen Kartenspieles kommen von dem Teil des Tarot, den man Kleines Arkanum (Bilder, die Mysterien enthalten) nennt. Das Große Arkanum des Tarot besteht aus zusätzlichen 22 Bilderkarten. In ihnen sind die archetypischen Vorstellungen zu finden.

Es gibt über 300 Versionen des klassischen Tarot. Weniger als zehn davon sind heute auf dem Markt verfügbar. Da die verschiedenen Ausgaben kleine Unterschiede und Abweichungen in der Zuordnung zu den hebräischen Buchstaben aufweisen, sei erwähnt, daß Samuel Bousky den Tarotsatz der *Builders of the Adytum* von Los Angeles verwendet.

Das Folgende ist ein Beispiel, wie man den Tarot für die entsprechenden hebräischen Buchstaben einsetzen kann, um ein größeres Verständnis ihrer Bedeutung zu ermöglichen. (Die Karten geben so viel intuitive Einsicht, daß jeder Versuch, die Gesamtbedeutung in Worte zu fassen, dazu führt, daß man die Grundmitteilung verliert. Es ist, als ob man ein Bild beschreiben wolle; was man in dem Bild sieht, hängt ab von Stimmung und Verfassung des Beschauers, wie auch von der Tiefe des Verständnisses für das, was er sieht.)

Abram ist der Name des Patriarchen des jüdischen Volkes. Die wörtliche Übersetzung von Abram ist »Mächtiger Vater«. Die kryptische Bedeutung von Abram findet man, wenn man die vier Tarotkarten, die diesen Namen ausmachen, nebeneinanderlegt. Jeder, der das tut, wird sehen, welch unerhörter Reichtum von Information in diesen Bildern enthalten ist. In unserem Zusammenhang kann man den Sinn ganz kurz so zusammenfassen: »Die Einweihung in die große Kraft innen (in jedem von uns).« Das Wort, das dem Bewußtseinszustand, der mit dem Namen Abram umschrieben ist, am nächsten kommt, ist *Glaube.*

Später in der Bibel ändert Gott Abrams Name, indem er einen fünften Buchstaben hinzufügt, ein »h«, so Abraham ergebend. Die wörtliche Übersetzung von Abraham ist »Vater einer großen Zahl von Dingen (in uns selbst)«. Die kryptische Bedeutung findet man, indem man den Buchstaben »h« einfügt. Die zusätzliche Karte ändert den Abram genannten Bewußtseinszustand. Abraham bedeutet jetzt »die Verwirklichung der Einweihung in die große Kraft innen (in jedem von uns)«. Oder, was einst bloßer Glaube war, ist nun Glaube, der bewußt ist und deshalb in der Lebenspraxis zum Ausdruck kommen kann.

Andere kryptische Bedeutungen kann man aus Zahlenverbindungen ziehen. Das Folgende ist ein Beispiel.

Nach der Bibel: »Abram machte sich auf die Suche nach Lot (der von den edomitischen Königen gefangengenommen worden war) und nahm 318 Diener, die in seinem Haus geboren waren, mit.« Wir können fragen, wie Abram, der ein Jahr vorher in Kanaan arm eingetroffen war, jetzt 318 Diener, im eigenen Haus geboren, haben konnte. Wo immer die Übersetzungen der Schrift keinen Sinn ergeben, kann man sicher sein, daß dort eine verschlüsselte Mitteilung zu finden ist. Abram, wie wir sagten, heißt Glaube. Lot, entschlüsselt, heißt »das was verborgen ist«. Wenn man also im Glauben auf die Suche nach dem Verborgenen geht, nimmt man 318 Diener aus dem eigenen Haus mit (Haus als das, was innen ist). Der Schlüssel zum Verständnis dieses Satzes liegt in der Zahl 318. Da jeder hebräische Buchstabe auch eine Zahl ist, ersetzen wir die Zahlen durch Buchstaben: 300 = *schin;* 10 = *yod;* 8 = *chet;* Das Wort, das wir gewinnen, ist *sijach,* das man frei mit nachsinnen, meditieren übersetzen könnte.* Der Satz bedeutet: »Wenn du das Verborgene erkennen willst, so meditiere!«

---

* Anmerkung des Übersetzers: Der in der Bibel (Genesis 14, 14) erwähnte Hauptdiener Abrahams heißt Eliezer. Der Zahlenwert dieses Namens im Hebräischen beträgt 318.

In der Apokalypse, Kapitel 14, finden wir: »Und ich sah das Lamm stehen auf dem Berg Zion und mit ihm 144 000, die hatten seinen Namen und den Namen seines Vaters geschrieben an ihrer Stirn... Und sie sangen wie ein neues Lied vor dem Stuhl und vor den vier Tieren und den Ältesten; und niemand konnte das Lied lernen denn die 144 000, die erkauft sind von der Erde.«

Der Schlüssel zu diesem Satz liegt in der Zahl 144 000. 100 = *Qof;* Bedeutung: Hinterkopf; die Medulla oblongata (im Hinterkopf) ist die Quelle der materiellen, d. h. physischen Bewußtheit. 40 = *Mem*, heißt Wasser oder Geist. 4 = *Dallet,* deutet auf das Überschreiten einer Schwelle. 1000 heißt Verbindung oder Fortschritt. Die biblische Aussage kann man dann so übersetzen: Diejenigen, die erfolgreich von der materiellen Erkenntnis (Hinterkopf) zur Geisterkenntnis (Öffnung des ›Dritten Auges‹ oder ajna-chakras) fortschreiten, sind die, die Freiheit ihrer Geistnatur erlangen werden.

Die kabbalistische Ebene

Die kabbalistische Ebene des Bibelverständnisses ist schwerer zu beschreiben. Der Grund ist, daß eine ungeheure Menge an Information Voraussetzung dafür ist. Diese Ebene beinhaltet alle Information der Symbolik des Baumes des Lebens mit den zehn Sephiroth in den vier kabbalistischen Welten. Sie enthält auch die 22 Wege, die die Sephiroth in jeder der vier Welten verbinden, sowie die Bedeutung der über 400 Titel, Verbindungen und Entsprechungen, die in der Symbolischen Kabbalah vorkommen.

Einige Aspekte der umfangreichen Symbolik der Symbolischen Kabbalah sind graphisch im ersten Kapitel dargestellt.

Der Baum des Lebens, das Rückgrat der Kabbalah, wird nur in zwei Büchern der Bibel erwähnt – dem ersten und dem letzten. Im Garten Eden gibt es zwei Bäume. Einer ist der Baum der Erkenntnis von gut und böse: Gott rät Adam (der Menschheit), diesen unberührt zu lassen. Der andere ist der Baum des Lebens, von dem Gott Adam rät zu nehmen.

Der Name Baum des Lebens kommt von zwei hebräischen Wörtern, die man mit »Plan oder Grundlage der Existenz« umschreiben kann. Das Diagramm des Baumes besteht aus zehn Sephiroth oder Sphären, die in drei vertikalen Säulen und sieben horizontalen Ebenen angeordnet sind. Die oberste Sphäre, Kether (Krone) genannt, repräsentiert Himmel und die niederste Sphäre, Malchuth, die Erde. Die Schriften beziehen sich häufig auf gewisse Aspekte des Baumes.

Das ist auch Teil des kabbalistischen Verständnisses der Bibel. In Matthäus wird das Königreich des Himmels erwähnt. Im griechischen Original steht Himmel als Plural. Eine genauere Übersetzung wäre »Königreich der Himmel«. Ein Hinweis auf die sieben Himmel oder Ebenen des Baumes des Lebens.

Der Salomonische Tempel mit seinen zwei Säulen und dem Mitteltor bezieht sich ebenfalls auf den Baum und dessen drei Säulen. Christus wurde zwischen den Kreuzen von zwei Dieben gekreuzigt. Die zwei äußeren Säulen des Baumes stellen das dar, was uns abhält vom »auf dem Weg sein«, vom »im Gleichgewicht sein«. Die Mittelsäule wird mit gutem Recht als *der Weg* bezeichnet.

Die Sephirah (Sphäre) auf der vierten Ebene der Mittelsäule, halbwegs zwischen Himmel und Erde, heißt Tiphereth oder Schönheit. Das ist die Ebene des Christus-Bewußtseins. Christus, wie alle Namen in der Bibel, bezieht sich nicht auf eine Person sondern einen Bewußtseinszustand, in diesem Fall den, den der Mensch Jesus erreicht hat. Die oberste Sphäre, Himmel, wird auch »Vater« genannt, da Himmel sich auf den »inneren Himmel« bezieht, kryptisch im hebräischen Wort für Vater dargestellt. Jesus sagt gemäß der Bibel: »Niemand kommt zum Vater außer durch Mich.« (Johannes 14, 6) Der Bewußtseinszustand »Christus«, durch Jesus personifiziert, ist der Zustand der Liebe. Dieser Zustand des Baumes des Lebens muß durchlaufen und durchlebt werden, wenn man von der niedersten Ebene zur höchsten Ebene gelangen will.

In Matthäus 1, 17 finden wir: »Es sind 14 Generationen von Abraham bis David und 14 Generationen von David bis zur Babylonischen Gefangenschaft und 14 Generationen von Babylon bis Christus.« Der Schlüssel ist die Zahl 14; 10 = *Yod*, das Kraft, Stärke darstellt; 4 = *Dallet*, das wichtige Änderung oder Entwicklung bedeutet. Die Aussage bedeutet, daß es vier Hauptstadien der Entwicklung gibt: Abraham, den Bewußtseinszustand von Glaube, Vertrauen und Überzeugung, der zehnten Sephirah zugeordnet; David, den Zustand des Erkennens der inneren göttlichen Kräfte, der neunten Sephirah zugeordnet; Babylon, einen Bewußtseinszustand der Verwirrung, Disharmonie und Teilung, den Sephiroth sieben und acht entsprechend, die nicht auf dem Mittelweg sind und die Verwirrung darstellen, welche die meisten von uns als den Gegensatz von Denken und Fühlen erfahren; Christus, der Bewußtseinszustand Liebe, nimmt die sechste Sephirah auf der vierten Ebene des Baumes ein und weist auf die innere Schönheit hin.

Samuel Bousky fand das schöpferische Gesetz, als er die Bibel auf der ersten Seite aufschlug. Er wendete dabei die Prinzipien und das Verständnis der Buchstaben- und Symbolischen Kabbalah auf den hebräischen Text an.

Die Quelle des schöpferischen Gesetzes ist das Erste Buch Moses, die Genesis. Aber Genesis ist nicht der wirkliche Titel des ersten Bibelbuches. Dieser Titel kommt von der griechischen Übersetzung des hebräischen Wortes »Generationen«. Das hebräische Wort, von dem sich »Genesis« ableitet, kommt im ersten Kapitel der Heiligen Schrift gar nicht vor, sondern im zweiten, wo es heißt, »Und dies sind die Generationen der Himmel und der Erde, als sie geschaffen wurden.« (Genesis 2, 4)

Traditionell ist das erste Wort eines Kapitels im Hebräischen auch der Titel. *Bereshith* ist das erste Wort und deshalb der Titel dieses Kapitels. *Bereshith* heißt, nach Sam Bousky, »das Prinzip«. Das zweite Wort im Hebräischen ist *bara*, das als »schuf« übersetzt wird. *Bara* kann aber auch als »erschafft«, also Gegenwart, übersetzt werden. Die üblichen Übersetzungen deuten darauf hin, daß wir hören, wie die Schöpfung geschaffen wurde zu einem Zeitpunkt in der Vergangenheit. Tatsächlich beschreibt der Text aber die Prinzipien der Schöpfung, wie sie in der Gegenwart aktiv wirken.

Eine andere Fehlübersetzung haben wir am Ende des ersten Kapitels. Im Hebräischen sind die ersten drei Verse des zweiten Kapitels noch Teil des ersten Kapitels; alle sieben Schöpfungstage sind eingeschlossen im ersten Kapitel.

Wenn man das erste Wort, *Bereshith*, als Titel ansieht, wird das zweite Wort, *bara,* zum ersten Wort der ersten Zeile. Das zweite Wort ist *Elohim*, das als »Gott« übersetzt wird. *Elohim* ist sowohl ein männliches wie weibliches Wort und ist in der Pluralform. Für Sam Bousky deutet dieses Wort auf die Dreiheit der göttlichen Kräfte hin. Für mich bedeutet es etwas anderes. Behalten wir hier Bouskys Definition bei, die wir dann später noch im Detail besprechen werden.

Den Anfang der Bibel kann man deshalb so übersetzen: Die göttlichen Kräfte schaffen das, was für uns die Himmel und die Erde sind. Wie schon gesagt, bezieht sich das Wort »die Himmel« auf die Bewußtseinsstufen, durch die wir uns entwickeln und die am Baum des Lebens durch die sieben Ebenen der Sephiroth dargestellt sind. Erde bezieht sich auf die materielle Existenz, dargestellt durch die zehnte Sephirah im niedersten der sieben Himmel.

Das zeigt, daß die *Elohim* nicht nur die physische Welt schaffen, sondern auch die emotionelle, die mentale und die geistige Welt.

Das ist ein wichtiger Punkt, da, im Modell der Psychometaphysik, das ich hier entwickeln will, Gedanken, Gefühle und Materie Aspekte eines kontinuierlichen Prozesses sind und nicht, wie oft angenommen, separate Phänomene.

Der nächste Satz in der Genesis ist eine Vorrede zu den sieben Schöpfungstagen und nicht ein Teil davon: »Und die Erde war ohne Form und leer und Finsternis lag über dem Antlitz der Tiefe. Und der Geist Gottes schwebte über dem Antlitz der Wasser.« (Genesis 1, 2)*

Die Worte »ohne Form« kommen von einem hebräischen Wort, das auch »chaotisch« heißt; »über« heißt auch »Höhe« oder »aufwärts«. »Dem Antlitz von« ist das hebräische Gegenstück von geistiger Bewußtheit. »Tiefe« deutet auf bewegtes Wasser und weist kabbalistisch auf den Prozeß der bildhaften Vorstellung hin. »Geist« heißt »Wind, Atem, das, was sich vorwärts bewegt«. »Wasser« deutet auf »Vision« oder »Imagination«.

Die Vorrede der sieben Schöpfungstage kann man deshalb so übersetzen oder entschlüsseln: Unsere materielle Existenz war bedeutungslos und chaotisch. Wir sind uns des Potentials unbewußt, das wir in einem Zustand erhöhter Bewußtheit hätten. Deshalb konzentriert sich der Geist der göttlichen Kräfte in uns (unser wahres Wesen) auf diese Bewußtheit, damit die Höhe der Schöpferkraft erreicht werden kann. Eine andere Art der Lesung: Die göttlichen Kräfte in uns erzeugen durch die Konzentration der geistigen Bewußtheit eine imaginative Aktivität.

Der Erste Schöpfungstag

»Und Gott sprach: Es werde Licht! und es ward Licht. Und Gott sah, daß das Licht gut war. Da schied Gott das Licht von der Finsternis. Und Gott nannte das Licht Tag und die Finsternis nannte er Nacht. Da ward aus Abend und Morgen der erste Tag.« (Genesis 1, 3–5)

»Sprach« bedeutet Wunsch oder Absicht. »Licht« ist Erleuchtung oder Verstehen. »Tag« ist die Gegenwart oder das Sehen der Gegenwart und bedeutet eine Entwicklungsstufe. »Nacht« heißt unklar, unbekannt, dunkel oder Nichtsehen der Gegenwart. Vier grundlegende Eigenschaften sind im Ersten Tag angesprochen, die man unter dem Titel Absichtlichkeit zusammenfassen könnte: Wunsch (von

---

* Diese Beschreibung des Ersten Tages und der folgenden geben den Sinn des biblischen Textes wieder, den Samuel Bousky verwendete.

69

dem Wort »sprach«); Bewußtheit (im Sinne von der Entwicklung aus einem Zustand des Nichtkennens zu dem des Erkennens); Entscheidung (die Entschlossenheit, eine Änderung zu erreichen) und Auswahl (das Feststellen dessen, was geändert werden soll).

Es ist interessant zu beobachten, daß am Ende jedes »Tages« in der Bibel gesagt ist: »Da ward aus Abend und Morgen der... Tag.« Während unsere Bewußtheit wächst, begreifen wir zuerst nicht (Abend) und dann doch (Morgen). Nach unserer Denkweise bestände ein Tag ja aus Morgen und Abend. Aber »Tag« bezieht sich hier auf ein Entwicklungsstadium und nicht auf einen gewissen Zeitraum.

Der Zweite Tag

»Und Gott sprach: Es werde eine Feste zwischen den Wassern und sie sei eine Trennung der Wasser von den Wassern.« In anderen Worten: die Wasser unter der Feste sind geteilt von den Wassern darüber. »Feste« kommt von dem Verb festigen, fest machen. Es bedeutet, eine Unterscheidung zu treffen. »Wasser« bedeutet imaginatives Denken oder der Prozeß der bildhaften Vorstellung. Am zweiten Tag ist so ein Unterschied gemacht zwischen einer beabsichtigten bildhaften Vorstellung und einer solchen, die unbeabsichtigt ist. Der zweite Tag beschreibt eine Bewertung, die der Absicht des ersten Tages (oder der ersten Stufe) folgt.

Der Dritte Tag

Am dritten Tag sammeln sich die Wasser, und das trockene Land erscheint. Das Land wird Erde genannt und bringt Gras, Kräuter und Fruchtbäume, jede Art mit ihrem eigenen Samen, hervor. Dieses Stadium, wo das erste Mal über das Hervorbringen von Leben gesprochen wird, nennen wir das Stadium des Entwerfens.

Der Vierte Tag

»Und Gott sagte: Es werden Lichter an der Feste des Himmels, die da scheiden Tag und Nacht, und geben Zeichen und Zeiten, Tage und Jahre.... und Gott machte zwei große Lichter... den Tag zu regieren und die Nacht... dazu auch die Sterne... Da ward aus Abend und Morgen der vierte Tag.« (Genesis 1, 14–19)

Die Sonne, der Mond und die Sterne bilden den Hintergrund der zukünftigen Erscheinungen. Nennen wir diese Stufe unseres schöpferischen Prozesses »Haltung, Einstellung«, da wir es hier mit dem geistigen Rahmen oder Hintergrund für unser individuelles schöpferisches Unterfangen zu tun haben.

Der Fünfte Tag

»Und Gott sprach: Es errege sich das Wasser mit webenden und lebendigen Tieren und Gevögel fliege über die Erde... Und Gott schuf große Walfische und allerlei lebendiges Getier, das da lebt in den Wassern.« (Genesis 1, 20–23)
Diese Stufe beschreibt die Bewegung über und unter den Wassern (der bildhaften Vorstellung) und bezieht sich auf die Gefühle oder Emotionen, die wir unserem Prozeß des Vorstellens hinzufügen.

Der Sechste Tag

Am sechsten Tag schafft Gott die Lebewesen der Erde – Vieh, Gewürm und alle Tiere. Er schafft den Menschen in seinem Ebenbilde, männlich und weiblich, und gibt dem Menschen die Herrschaft über die Erde und alles, was darauf ist. (Genesis 1, 24–31)
Der Schlüssel zur sechsten Stufe ist, daß Gott im Prozeß der bildhaften Vorstellung den Menschen als Doppel oder Spiegelung seiner selbst macht.

Der Siebte Tag

»Und also vollendete Gott am siebten Tage seine Werke, die er machte, und ruhte am siebten Tage von allen seinen Werken, die er machte. Und Gott segnete den siebten Tag und heiligte ihn, darum daß er an demselben geruht hatte von allen seinen Werken, die Gott schuf und machte.« (Genesis 2, 2–3)
Der letzte Tag dieser Aussage ist eigentlich eine Fehlübersetzung. Richtiger sollte es heißen: »Und Gott segnete den siebten Tag und heiligte ihn, da in demselben ruhten alle Werke, die Gott geschöpft hatte *gemacht zu werden*.« Die zwei Ausdrücke deuten auf zwei verschiedene Schöpfungsstadien hin. Zuerst der Schöpfungsakt in der Geistsphäre und dann die Formgebung auf dem physischen Plan. Die Übersetzung von Samuel Bousky deutet darauf hin, daß der Schöpfungsakt in der Geistsphäre bereits stattfand, während die Formgebung noch nicht geschehen ist. Diese Stufe des Schöpfungsprozesses ist die der erwartungsvollen Ruhe oder der Trächtigkeit.
Die sieben Schöpfungstage beschreiben also einen Prozeß, der in jedem von uns stattfindet.

Da darauf hingewiesen wird, daß der Prozeß auf der Geistebene statt-findet, ist es etwas, das wir *in uns tun*. Es ist dies eine Meditation, die wir ohne äußere physische Aktivität vollziehen. »Geistig« ist einfach ein Ausdruck für das Geistige Selbst oder das Ich des Individuums. Das Modell der Psychometaphysik, auf das ich hinsteuere, ist ein Versuch, das Wesen des Ich zu beschreiben. Hier sei nur soviel ge-sagt, daß wir in der Anwendung des schöpferischen Gesetzes die grundsätzliche schöpferische Natur unseres Ich direkter erfahren werden, als alle Worte es beschreiben können.

Die Bibel sagt, daß der Mensch im Ebenbild und der Gleichgestalt Gottes geschaffen wurde. Das hebräische Wort für Ebenbild kommt von einem Verb »überschatten«. Das Hauptwort bedeutet Schatten, Phantasie, Illusion oder Ähnlichkeit. Das Hauptwort, als Ebenbild übersetzt, heißt Ähnlichkeit, Gleichförmigkeit oder Modell, auch Ähnlichkeit im Sinne einer Blutsverwandtschaft. Das Wortbild deu-tet darauf hin, daß wir nicht vom Körper, der Persönlichkeit, dem Charakter oder Ich des Menschen sprechen sondern von einem nichtphysischen Aspekt. Der Ausdruck bedeutet, daß der Mensch das Doppel eines spirituellen Wesens – Gott – ist. Im Neuen Testa-ment sagt Jesus, daß nicht er (seine physische Person) es ist, der wirkt, sondern der Vater in ihm (und durch ihn).

Du bist nicht Dein Körper, Dein Denken, Deine Persönlichkeit. All dies sind die Tätigkeiten des wirklichen »Du«, das ein geistiges We-sen ist. Dieses geistige Wesen ist wie Gott. Es ist schöpferischer Na-tur.

Die Prinzipien des schöpferischen Gesetzes

Das schöpferische Gesetz wird verwirklicht durch die Anwendung von zwei grundsätzlichen schöpferischen Fähigkeiten: der schöpferi-schen Imagination und den Gefühlen. Es setzt auch den Glauben in seinem tiefsten Sinne voraus.

Wir halten Glauben gewöhnlich für ein geistiges oder intellektuelles Annehmen. Das Wort hat im Hebräischen die Bedeutung von Glau-be, Vertrauen, Bekenntnis, Überzeugung. Im Hebräerbrief heißt es: »Es ist aber der Glaube eine gewisse Zuversicht dessen, das man hofft, und ein Nichtzweifeln an dem, das man nicht sieht.« Glaube ist die Basis von Erwartetem oder die Grundlage dessen, was man noch nicht erfahren hat. Ebenfalls im Hebräerbrief finden wir: »Durch den Glauben merken wir, daß die Welt durch Gottes Wort fertig ist, daß alles, was man sieht, aus nichts geworden ist.« Gott, unter dem Namen JHWH (Jehovah), bedeutet die Kraft des göttlichen Wesens in uns. Im Hebräischen ist »Wort, Ausspruch« Ausatmung oder Ausdruck. Samuel Bousky entziffert das so: »Deine Welten (Dinge, mit denen Du Dich beschäftigst) sind Ausdrucksformen der göttlichen Fähigkeiten in Dir selbst.« Glaube ist so die motivierende Kraft in deinem Bewußtsein. Es ist das, was du in deine tiefsten Erwartungen für dich selbst und das Leben hineingegeben hast. Glaube manifestiert sich in deinem Tun und deinen Gefühlen und nicht unbedingt in Worten und Gedanken.

Es gibt drei Grundprinzipien der schöpferischen Kraft: Erstens muß eine Vereinigung der männlichen und weiblichen Aspekte unserer Natur stattfinden; zweitens muß eine Lebenskraft übertragen werden, und drittens muß es eine Ausrichtung geben, die den Prozeß zur Reife führt.

Den männlichen Aspekt kann man Entschlossenheit nennen. Den weiblichen Aspekt bildhafte Vorstellung. Die Vereinigung geschieht über den Kanal der aktivierten Intelligenz oder Imagination. Das, was den Prozeß in Gang bringt (die belebende Kraft), ist das Gefühl oder die Emotion.

Der Schlüssel zu allen dynamischen Prozessen, einschließlich dem schöpferischen Gesetz, ist das Tetragrammaton der Kabbalah. Das Tetragrammaton ist der »Name«, übersetzt als »Herr« oder auch »Jehovah«. Das Tetragrammaton ist kein Name einer Person. Es ist eine kryptische Formel, die mit dem hebräischen Verb »sein« zu tun hat. Eine nahekommende Übersetzung ist, »Das, das war, das, das ist, und das, das sein wird«. Dieser Name wird geschrieben *Yod-Heh-Wav-Heh*. Es ist der vierfache Prozeß, Gott genannt, wie er im ersten Kapitel beschrieben ist.

Jedes dynamische System hat die vier Aspekte von Energie oder Kraft, Struktur, Bewegung und Form (auf die sich das Tetragrammaton bezieht). Um einen Garten zu bewässern, braucht man die Energie oder Kraft des Wasserdruckes, die Struktur des Schlauches, welche die Kraft leitet, die Bewegung des Wassers durch den Schlauch, und die Form oder das Resultat ist das Bewässern des Gartens.

Diese vier Aspekte finden wir sowohl im Aufbau als auch im Inhalt der Bibel wieder. In der Offenbarung haben wir die vier Tiere: den Löwen, den Adler, den Stier und den Menschen. (Neben ihrer biblischen Bedeutung stellen sie auch die vier festen Zeichen des Tierkreises dar.) Die vier Evangelien von Matthäus, Markus, Lukas und Johannes stellen Christus als Diener, als König, als Mensch und als göttliches Wesen dar.

Auch das schöpferische Gesetz hat diese vier Aspekte. Entschlossenheit ist die Kraft, bildhafte Vorstellung die Struktur, Gefühl der aktivierende Faktor, und der vierte Aspekt, die Form, entspricht der Zeit der Stille, in der der Prozeß seine Resultate hervorbringen kann.

Diese vier Prinzipien können auf die gesamte physische Welt angewendet werden. Die Kräfte der physischen Welt sind die gravitations-, die elektromagnetischen, die starken und schwachen nuklearen Kräfte. Die Struktur ist für Bousky hier der Raum selbst. Die Bewegung ist Zeit. Die Form ist Materie.

Es gibt ein altes kabbalistisches Wort, das sagt: »Wie oben, so unten.« Sam leitet davon ab, daß es geistige Entsprechungen zu den vier physischen Aspekten von Energie oder Kraft, Struktur, Bewegung und Form gibt. Nach ihm ist die dem physischen Raum entsprechende spirituelle Dimension die Existenz. Der Dimension von Zeit entspricht das Bewußtsein. Den vierten Aspekt, der Materie entsprechend, bezeichnet er als etwas, das dem vergleichbar ist, was in Sanskrit *Akasha* genannt wird. Der Versuch einer Verdeutschung ist etwa »das Feinstoffliche«. Im geistigen Bereich gibt es etwas mit materiellen Eigenschaften, das als aufzeichnendes und festhaltendes Medium fungiert. Die *Akasha* oder das Feinstoffliche zeichnet alle Tatsachen im Bewußtsein auf, wie unsere Körper alle Geschehnisse in unserem Leben aufzeichnen.

Den physikalischen Kräften entsprechend, gibt es Kräfte der Geisteswelt. Sam Bouskys Auffassung von den Geisteskräften basiert auf dem Namen Elohim. Der Schöpfergott in der Genesis heißt Elohim. Gott, unter diesem Namen, heißt »Der einzige Gott, von dem alle Dinge kommen«. Der Name ist sowohl männlich wie weiblich und steht in der Mehrzahlform. Die erste Silbe, El, besteht aus *Aleph* und *Lammed*. *Aleph* steht für die göttliche Kraft; *Lammed* für das, was antreibt, anspornt. El deutet also auf die Idee der Kraft und Energie hin. Da Elohim Plural ist, müssen Kräfte, Energien gemeint sein.

Die einzigen anderen Worte in der Bibel, die auch als Gott übersetzt werden und die Silbe El enthalten, sind *El Schaddai,* entschlüsselt »Leben«; *El Elohim,* »Geist, Verstand«, und *El Elyon,* was »Seele« bedeutet. Sam hält diese drei Kräfte der Geisteswelt, zusammen unter dem Namen Elohim bekannt, für die Lebenskraft, die Geisteskraft und die Seelenkraft.

Außerdem glaubt er, daß diese drei Kräfte, die in der Geisteswelt aktiv sind, uns auf verschiedene Weise beeinflussen. Die Lebenskraft erhält das Leben, wie wir es kennen. Die Geisteskraft verursacht unsere Gedanken und unser Selbstbewußtsein. Die Seelenkraft regt unser persönliches Wachstum, unsere Entwicklung an. Sam glaubt auch, daß diese drei Kräfte es sind, die mit »Vater, Sohn und Heiliger Geist« umschrieben werden.

Das Entschlüsseln des Namens Elohim als Lebens-, Geistes- und Seelenkräfte deutet auf eine bestimmte Art von Kosmogonie. In diesem Bild der Wirklichkeit scheint das Selbst den vorher existierenden Kräften, deren Quelle unbekannt ist, ausgesetzt zu sein. Wenn es wahr ist, daß die Lebenskräfte alle Lebensformen erhalten, einschließlich uns selbst, daß die Seelenkräfte unser Bewußtseinswachstum anregen und die Geisteskräfte unser Selbstbewußtsein schaffen und unsere Gedanken formen, was bleibt dann für das Selbst noch zu tun? Ist es das Selbst, das diesen schöpferischen Prozeß in Gang setzt? Oder beginnen die Geisteskräfte die schöpferischen Gedanken auf Anregung der Seelenkräfte hin? Was aber ist dann das Selbst?

Im zweiten Teil, unter dem Titel »Psychometaphysik«, werde ich eine ganz andere Interpretation des Namens Elohim geben und deshalb eine andere Kosmogonie. Obwohl Sam und ich verschiedener Meinung sind, macht das für die Wirksamkeit des schöpferischen Gesetzes keinen Unterschied.

Tatsache ist, daß das schöpferische Gesetz wirkt. Ich habe es angewandt wie auch viele meiner Schüler und Freunde. Ich habe es in vielen Ausdrucksformen wiedergefunden, zum Beispiel in der »Psychokybernetik« von Maxwell Maltz. Verschiedene wachstumsorientierte Psychotherapien und Trainingskurse verwenden es. Elemente des schöpferischen Prozesses werden in der Gestalttherapie und in der Psychosynthese verwendet wie auch in Selbsthilfe-Techniken, die Hypnose einbeziehen.

Wie jedes wirkliche Naturgesetz wirkt es, ob man sich dessen bewußt ist oder nicht und ob man daran glaubt oder nicht. Jeder verwendet es und ist davon beeinflußt, obwohl es für die überwältigende Mehrheit der Menschen auf diesem Planeten tief unbewußt bleibt.

Die Anwendung des schöpferischen Gesetzes

Einführung

Ich hoffe, der Leser wird erkennen, daß die Technik des schöpferischen Gesetzes, die ich jetzt in ihrer praktischen Anwendung erläutern werde, ein Prozeß ist, den er schon zu einem gewissen Grade verwendet. Besser, als zu versuchen, diese Technik anhand eines Buches zu erlernen, ist es jedoch, in ihrer Anwendung von einem Menschen direkt unterwiesen zu werden, der sie zu handhaben weiß und der die Resultate kennt, die sie haben kann.

Ich stelle sie hier vor, da sie den Prozeß beschreibt, der im zweiten Teil des Buches unter dem Titel »Die Gemeinsame Schöpfung« dargestellt wird. Den Prozeß philosophisch zu beschreiben, würde dem Leser den Eindruck geben, daß die Beschreibung der Prozesse metaphorisch gemeint ist. Weder das schöpferische Gesetz noch der Prozeß der Gemeinsamen Schöpfung von Materie und Bewußtsein sind Metaphern oder Parabeln. Sie sind praktische Wege, auf denen Schöpfung sowohl auf persönlicher wie auch universaler Ebene stattfindet.

Die erste Stufe

Die erste Stufe bezieht sich auf deinen Entschluß. Vier Aspekte des Entschlusses sollen beachtet werden: 1) Du mußt sehen oder glauben, daß dir etwas zur Verfügung steht, womit du dein Leben in irgendeiner Weise verbessern kannst. 2) Du mußt ein wirkliches Verlangen danach haben, das Gewünschte zu erreichen. 3) Du mußt einen festen Entschluß fassen, etwas zu tun, um das Gewünschte zu erreichen. 4) Du mußt genau bestimmen, was du als Endresultat wünschst.

Die zweite Stufe

Die zweite Stufe ist die der Konsolidierung. In dieser Stufe mußt du die Gründe untersuchen, die dich motivieren, das zu wünschen, was du dir in der ersten Stufe vorgenommen hast. Ist das, was du jetzt wünschst, auch das, was du später wirklich willst? Bist du dir sicher, was das Endresultat sein soll? Ist es wirklich das Endziel oder nur ein Zwischenziel? Während dieser Stufe des Prüfens mußt du deine Wahl des Endzieles bekräftigen.

Prüfe dich selbst und untersuche, ob du es wirklich für recht hältst: 1) diese Technik für das Erlangen des Gewünschten zu verwenden (für Menschen mit traditioneller religiöser Erziehung könnte das eine schwierige Frage sein), 2) das zu erlangen, was du dir wünschst. Sollte die Antwort auch auf eine dieser Fragen nein sein, dann verwende diesen Prozeß nicht, solange dir nicht völlig klar ist, daß es recht ist, ihn anzuwenden.

Die dritte Stufe ist die des Entwurfes. Du mußt in bildhafter Vorstellung eine Situation entwerfen, die davon ausgeht, daß das, was du wünschst, bereits stattgefunden hat. In dieser vorgestellten Szene muß das, was du dir wünschst, schon dein sein. Es muß eine Szene sein, die dir selbst glaubhaft ist. Du mußt selbst ein Teilnehmer an dieser Szene sein.

Die vierte Stufe betrifft deine Grundeinstellung. Deine Einstellung verursacht die motivierenden Gefühle, welche die Kraftquelle deiner schöpferischen Prozesse sind. Deine Einstellung wird durch den Prozeß hervorgebracht und beeinflußt das Resultat.

Wenn deine Einstellung zu deinem Tun negativ ist, wird das Resultat deines Unternehmens eher zerstörerisch als schöpferisch sein. Das ist keine Sache der Moral. Es ist einfach »so wie du säst so wirst du ernten«. Mit »negativ« meine ich, daß die Einstellung hinter deinem Tun von Furcht, Unruhe, Widerwillen oder Rachsucht bestimmt ist, oder der Absicht, jemandem zu schaden oder jemanden zu manipulieren. Mit positiver Einstellung meine ich, daß dein Tun aus Nächstenliebe, Mitgefühl, Dank oder Freude entspringt. Eine positive Grundhaltung ist also Voraussetzung. Zu versuchen, mit der schöpferischen Kraft etwas ungeschehen zu machen, ist weniger erfolgreich als etwas Besseres an seiner Stelle zu schaffen.

Außerdem, versuche kein Wohltäter zu sein. Deine Haltung könnte nicht so rein sein, wie du glaubst. *Greife nie in das Leben anderer Menschen ein.* Und wenn du versuchen wolltest, jemanden zu beeindrucken, dann hast du noch gar nicht mitbekommen, worum es hier geht. Dieser Prozeß soll dich in größeren Kontakt mit deinem innersten Wesen bringen, nicht dein Ego aufblähen.

Die Stufen eins bis vier sind an sich Stadien der Planung. Mit der fünften Stufe beginnt die eigentliche Arbeit. Setz dich und schließe die Augen. Entwickele das Gefühl, tief in deinem Inneren zu ruhen. Entspanne dich so weit wie nur möglich, bleibe dabei aber ganz wach. Spiele die Szene durch, die du in deiner Imagination entworfen hast. Es ist wichtig, daß du dich selbst darin siehst, wie ein Schauspieler, der eine Rolle spielt. Sieh dich nicht als Zuschauer außerhalb der Szene, sonst wirst du auch nicht am Resultat teilhaben. Spiele die Szene in der Gegenwart durch. In deiner Imagination sollst du an einer Szene teilnehmen, die jetzt stattfindet. Wenn du die Situation in die Zukunft oder die Vergangenheit verlegst, wird sie immer in der Zukunft oder der Vergangenheit bleiben, und du erfährst das Resultat nie in der Wirklichkeit.

Gib in diese Vorstellung möglichst tiefe Gefühle hinein. Empfinde in dieser Szene, was du fühlen würdest, wenn sie jetzt tatsächlich stattfinden würde. Das Gefühl ist der Auslöser, der alles geschehen läßt. Das Gefühl, das du in die Szene investierst, gibt ihr das Leben. Je stärker du das Gefühl entwickeln kannst, um so besser.

Es ist auch wichtig, die Sinne mit ins Spiel zu bringen. Sieh dich selbst in so vielen Einzelheiten wie nur möglich. Berühre, schmecke, rieche und höre soviel von dem, was du schöpfst, wie nur möglich. Einige Menschen haben Schwierigkeiten, sich die Szene wirklich bildhaft vorzustellen. Laß dich dadurch nicht entmutigen. Es ist die Absicht und die Grundidee, die wichtig sind, nicht die dreidimensionalen Farbvisionen. Sei dir bewußt, daß in der Imagination einfach das vorhanden ist, was du beabsichtigst, dort zu sein. Es wird so lange da sein, wie deine Absicht besteht.

Die sechste Stufe

Die sechste Stufe ist die der Reflexion und der inneren Gewißheit. Die Szene, die du mit ihrem Gefühlsinhalt gestaltet hast, ist eine Reflexion deiner Wünsche. In einem anderen Sinne strahlt die Szene auch auf dich zurück. Obwohl es bei den ersten Versuchen mit dieser Technik nicht passieren mag, wird man doch etwas in sich spüren, sobald man die Szene mit Gefühlen belebt. Du wirst ein Gefühl der inneren Gewißheit gewinnen, ein Gefühl, daß die Szene feste Formen annimmt. So macht sich das Feedback aus deinem Gefühlshaushalt bemerkbar.

Die siebte Stufe

Der siebte Schritt verlangt nun, daß du deine Anstrengungen einstellst und »erwartungsvoll verharrst«. Jetzt ziehst du dein Gemüt zurück von dem Getanen und überläßt dem Universum die Manifestierung. Das ist das Stadium der Trächtigkeit. Nachdem der Same gepflanzt ist, muß er Ruhe haben.

Um deiner Schöpfung Nahrung zu geben, wisse einfach, daß sie auf dem Weg der Reifung ist. Die Bibel weist darauf hin, daß der Zeit des Säens *immer* die Erntezeit folgt.

Hier sind noch einige zusätzliche Hinweise, die dir helfen können, das schöpferische Gesetz anzuwenden:

1. Vielen Menschen fällt es schwer, das herauszufinden, was sie wirklich im Leben wollen. Es ist am besten, anfangs etwas Einfaches zu versuchen; so kann man sich beweisen, daß die Methode Erfolg hat. Mir wurde zuerst vorgeschlagen, den schöpferischen Prozeß dazu zu benutzen, ein Geldstück zu finden. Von zweiundzwanzig Leuten, die das versuchten, waren achtzehn innerhalb einer Woche fähig, das erfolgreich zu tun. Ein anderer »Test« ist das Finden eines Parkplatzes vor oder nahe einem Gebäude in der Stadt, wohin man in naher Zukunft fahren wird. Noch eine andere Übung ist, sich von einem langverlorenen Freund wieder schreiben oder anrufen zu lassen. Die Sicherheit, die du gewinnst, wenn du mit diesen einfachen Beispielen anfängst, hilft dir dann, wenn du Wichtigeres versuchen willst. Was du unter anderem mit diesem Prozeß in Angriff nehmen könntest, wäre, deine schlechten Gewohnheiten zu ändern. Wenn du dir zum Beispiel einmal ansiehst, wie du dir über Dinge Sorgen machst, die in der Zukunft vielleicht passieren können, wirst du sehen, wie du denselben Prozeß anwendest, um dir etwas zu schaffen, was du nicht willst. Statt sich zu sorgen, ob man eine Arbeit bekommen wird oder eine Prüfung bestehen wird, entwirf eine Szene, in der du agierst, als hättest du die Arbeit schon erhalten oder die Prüfung schon bestanden.

Der schöpferische Prozeß kann viele Aspekte deines Lebens verbessern. Du kannst dein Gedächtnis verbessern, deinen Allgemeinzustand, deine Denkgewohnheiten, deine Gesundheit sowie deine Lebensumstände.

2. Halte das Bild anfangs so allgemein wie möglich. Solange du in der Anwendung des Prozesses unerfahren bist und noch keinen festen Glauben an dessen Wirksamkeit besitzt, versuche keine Wunder zu wirken. Deine vorgestellte Szene sollte Details wie Zeitfaktoren und die genaue Art und Weise, wie ein Resultat zustande kommen soll, nicht beinhalten. So soll zum Beispiel beim Finden einer Münze die genaue Zeit und der genaue Ort nicht vorausgesehen werden. Deine Szene sollte generell ein Gebiet umfassen, und die Zeit sollte den »Umständen« überlassen werden.

Eine wirksame Art, allgemein zu sein und mit schwierigen Szenen zu arbeiten, ist, eine Szene zu entwerfen, in der du dich mit einem Freund unterhältst. In diesem Gespräch hörst du dich selbst deinem Freund berichten, daß du erhalten oder erreicht hast, was du beabsichtigt hattest.

3. Es ist in Ordnung, den schöpferischen Prozeß wiederholt anzuwenden, um etwas zu erlangen. Man soll jedoch Zeit verstreichen lassen, ehe man ihn für dieselbe Sache wieder anwendet. Einmal oder zweimal pro Tag ist genug. Zu oft angewendet, verliert er seine Kraft. Wenn man ihn wiederholt, sollte man die Einstellung haben, daß das zu Schaffende auf dem Weg der Reife ist und daß man ihm nur hilft, sich zu manifestieren.

4. Sei dir bewußt, daß es Zeit braucht, ehe sich die schöpferischen Anstrengungen in deiner Erfahrung manifestieren. Sei geduldig. Du hast diesen Prozeß seit Jahren unbewußt ausgeführt. Es wird einige Zeit dauern, bis deine alten, unbewußten Schöpfungen durch deine neuen, bewußten ersetzt sind.

5. Die sieben Stufen des schöpferischen Prozesses sind tatsächlich eine Stufe. Wärest du dir ganz klar darüber, was du willst, und hättest keine widersprüchlichen Ansichten und zweifelnde Gefühle, dann wäre das, was du erhältst, die genaue Spiegelung dessen, was du beabsichtigst. Nachdem du die sieben Stufen etwas geübt hast, wirst du finden, daß du nur zu beabsichtigen brauchst, um die Absicht manifest werden zu lassen.

Zusätzliche Bibelhinweise

In der Bibel finden wir noch andere Stellen, die sich auf das schöpferische Gesetz beziehen: Jesus sagte: »Wenn aber du betest, so gehe in dein Kämmerlein und schließe die Tür zu und bete zu deinem Vater im Verborgenen; und dein Vater, der in das Verborgene sieht, wird dir's vergelten öffentlich.« (Matthäus 6, 6)

Jesus sagte: »Alles, was ihr bittet in eurem Gebet, glaubet nur, daß ihr's empfangen werdet, so wird's euch werden.« (Markus 11, 24)

Und: »Befiehl dem Herrn (innere Kraft des Seins) deine Werke, so werden deine Anschläge fortgehen.« (Sprüche 16, 3)

Das vierte Gebot heißt: »Den Sabbattag sollst du halten, daß du ihn heiligest, wie dir der Herr, dein Gott, geboten hat. Sechs Tage sollst du arbeiten und alle deine Werke tun. Aber am siebenten Tage ist der Sabbat des Herrn, deines Gottes. Da sollst du keine Arbeit tun noch dein Sohn noch deine Tochter noch dein Knecht noch deine Magd noch dein Ochse noch dein Esel noch all dein Vieh noch dein Fremdling, der in den Toren ist, auf daß dein Knecht und deine Magd ruhe gleich wie du.«

»Der Herr, dein Gott« bedeutet die schöpferische Kraft in dir; »Sohn« bedeutet der Gebrauch der schöpferischen Fähigkeit;

»Tochter« ist die imaginative Fähigkeit; »Knecht« heißt Angst; »Magd« ist Furcht; »Ochse« heißt in diesem Fall die Fähigkeit zu analysieren; »Esel« deutet auf das Abwägen hin; »Vieh« heißt innere Unruhe; »Fremdling« ist Entfremdung; »Tor« ist das Denken.

Das vierte Gebot ist dann in der Umschreibung meines Lehrers: »Denke im Stadium der freien Entfaltung daran, es voller Vertrauen aufrechtzuerhalten, so wie deine innere Göttlichkeit es verlangt. Behalte deine Tätigkeit durch die sechs Stadien bei, aber im siebten Stadium überläßt du alles deiner inneren Göttlichkeit. Während dieser Zeit soll es keine Tätigkeit geben, nicht in dir, noch deiner schöpferischen Kraft, noch in deiner Imagination. Sei nicht ängstlich, nicht furchtsam. Analysiere nicht und wäge nicht ab. Erlaube weder Entfremdung noch Unruhe, deine Gedanken zu erfüllen, so daß deine Angst und Furcht ruhen mögen so wie du.«

Postskriptum

All dies bedeutet, daß das, was wir jetzt erfahren, genau das ist, was wir für uns selbst geschaffen haben. Alle Menschen dieses Planeten leben in einer reinen Demokratie (alle politischen Anklänge des Wortes sind hier nicht gemeint). Jeder unserer innersten Wünsche zählt als eine Stimme in der Gesamtwahl der Wirklichkeit.

Auf den ersten Blick scheint diese Ansicht sehr unglaubhaft. Auch wenn wir selbst nicht leiden, wissen wir doch, daß viele Menschen in überaus ungünstigen Umständen leben. Warum bereiten sich dann die Menschen so viel Elend? Warum bringt die Menschheit so oft Krieg, Hungersnot, Sklaverei und Unterdrückung auf sich?

Könnte es sein, daß sich das schöpferische Gesetz zerstörerisch auswirkt, wenn es unbewußt gelassen wird? Vielleicht sind die, die ihre schöpferischen Fähigkeiten bewußt anwenden, erfolgreicher im Leben als die, die es nicht tun oder nichts davon wissen?

Vielleicht sind die, die glauben, das Schicksal oder ein äußerer Gott sei die einzige Quelle ihrer Lebensumstände, nicht motiviert, ihre eigene persönliche schöpferische Fähigkeit zu finden. Vielleicht ist es eine Religion, eine Philosophie oder ein politisches System, das die Idee bestärkt und erhält, daß Umstände nicht vom Individuum überwunden werden können.

Neigen wir nicht alle dazu zu glauben, ein Gott, ein politischer Führer oder die Gesellschaft selbst seien schließlich und endlich die Verantwortlichen?

Das kommt vielleicht daher, daß die meisten Menschen keine direkte

Erfahrung ihrer eigenen wahren Natur als schöpferische Wesen haben. Die meisten von uns identifizieren sich immer noch mit einem Körper oder einem Verstand und können sich nichts anderes vorstellen. Vielleicht sind wir auf einer Entwicklungsstufe, auf der das Überleben immer noch der motivierende Faktor ist und die sogenannten spirituellen Bestrebungen denen überlassen bleiben, die schon erfolgreich »überleben«. Vielleicht tragen alle diese Faktoren zu unserer gegenwärtigen Situation bei.

Dieses Buch soll dazu beitragen, all das zu ändern. Ich bin davon überzeugt, daß die Welt eine bessere sein wird, sobald die Menschen mit ihrer wahren Natur Verbindung aufnehmen und die schöpferischen Fähigkeiten *bewußt* anwenden. Dieser Glaube gründet auf der Annahme, daß jeder von uns tatsächlich dasselbe wünscht: ein harmonisches Leben erfüllender Arbeit und liebender Beziehungen mit anderen, beruhend auf Freiheit und der Würde des Individuums. Ich glaube, daß sich soziale Systeme entwickeln werden, die das Bewußtsein aller spiegeln und seine Entwicklung fördern werden, wenn nur jeder einzelne sein Bewußtsein erweitert.

Ich weiß, daß dies eine utopische Vision ist und daß Utopien in dieser Zeit wenig beliebt sind. Aber wenn du die Wahl hättest, würdest du dir nicht das gleiche wünschen? Ich verfasse dieses Buch nicht, um eine Utopie zu beschreiben; ich beschreibe das Wesen der Wirklichkeit, so wie sie jetzt ist. Aus dieser Beschreibung ergeben sich verschiedene Möglichkeiten, die als Schlüssel zur Verbesserung unseres Lebens dienen können. Das Modell der Psychometaphysik und die folgenden Kapitel über eine Methode der Bewußtseinserweiterung, den »Selbstfindungskurs« (Enlightenment Intensive), enthalten einige wichtige und praktische Hinweise auf Mittel und Wege, diese Verbesserung herbeizuführen.

ZWEITER TEIL
PSYCHOMETAPHYSIK

Das Modell der Psychometaphysik

Einleitung

Die Psychometaphysik fußt auf vielen Dingen – den Einstellungen und Techniken verschiedener Schulen der humanistischen Psychologie, den Lehren von Charles Berner* und Samuel Bousky und der Philosophie und den Methoden der Kabbalah.

Das Modell der Psychometaphysik ist hier in bezug auf die Kabbalah dargestellt, da diese sich besonders dazu eignet, die Tatsachen, welche ich Ihnen vorstellen will, zusammenhängend darzustellen. Ich beabsichtige dabei zu zeigen, daß dieses uralte metaphysische System auf ähnliche Wahrheiten und Schlußfolgerungen hinzielt. Die Psychometaphysik will jedoch nicht versuchen, die Kabbalah zu ersetzen. Die Kabbalah ist nicht nur eine Philosophie sondern auch eine Methode des Erlangens von Erkenntnissen sowie der Klassifizierung von Information. Die Psychometaphysik ist einfach eine Interpretation der Kabbalah.

Zum großen Teil basiert das Modell der Psychometaphysik auf der Erfahrung und den Lehren von Charles Berner, dem Gründer des *Enlightenment Intensive*. Ich habe im Modell der Psychometaphysik jedoch nichts dargestellt, das ich nicht im »Labor« meiner eigenen Erfahrungen überprüft hätte.

Die Psychometaphysik ist meine Antwort auf die Frage »Was ist das Leben?«. Sie ist ein Geistesgebäude, errichtet innerhalb der Grenzen von Worten und Zeichnungen. Wie alle geschriebene Philosophie ist sie nicht die Wahrheit selbst, sondern ein Wegweiser zur Wahrheit mit Hilfe von Symbolen. Sie zeigt, wie ich mir in meinem Kopf das Wesen der Welt vorstelle. Sie ist unvollkommen und unvollständig und muß es immer bleiben. Keine Anzahl von Worten und Symbolen kann das Leben selbst einfangen. Das Leben wird immer das wunderbarste und erstaunlichste Mysterium bleiben, wie genau wir auch immer glauben mögen, es erfaßt zu haben.

---

* Anmerkung des Verfassers: Inzwischen hat er seinen Namen in Yogeshwar Muni geändert.

Wir beginnen unsere Beschreibung des Universums mit einem Blick auf seine Gesamtheit, so wie das kabbalistische Modell sie darstellt. Zunächst gebe ich einmal zwei graphische Darstellungen der Gesamtheit des Lebens (im weitesten Sinne von allem Existierenden), also der Positiven Existenz. Wir ersehen daraus, auf welch verschiedene Arten sich die vier Welten der Kabbalah darstellen lassen. In den folgenden Ausführungen springen wir von einem dieser Überblicke zum anderen, um die Bedeutung, die hinter der jeweiligen Symbolik liegt, zu erkennen.

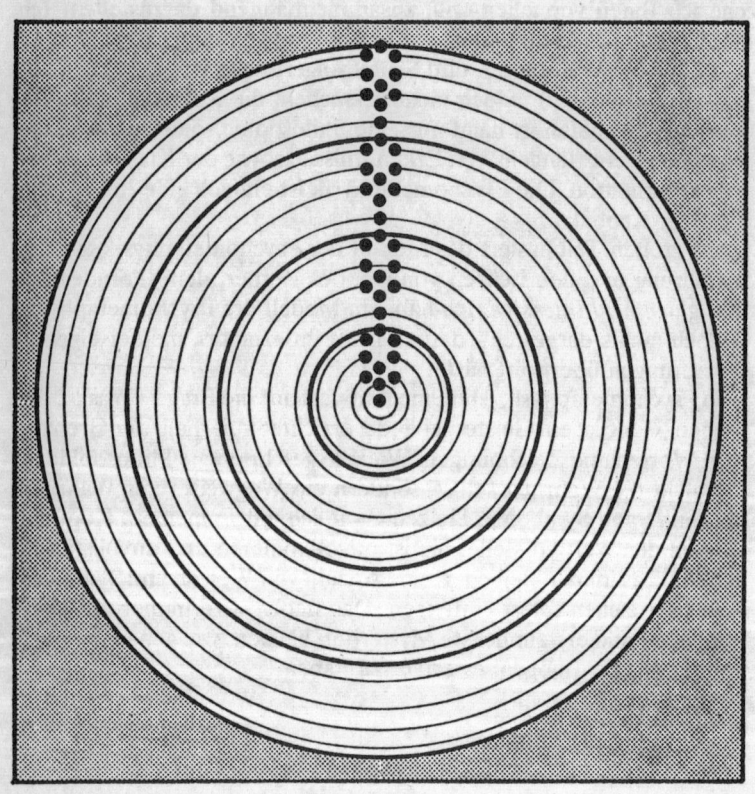

Die Darstellung auf der vorangehenden Seite zeigt die vier Welten in konzentrischen Kreisen. Die Negative Existenz (die punktierte Fläche) umgibt die vier Welten und enthält sie in sich. Der größte Kreis umfängt den Lebensbaum der Welt von ATZILUTH. ATZILUTH umfängt BRIAH, das wiederum YETZIRAH umfängt. Alle zusammen umfangen die letzte der vier Welten, ASSIAH. Die Erschaffung der Welten schreitet von der Negativen Existenz, die die Kreise umgibt, zum Mittelpunkt fort. Ein anderer möglicher Überblick zeigt, wie die vier Welten sich gegenseitig überlappen:

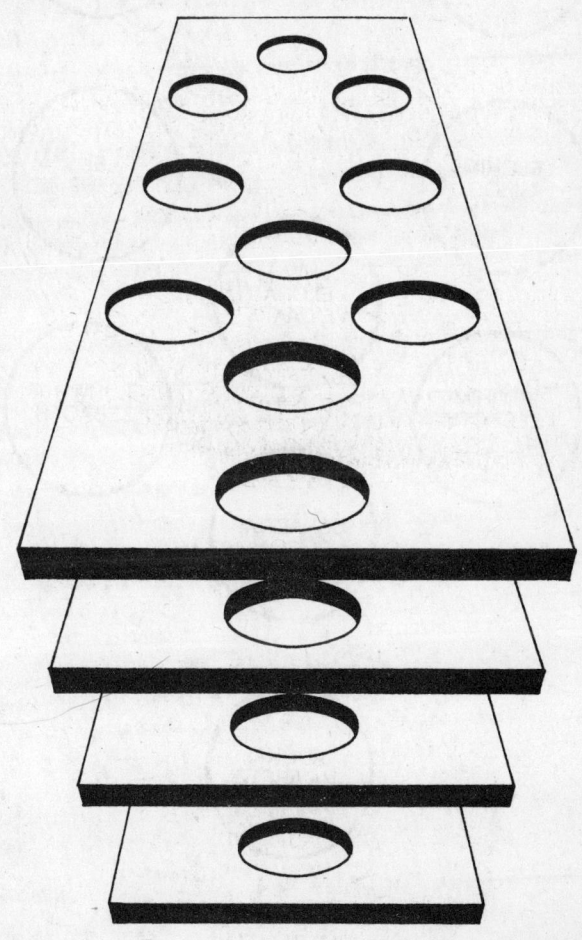

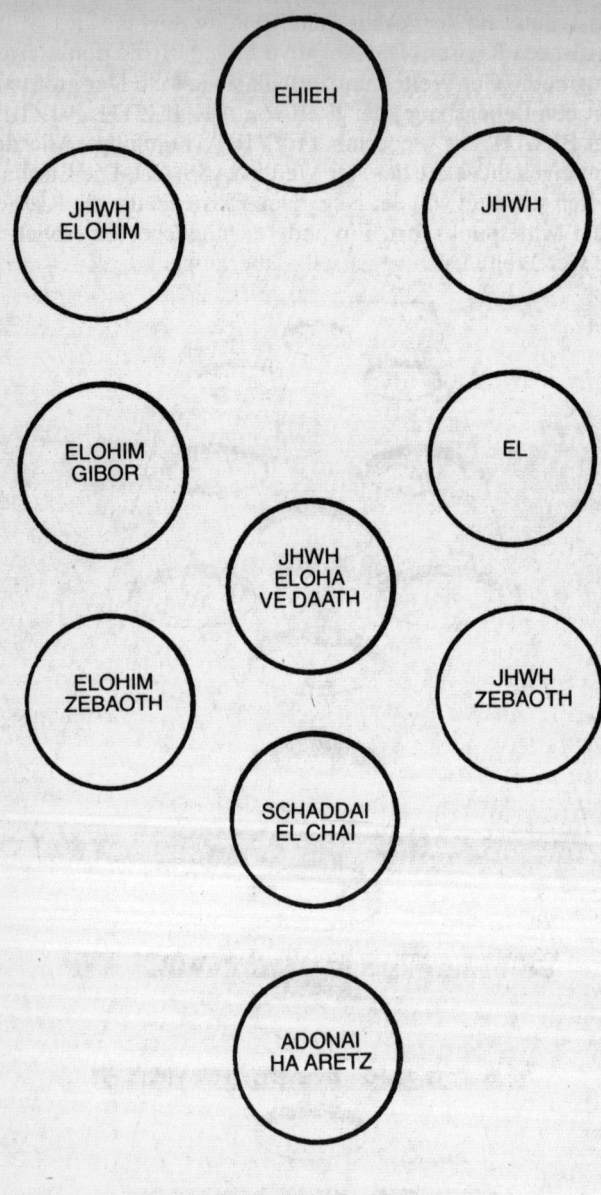

ATZILUTH

Den Schlüssel zum Verständnis der Funktionen jeder der vier kabbalistischen Welten findet man im Tetragrammaton. Es steht für den vierfältigen Prozeß der Aspekte Kraft *(Yod)*, Struktur *(Heh)*, Bewegung *(Wav)* und Form *(Heh)*. Auf makrokosmischer Ebene entspricht jede der vier Welten funktionsmäßig einer dieser Eigenschaften. Die vier folgenden Lebensbäume sind in Übereinstimmung mit der heute verfügbaren kabbalistischen Literatur dargestellt und ausgezeichnet. Ich stelle sie hier vor, um den Übergang vom klassischen kabbalistischen Modell zum Modell der Psychometaphysik zu illustrieren.

ATZILUTH: Die Welt der Fähigkeiten

Die erste Welt, die der Negativen Existenz entspringt, heißt ATZILUTH, »Die grenzenlose Welt der Göttlichen Namen«. Sie ist die höchste geistige Welt der Kabbalah. Jeder der zehn Namen des Schöpfers, die dieser Welt zugeschrieben werden, deutet auf verschiedene Aspekte des Ur-Selbst, das mit dem Wort GOTT bezeichnet wird.
In bezug auf das Tetragrammaton entspricht ATZILUTH dem ersten Buchstaben, *Yod. Yod* steht für die Idee »Kraft«. Kraft im persönlichen Sinne ist dasselbe wie Fähigkeit. Kraft ist die Fähigkeit, etwas zu tun oder mit etwas zusammenzuwirken. Deshalb deuten die Sephiroth der Welt von ATZILUTH auf die zehn grundlegenden Fähigkeiten des Schöpfers hin. Diese Welt, die in der traditionellen kabbalistischen Literatur die »Welt der Emanation (in Gott)« genannt wird, nennen wir im Modell der Psychometaphysik die »Welt der Fähigkeiten«.
Die erste Sephirah steht für die Fähigkeit des Schöpfers »zu sein«. EHIEH bedeutet »Ich werde sein«. Die zweite Sephirah deutet mit dem Namen JHWH (Jehovah) auf die Schöpferfähigkeit »zu tun«. Die weiteren acht Sephiroth deuten auf acht weitere Fähigkeiten des Schöpfers hin.

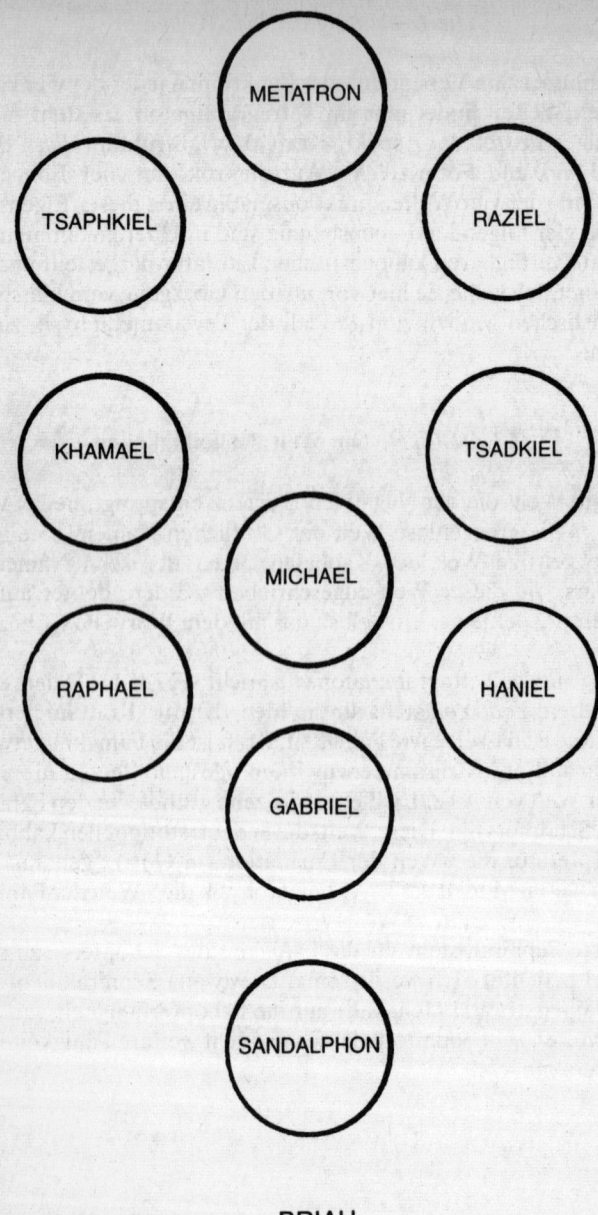

BRIAH

Die zweite kabbalistische Welt, die der Negativen Existenz entspringt, ist die Welt von BRIAH, »Die Erzengelwelt der Schöpfung«. BRIAH entspricht dem zweiten Buchstaben des Tetragrammaton, *Heh*, der auf die Eigenschaft der Struktur hindeutet. BRIAH stellt die Struktur und Organisation der Fähigkeiten oder Kräfte der ersten Welt von ATZILUTH dar.

Der Überlieferung nach sind die Erzengel die höchsten Boten Gottes. Sie sind die Aufseher über die von Gott beabsichtigte Arbeit. Sie repräsentieren Gott für alle »niederen« Wesen. Es steht geschrieben, daß niemand (d. h. kein menschliches Wesen) Gott direkt kontaktieren oder sehen kann, sondern mit Ihm durch Seine Repräsentanten in Verbindung treten muß, in diesem Falle durch Seine Erzengel.

Analog zu den Erzengeln Gottes steht der Geist im Menschen. Es sind die Ideen, Begriffe, Gesichtspunkte und Bilder des Geistes, die im Menschen als strukturierende Mittler in bezug auf das essentielle Selbst, den »Quanten-Gott«, agieren. Es ist der Geist, der die Ur-Absichtlichkeit eines Quanten-Gottes in spezifische Tätigkeiten der Persönlichkeit kanalisiert und strukturiert. Es ist der Geist, der die Charakterstruktur formt, durch die ein Quanten-Gott mit der Welt und anderen in Verbindung tritt. Nur durch diese Struktur treten Quanten-Götter in gegenseitigen Kontakt und Austausch.

Im Modell der Psychometaphysik wird BRIAH zur »Welt des Geistes«, in der traditionellen kabbalistischen Literatur wird sie die »Welt der Schöpfung (außerhalb Gottes)« genannt. Jede Sephirah am Baum des Lebens in dieser Welt wird als ein Aspekt der Mentalität oder der Charakterstruktur angesehen.

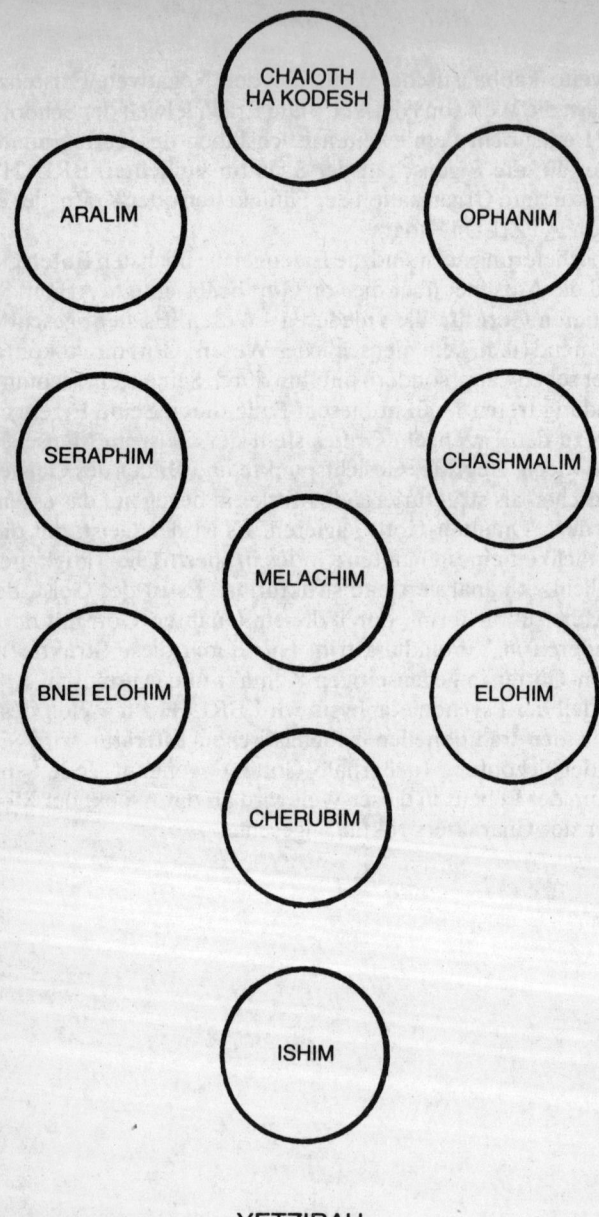

YETZIRAH

Aus der zweiten Welt, der von BRIAH, entspringt YETZIRAH, »Die hierarchische Welt der Formung«. YETZIRAH entspricht dem dritten Buchstaben des Tetragrammaton, *Wav,* der auf den Aspekt der Aktivität, Bewegung hindeutet. Die Fähigkeiten der ersten Welt werden vermittelt durch die zweite Welt und werden aktiv in dieser, der dritten Welt.

Die Sephiroth von YETZIRAH sind nach Kräften, Energien und Engeln genannt. Die Engel sind Gotteswirker, wörtlich: Gottesarbeiter, unter der Aufsicht der Erzengel (des Geistes). Analog zu den Engeln und Kräften Gottes in der Kabbalah sind Sinneseindrücke, Empfindungen und Gefühle im Menschen. Sie sind das Resultat von Energieumwandlungen des Körpers, der in der Welt lebt.

Die zehnte Sephirah in YETZIRAH wird Ishim genannt, »Die Seelen der Gerechten«. Die Seele des Menschen wird mit seiner Gefühlsnatur in Zusammenhang gebracht. Die Seele wird körperlich verstanden, aber als ein Körper, der den physischen Körper überlebt und schon vor ihm existiert. Da die Welt von YETZIRAH aus der Welt des Geistes entspringt und darin ihr Sein hat, bezieht YETZIRAH sich nicht auf die Struktur des Körpers als Form, sondern auf seine Aktivität oder den funktionalen Aspekt. Der Körper, funktionell gesehen, ist eine Struktur, die einen vielfältigen Energieaustausch zuläßt. Man kann ihn als geregelte Aktivität einer Vielzahl von Lebensprozessen verstehen. Der Körper ist zudem der einzigartige Ausdruck eines Quanten-Gottes, der seinem inneren Wesen durch physische Funktionen Ausdruck gibt.

Im Modell der Psychometaphysik wird YETZIRAH – traditionell die »Welt der Formung« – zur »Welt des Körpers«, den Energiefunktionen des Quanten-Gottes, wie sie durch die Beschaffenheit seines Geistes geformt werden. In der Welt des Körpers geht es um die Prozesse und Aktivitäten der Energie in und um den physischen Körper.

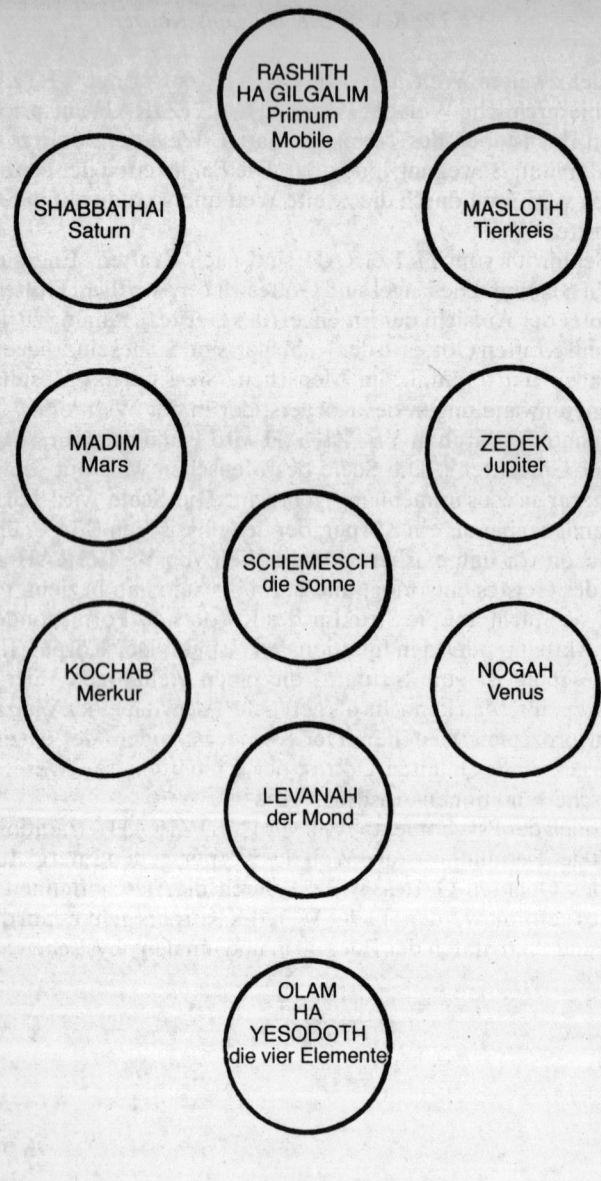

ASSIAH

Die vierte in der Reihe der entstehenden Welten ist ASSIAH, »Die elementare Welt der Stoffe« (wörtlich: »Substanzen«). ASSIAH entspricht dem vierten Buchstaben des Tetragrammaton, *Heh,* und deutet auf die Idee des Manifestierens von Geistesformen in physischen Formen. Die Fähigkeit oder Kraft der ersten Welt wird strukturiert in der Welt des Geistes, aktiviert in der Welt des Körpers und nimmt in dieser, der vierten Welt körperliche Form an.

Die Kabbalah gibt uns aber zu verstehen, daß alle Welten in der Negativen Existenz enthalten sind und daß es keine wirkliche Zeitabfolge gibt. Die erste Sephirah der ersten Welt ist in der zehnten Sephirah der vierten Welt – und umgekehrt. Wir haben die Welten hier so beschrieben, als ob sie sich in einer zeitlichen Abfolge aus der Negativen Existenz herausentwickeln. Es ist genauer, sie sich als gleichzeitige Ausdrücke eines Quanten-Gottes vorzustellen.

Die erste Sephirah in ASSIAH wird »Primum Mobile« oder »Erste Bewegungen« genannt. Man könnte sie symbolisieren als einen Mittelpunkt, einen Punkt, der einen Ursprung oder Anfang darstellt. Es ist dasselbe Symbol, das ich am Anfang des Buches, im Kapitel »Der Weg des Punktes«, als Darstellung für den Schöpfer selbst gewählt hatte. Diese Übereinstimmung soll darauf hinweisen, daß Materie und Bewußtsein gleichzeitige Schöpfungen sind.

Die zehnte Sephirah in ASSIAH heißt »Die Sphäre der vier Elemente«. Mit den vier Elementen sind die vier Aspekte des Tetragrammaton gemeint – Kraft, Struktur, Bewegung und Form. Die letzte Sephirah der kabbalistischen Schöpfung stellt die Gesamtschöpfung auf der Ebene der physischen Existenz dar. Materie ist das Ergebnis des Zusammenwirkens aller Sephiroth in allen vier Welten als *ein* Prozeß. Im Modell der Psychometaphysik wird ASSIAH, traditionell die »Welt der (endgültigen) Herstellung« genannt, die »Welt der Materie«. In dieser Welt der Materie beginnen wir die Beschreibung des entstehenden Modells der Wirklichkeit.

Die Welt der Materie

Die mikrokosmische Welt der Materie

Unsere Beschreibung der Materie beginnt in der zehnten Sphäre der vierten Welt.

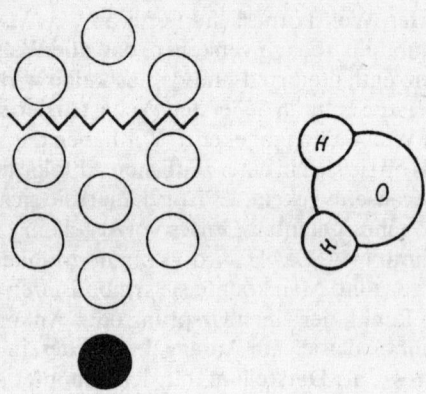

Die zehnte Sephirah: Das Molekül

Ein Molekül ist die kleinste Einheit einer chemischen Verbindung, die noch die charakteristischen Eigenschaften dieser Verbindung aufweist. Die kleinste Einheit von Wasser, welche noch die Eigenschaft von Wasser aufweist, ist ein Molekül Wasser. Teilen wir es weiter, hört es auf, Wasser zu sein und wird ein Atom Sauerstoff und zwei Atome Wasserstoff, von denen beide grundsätzlich andere Eigenschaften haben als Wasser.

Alle physischen Dinge bestehen aus Molekülen. Sie sind verantwortlich für alle mechanischen, chemischen und biologischen Phänomene. Von der Geschwindigkeit, mit der sie sich bewegen, hängen Phänomene wie Temperatur und Druck ab und ob eine Substanz flüssig, gasförmig oder fest ist.

Die Moleküle sind die kleinsten Einheiten der Materie, die auf die fünf Sinne wirken. Sämtlicher körperlicher Erfahrung in der physischen Welt wird man gewahr durch Sehen, Hören, Fühlen, Schmekken und Riechen von Materie auf molekularer Ebene. Sinneswahrnehmung entsteht, wenn die hochorganisierten Moleküle des Körpers zusammenwirken mit den Molekülen in der Umgebung des Körpers.

Moleküle sind so klein, daß wir sie normalerweise nicht einzeln sehen können. Nur als riesige Konglomerate werden sie sichtbar. Einige Kunststoffe kann man als ein einziges großes Molekül ansehen, welches so groß ist, daß man es sogar in der Hand halten kann. Die Größe normaler Moleküle liegt unter einem millionstel Zentimeter. Es gibt Millionen verschiedener Moleküle von den verhältnismäßig einfachen Wassermolekülen bis zu den komplizierten Megamolekülen der Biologie.

Steigen wir den Baum aufwärts, sehen wir Materie noch kleinerer Dimensionen.

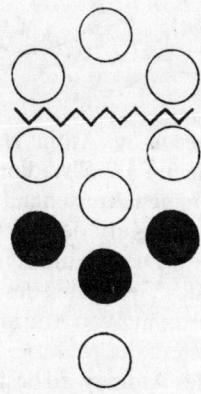

Die siebte, achte und neunte Sephirah: Das Atom

Alle Moleküle setzen sich aus den Elementen zusammen. Die kleinste Einheit eines Elementes, das noch die Eigenschaften des Elementes aufweist, ist ein Atom. Ein Atom kann so klein sein wie ein Hunderttausendstel der Größe eines Moleküls. Hundert Millionen Atome können in einen Kubikzentimeter passen.

Wir reduzieren Materie auf ihre primären strukturellen Komponenten, indem wir eine stärkere Vergrößerung unseres hypothetischen Mikroskops wählen. Das physikalische Universum besteht aus vielen Millionen chemischer Verbindungen, die wiederum aus vielen Millionen Molekülen bestehen, die aus etwas mehr als hundert verschiedenen Atomen (den Elementen) gebildet werden, die aber wieder aus drei Dingen bestehen. Atome setzen sich zusammen aus Elektronen, Protonen und Neutronen. Die Hauptkomponente des Atoms jedoch ist Raum.

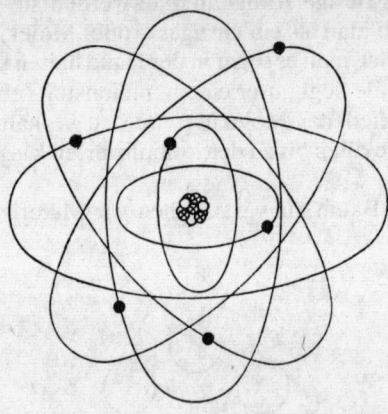

Um eine Idee von der Struktur des Atoms zu erhalten, stellen wir uns vor, daß wir in einem riesigen Fußballstadion stehen. Elektronen, die die Größe von Murmeln haben, kreisen auf den oberen Rängen des Stadiums um uns herum. Der Kern des Atoms befindet sich im Mittelpunkt des Fußballfeldes. Die Neutronen und Protonen, die den Kern und den Hauptteil des Gewichtes des Atoms ausmachen, sind ebenfalls in der Größenordnung von Murmeln. Wir sehen also, daß das Atom, der Hauptbaustein der Materie, hauptsächlich aus Raum besteht. Das Volumen eines Atoms wird bestimmt durch den Umfang der Umlaufbahn des äußersten Elektrons. Über neunzig Prozent der Masse (des Gewichts) eines Atoms ist im Kern konzentriert, der wenig mehr als ein Millionstel des Volumens des Gesamtatoms einnimmt.

Der charakteristische Unterschied zwischen dem Atom eines Elementes und dem Atom eines anderen ist die Zahl der Neutronen, Protonen und Elektronen, die sie haben. Das Elektronenfeld bestimmt die Eigenschaften eines Elementes und wie es sich gegenüber anderen Elementen verhält. Der Kern scheint an chemischen Reaktionen nicht beteiligt zu sein.

Auf der Ebene des Atoms haben wir schon lange die Größenordnung der Dinge verlassen, die wir materiell nennen.

Das Bild eines Atoms als eines »Dinges«, bestehend aus murmelähnlichen Kugeln, von denen sich einige auf Umlaufbahnen bewegen, ist längst überholt (man benutzt es nur, um bestimmte Aspekte *anschaulich* zu machen). Das Atom wird jetzt als Kraftfeld verstanden, das polare Singularitäten enthält, welche die Tendenz haben, im Rahmen einer Zufallsverteilung an bestimmten Stellen des Feldes aufzutreten, deren Lokalisierung jedoch ungewiß ist und sich nur in Form von Wahrscheinlichkeiten bestimmen läßt. Das Feld, das die Gesamtheit des Atoms enthält, ist am dichtesten im Bereich des Atoms, wie wir es in seinen Grenzen uns denken. Man kann aber auch sagen, daß jedes Atom das gesamte Universum ausfüllt. Jedes Atom im Universum übt eine Kraft auf jedes andere Atom aus. Da jedoch die Einflußkraft abhängig ist vom Abstand zwischen einem Atom und einem anderen, scheinen im Rahmen dessen, was für uns meßbar ist, weit auseinanderliegende Atome keinen Einfluß aufeinander zu haben. Große Zusammenballungen von Atomen wie die Planeten und die Sterne haben, wie wir wissen, große Gravitationseinflüsse über enorme Distanzen.

Die molekulare Ebene der Materie teilten wir der zehnten Sephirah zu. Die Elektronen, Protonen und Neutronen, die zusammen das Atom formen, bringen wir mit der siebten, achten und neunten Sephirah in Verbindung. Nun gehen wir zur Größenordnung des Kernes über, die weniger als 10^{-12} cm beträgt.

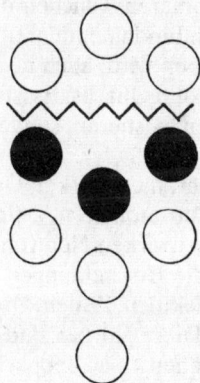

Die vierte, fünfte und sechste Sephirah: Sub-atomare Teile

Atomkerne bestehen aus noch kleineren Teilen, den sub-atomaren Partikeln oder »Elementarteilchen«. Diese »Elementarteilchen« haben nichts mehr mit Materie gemein, wie wir sie fühlen und uns vorstellen. Wollen wir uns mit ihnen befassen, so müssen wir aus dem Bereich der Physik in den der Atomphysik eintreten, einschließlich den der Quanten-Mechanik und der Relativitätstheorie, welche im Grunde nichts anderes sind als Mathematik.

Diese Elementarteilchen lassen sich mit Hilfe eines Teilchen-Beschleunigers durch Zusammenstöße von schnellen geladenen Partikeln mit Atomkernen in einer Blasenkammer erzeugen. In der Blasenkammer befindet sich eine überheiße Flüssigkeit, in der ein passierendes geladenes Teilchen Spuren hinterläßt. Mit Hilfe von Hochgeschwindigkeits-Fotografie lassen sich diese Spuren aufzeichnen (einige der Teile bestehen nur für ein Milliardstel einer Sekunde). Ein magnetisches Feld von bekannter Stärke krümmt die Bahn der geladenen Elementarteilchen in einem berechenbaren Ausmaß. Die Partikeln, selbst nicht sichtbar, lassen sich nun nach Richtung, Krümmung und Länge der von ihnen hinterlassenen Spur bestimmen und klassifizieren. Über vierhundert sub-atomare Partikeln hat man inzwischen benannt. Die Eigenschaften der Elementarteilchen werden in mathematische Sprache übersetzt und in Computer eingegeben. Die Rechenergebnisse werden dann von theoretischen Physikern ausgewertet, die versuchen, eine Theorie oder ein Modell zu entwerfen, das das Wesen und Verhalten dieser kleinsten dem Menschen bekannten Komponenten der Materie erklärt.

Professor Murrey Gell-Mann und seine Mitarbeiter sagen, es sei möglich, daß alle sub-atomaren Teilchen das Resultat des Zusammenwirkens von drei noch fundamentaleren Teilchen sind, wenn das zur Zeit, da dies geschrieben wird, auch noch eine bloße Hypothese ist. Man nennt diese Partikeln Quarks. Es ist möglich, daß die Quarks gar nicht mehr als Teilchen existieren, sondern bloße mathematische Abstraktionen sind.

Wenn Gell-Mann recht hat, dann wirken Quarks so zusammen, daß sie das Erscheinen von sub-atomaren Teilchen bewirken, die wiederum in ihrem Zusammenwirken Neutronen, Protonen und Elektronen ergeben, welche die Erscheinungen von Atomen und damit von Molekülen, Megamolekülen, Zellen, Organen und menschlichen Körpern hervorbringen. Diese Körper sind eifrig damit beschäftigt, in Blasenkammern zu spähen. Was beobachtet da was?

Sollten Quarks wirklich existieren, können wir sie nicht mehr physisch nennen. Auf der Ebene der Quarks haben wir es nicht mehr mit Materie, sondern lediglich mit unseren Gedanken über Materie zu tun. Es gibt nichts Substanzhaftes an einem Quark. Es ist ein Gedanke über Materie und deshalb von rein psychologischer Natur. Um tiefer in das Wesen der Materie einzudringen, müssen wir versuchen, das Wesen des Denkens zu verstehen.

An diesem Punkt schlägt die Objektivität auf sich selbst zurück. Die Grenze zwischen Subjekt und Objekt wird verwischt. Was geschieht, ist, daß eine Form der Materie eine andere Form der Materie analysiert, als ob sie unverbunden wären. Der einzige Unterschied zwischen Beobachter und Beobachtetem ist die Größenordnung.

Pierre Teilhard de Chardin schreibt in »Der Mensch im Kosmos«: »Der Augenblick ist jedoch gekommen, wo man sich sagen muß, daß selbst eine positivistische Erklärung des Universums, wenn sie befriedigen soll, der Innenseite der Dinge ebenso wie ihrer Außenseite gerecht zu werden hat – dem Geist ebenso wie der Materie. Die wahre Physik ist jene, der es eines Tages gelingen wird, den Menschen in seiner Ganzheit in ein zusammenhängedes Weltbild einzugliedern.«

An diesem Punkt kommen wir zum Abgrund der Welt der Materie. Um mit dem Astronomen James Jeans zu sprechen: Das Universum sieht immer weniger wie eine große Maschine aus und immer mehr wie ein großer Gedanke. Die Trennlinie zwischen Mechanismus und Gedanke im Baum des Lebens ist der Abgrund.

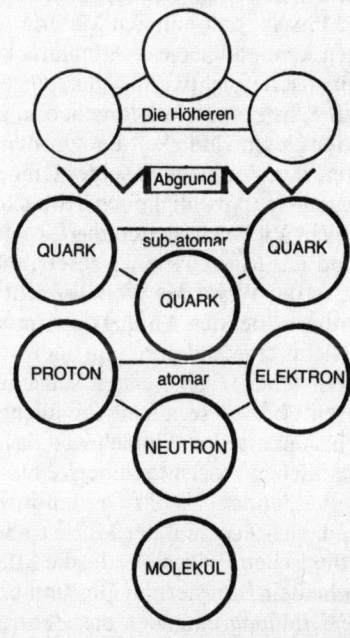

Die mikrokosmische Welt der Materie bis zum Abgrund

Das Universum, wie die Wissenschaft es augenblicklich sieht, besteht aus einer unbestimmten Zahl von Milchstraßen, die alle mit riesiger Geschwindigkeit auseinanderstreben. Eine Hypothese sagt, diese Milchstraßen seien das Ergebnis einer Ur-Explosion, dem sogenannten »Big Bang« (Urknall), welche die Materie über das Universum verstreute. Diese Materie verdichtete sich schließlich zu Milchstraßen, Sonnensystemen und Planeten. Es gibt eine zusätzliche Hypothese, die annimmt, daß das Universum keinen bestimmten Anfang hat, sondern sich periodisch zusammenzieht und wieder explodiert, und das schon seit aller Ewigkeit und bis in alle Ewigkeit.

Neueren Schätzungen zufolge soll die Masse des Universums jedoch nicht groß genug sein, um den gegenwärtigen Trend der Ausdehnung rückgängig machen zu können. Zu diesem Ergebnis kommt man wenigstens, wenn man die bekannten physikalischen Gesetze zugrunde legt. Das deutet auf einen fortdauernden Prozeß der Schöpfung hin, wie Bondi, Gold und Hoyle ihn in der »Steady-State«-Theorie des Universums annehmen. Diese Hypothese widerspricht zwar einer Grundannahme der Physik, daß nämlich Materie weder geschaffen noch zerstört werden kann, aber diese Annahme könnte auch bloß die Beschränkungen unserer Sichtweise widerspiegeln. Zum Beispiel hat sich gezeigt, daß Einsteins Relativitätstheorie zutreffend ist für Phänomene bei hoher Geschwindigkeit und großen Distanzen, aber für einen Beobachter, der Vorgänge in seiner Umgebung auf engem Raum und bei geringen Geschwindigkeiten beobachtet, ist sie durchaus nicht offensichtlich. Vielleicht gelten das Gesetz von der Erhaltung der Energie und das Massewirkungsgesetz, die wir in unseren Labors akzeptieren, in der Weite des Weltalls nicht mehr. Was auch immer unsere Hypothese über den Anfang des Universums sein mag, es scheint aus dem Nichts entstanden zu sein oder ist noch im Begriff, aus dem Nichts zu entstehen. Den meisten Wissenschaftlern widerstrebt es, Hypothesen über diese augenscheinliche Schöpfung von Etwas aus dem Nichts anzustellen, einfach weil das die Grenzen der gängigen wissenschaftlichen Ansichten übersteigt.

Unsere Milchstraße hat, anders als das Gesamtuniversum, ein Zentrum. Astronomen, die ins Zentrum der Milchstraße schauen, sehen die Reste der hypothetischen Explosion, die die Milchstraße hervorbrachte. Ringe von heißem, ionisiertem Gas und unglaublich starke elektromagnetische Strahlung umgeben das Zentrum. Diese Ringe scheinen Reste einer Ur-Explosion zu sein, vergleichbar dem Urknall, der das Universum als Ganzes hervorbrachte, aber auf niederer Ebene. Innerhalb der Ringe, im Mittelpunkt selbst, scheint sich Leere oder leerer Raum zu befinden. Wie auch im Fall des Universums als Ganzem, dehnt sich die Milchstraße aus, hat aber nicht genügend Masse, um die gegenwärtige Ausdehnungstendenz wieder rückläufig zu machen. Wiederum wurde die Hypothese aufgestellt von der periodischen Ausdehnung und Kontraktion der Milchstraße in einer endlosen Serie von »Explosionen«.

Auch hier, wenn man es ohne vorgefaßte Meinungen betrachtet, scheint im Fall der Milchstraße wie des Universums Materie aus dem Nichts geschaffen worden zu sein. Entweder reichen unsere technischen Mittel nicht aus, um in das Zentrum zu schauen, oder aber die physikalischen Gesetze, wie wir sie jetzt kennen, müssen revidiert werden.

Von wo immer Materie ausströmt – aus dem Zentrum des Universums oder aus dem Mittelpunkt der Milchstraße –, der Prozeß geht von der Leere zu sub-atomaren Teilchen, zu Protonen – Neutronen – Elektronen und schließlich über die primären Elemente Wasserstoff und Helium zu den komplizierteren Elementen. Er folgt genau der Sequenz, die wir in der mikrokosmischen Welt der Materie beschrieben haben, nur daß er vom Abgrund nach unten in umgekehrter Reihenfolge stattfindet.

Wie schon im Fall der Quark-Theorie, sind die hypothetischen »Explosionen« mehr Gedanken über Materie als wirklich Beobachtetes. Das Wort »Explosion« setzt voraus, daß schon vor der Explosion Materie existierte – denn eine Explosion ist das Ergebnis einer Formveränderung von Materie. Diese Art der Beschreibung hält an der Annahme fest, daß Materie weder geschaffen noch zerstört werden kann. Die Wissenschaft hält an der Idee fest, daß etwas, das aus dem Nichts entstanden zu sein scheint, aus etwas entstanden sein muß, das schon vorher existierte.

Wieder kommen wir an den Abgrund der Welt der Materie. Sowohl in der mikrokosmischen wie der makrokosmischen Sicht der Materie erreichen wir am Ursprung die Leere. Materie entspringt aus dem Nichts; das ist die Tatsache der Beobachtung, nicht das, was wir darüber denken. Da wir die Fakten, die uns unsere Sinne mitteilen, nicht verstehen können – daß Etwas aus Nichts geschaffen wird –, können wir weder den Ursprung der Quarks noch den des Universums erklären. Beide Erklärungsversuche führen uns zurück zum Abgrund. Der Abgrund ist der Punkt, wo sowohl die physikalischen Gesetze wie auch unsere Vorstellungsfähigkeit ihre Grenzen erreichen.

Der Beobachter steht genau zwischen Mikrokosmos und Makrokosmos. Mit seinen Sinnen und unter Zuhilfenahme seiner Technologie schaut er hinein in die Struktur des Atoms und hinaus ins Weltall. Sein Körper besteht aus derselben Materie wie das, was er beobachtet; er enthält Spuren von beinah allen Elementen, die auch das Universum bilden, welches ihn umgibt.

Alle Sinneswahrnehmungen sind das Resultat einer Interaktion der Materie des Körpers mit der Materie der Umgebung. Obwohl es sich in beiden Fällen um Materie auf molekularer Ebene handelt, gibt es doch einen Unterschied: die Materie im Universum ist verhältnismäßig unorganisiert, während die im Körper hochorganisiert ist. Letztere bildet die Sinnesorgane und das Nervensystem, das die Sinneswahrnehmungen zu dem hochorganisierten biologischen Computer, dem Gehirn, bringt.

Sehen erfolgt, wenn die verhältnismäßig unerregten Zellen der Retina durch einfallendes Licht erregt werden. Wir sehen nicht das Licht selbst, das nicht-molekular ist, sondern registrieren die Wirkung des Lichtes auf die Moleküle unserer Retina. Das Hören ist eine besondere Art der Wahrnehmung des Druckes von Luftmolekülen auf das Trommelfell des äußeren Ohres. Tasten ist eine allgemeinere Art der Wahrnehmung des Druckes von Molekülen auf die Moleküle der Haut. Riechen und Schmecken sind Resultat molekularer Reaktionen zwischen Chemikalien der Umgebung mit Chemikalien im Körper. Temperaturempfindung ist das Resultat verschiedener Oszillationsraten von Molekülen im Körper und solchen in der umgebenden Welt. Moleküle, die sich langsamer bewegen, werden als kalt, die sich rascher bewegen, als heiß empfunden.

Obwohl die Sinneswahrnehmungen auf molekularer Ebene ihren Anfang nehmen, werden sie, abstrahiert durch die Struktur des Nervensystems, auf anderer Ebene empfunden. Jedes Sinnesorgan und jede druckempfindliche Zelle wirkt als Umformer molekularer Interaktionen in elektrische Impulse, die durch die Nerven weitergeleitet werden. Auf dem Weg in das Rückenmark und schließlich weiter ins Gehirn laufen die Nervenbahnen, die diese Impulse erhalten, in einer immer kleiner werdenden Zahl von Neuronen zusammen. Diese gehen wieder in Dutzende weitere, höhere Nervenzellen über, so daß eine von den Impulsen immer weiter abstrahierte Mitteilung an das Gehirn weitergeleitet wird.

Der Körper ist also eine strukturelle Art, Materie wahrzunehmen.

Das Nervensystem gibt uns, durch seine Struktur bedingt, ein Bild der uns umgebenden Materie, das völlig verschieden ist von dem, was sich auf molekularer Ebene tatsächlich abspielt und das Bild hervorruft. Das Bild, das wir von der Materie haben, ist das von festen Körpern, die getrennt vom Beobachter sind. Der Beobachter selbst ist wieder ein fester Körper, welcher mit der Haut endet, wo dann auch die »äußere Welt« beginnt. Auf molekularer Ebene gibt es solche Abgrenzungen nicht. Alle Teile der Materie wirken molekular und atomar mit allen anderen Teilen des Universums zusammen. Könnten wir die Materie unseres Körpers molekular wahrnehmen, würden wir die Aktivität des gesamten Weltalls wahrnehmen. Das ist vielleicht die Art, wie ein Kind wahrnimmt, bis es das konventionelle Bild aufgebaut hat. Menschen, die erst spät im Leben das Sehvermögen erhalten, müssen lernen, die Dinge so zu sehen, wie wir sie sehen.

Das Gehirn formt das Bild der Realität, indem es die bereits gedämpften und abstrahierten Mitteilungen des Nervensystems zusammensetzt. Das Bild entsteht aus einer Kombination von neu-ankommenden Mitteilungen und früheren Erfahrungen. Das ganze ist überlagert von den durch Ausbildung und Erziehung gebildeten Gewohnheiten, einen neuen Stimulus zu sehen. Das Gehirn ist programmiert, Wahrnehmungen zu ignorieren und unbewußt zu lassen, je nach den Wahrnehmungsgewohnheiten des Menschen.

Doch wo befindet sich der Beobachter? Ist er das Gehirn oder ist das Gehirn, wie die anderen Wahrnehmungsorgane, Teil seiner strukturellen Art, Materie zu sehen? Seit Jahrhunderten debattiert man diese wichtige Frage. Auf der Ebene des Gehirns kommen wir wieder zu unseren Gedanken über Materie und nicht zur Materie selbst. Denn obwohl das Gehirn, wie der gesamte Körper, aus Materie besteht, befaßt es sich mit Gedanken, die nichtmaterieller Natur sind. Diejenigen, die ihre Gedanken beruhigt haben, finden hinter dem beinah unaufhörlichen Geschwätz von Gedanken und Bildern des Gehirns einen Zustand der Ruhe, eine Art Nichts, die man als die Leere bezeichnet. Schauen wir uns gegenseitig in die Augen, sehen wir eine Schwärze im Zentrum. Die Augen, die Fenster der Seele, zeigen uns ein Bild dessen, was jenseits des Gehirns liegt, eine große Leere, einen Ort, in den Licht einfällt. Im Sinne unseres normalen begrifflichen Denkens befindet sich der Beobachter – wer oder was er auch sein mag – in der Leere seines eigenen Körpers. Er beobachtet materielle Formen, die ebenfalls geformt sind und hervorkommen – aus einer Leere. Wieder kommen wir an den Abgrund der Welt der Materie.

Wir haben uns dem Abgrund aus drei Richtungen genähert: der mikrokosmischen Struktur der Moleküle, der makrokosmischen Struktur der Milchstraßen und der Struktur des Beobachters, der zwischen beiden steht. Alle drei Wege führten uns zurück zu unseren Gedanken über die Materie. Die Suche nach dem Anfang und dem Wesen der Materie scheint im Geist zu enden.

Der Abgrund stellt dabei die Grenze zwischen Geist und Materie dar. Die Grenzen der materiellen Welt sind gleichzeitig die Grenzen unserer Fähigkeit, uns mit dem Verstand etwas vorzustellen. Der Verstand kann nur aufnehmen, was zwischen den Grenzen des unendlich Kleinen und unendlich Großen liegt. Er kann sich nur vorstellen, was existiert, nachdem es entstanden ist und ehe es verschwindet. Sowohl der Geist wie die Materie liegen in dem Bereich zwischen Null und Unendlichkeit.

Im kabbalistischen Lebensbaum gibt es eine Trennlinie, der Abgrund genannt, welche die Grenze des begrifflichen Denkens und der Materie darstellt. Sie trennt die ersten drei Sephiroth des Lebensbaumes, die Höheren, von den anderen sieben Sephiroth, den Niederen.

In der Welt der Materie teilt der Abgrund das durch die erweiterten Sinne (Sinne plus Technologie) Wahrgenommene von dem, was dieses verursacht, also der Quelle des Wahrgenommenen. Er stellt einen Sprung dar von der Physik, der Wissenschaft der physischen Phänomene, zur Metaphysik, dem Studium der Ur-Prinzipien, welche die physischen Phänomene verursachen.

Die Wissenschaft kann ihre eigene Symbolik nicht durchbrechen. Die Dinge werden wissenschaftlich nach ihren Wirkungen beschrieben. Fragt man einen Wissenschaftler, was ein Ding ist, wird er das beobachtbare Verhalten beschreiben und uns einen Satz von Symbolen oder Gleichungen geben. Das Wesen eines Dinges ist für einen Wissenschaftler einfach das, was seinen Gleichungen Genüge tut. Die Wissenschaft kann nie eine endgültige Antwort auf die Frage nach dem Wesen eines Dinges geben. Das ist schon in ihrem Wesen und ihren Annahmen darüber begründet, was wirklich und was spekulativ sei. Worauf beziehen sich ihre Symbole und Gleichungen? Das ist keine wissenschaftliche Frage. Es ist eine metaphysische Frage.

Der Abgrund ist der Platz, wo Denken und Materie nicht mehr unterscheidbar sind. Dort stehen sich Sein und Substanz, Ontologie und Physik, Wissenschaft und Religion gegenüber. Jenseits des Abgrunds sind die drei ersten Sephiroth, die Höheren. Sie stellen die Grundnatur und den Ursprung der sieben Sephiroth diesseits des Abgrundes, der Niederen, dar, die wir besprochen haben. Suchen wir nach dem Ursprung und dem Wesen von Materie wie von Bewußtsein, so müssen wir uns den Höheren zuwenden. Um Wesen und Ursprung der Materie zu verstehen, müssen wir die Welten über der Welt der Materie betrachten. In der Welt der Materie geht es um Struktur und Verteilung der Materie. Die Welten von Körper und Geist sind mit Wahrnehmungen und Handhabungen von Materie befaßt. In der Welt der Fähigkeiten geht es um den Ursprung sowohl von Sein als auch von Materie.

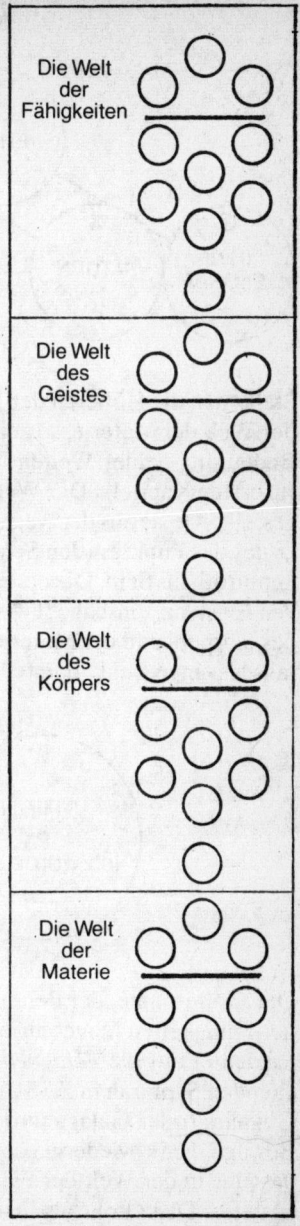

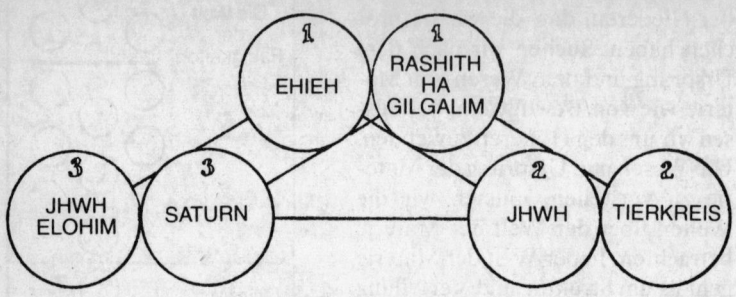

Stellt man die Höheren der Welt der Fähigkeiten neben die Höheren der Welt der Materie, so zeigen sich Analogien, die Hinweise auf die Bedeutung beider Welten liefern.

Im ersten Kapitel, »Der Weg des Punktes«, ist die erste Sephirah dargestellt, wie sie aus der Negativen Existenz hervortritt. Durch die Aktivität des Punktes (den Schöpfer darstellend) kommen alle anderen Sephiroth ins Sein. Die erste Sephirah ist Quelle der gesamten Positiven Existenz, einschließlich der Welten der Fähigkeiten, des Geistes, des Körpers und der Materie. Eine andere Sephirah kann man ebenfalls als einen Punkt darstellen. Es ist die erste Sephirah der Materie.

Der Gottesname, der der ersten Sephirah in ATZILUTH (der Welt der Fähigkeiten) zugeschrieben wird, ist EHIEH, »Ich werde sein«. Er deutet auf die *Fähigkeit* Gottes, *zu sein*. Der Titel der entsprechenden Sephirah in ASSIAH (der Welt der Materie) ist Rashith ha Gilgalim (oder Galagalum), das mit »Primum Mobile« oder »Erste Bewegungen« wiedergegeben wird. Beide deuten auf Werdendes; das eine in der Welt der Fähigkeiten und das andere in der Welt der Materie. Der Punkt als Darstellung der Quelle und des Ursprungs kommt in der höchsten und der niedersten Welt der Positiven Existenz vor.

Bevor wir mit dem Vergleich der Welten der Fähigkeiten und der Materie fortfahren, müssen wir uns über eine Grundvoraussetzung klarwerden, was die Reihenfolge der zweiten und dritten Sephirah angeht: Im Bereich der Höheren existiert der Zeitfaktor nicht. Man kann sagen, daß die zweite und dritte Sephirah gleichzeitig entstanden. Im folgenden habe ich mir deshalb die Freiheit genommen, die Reihenfolge der zweiten und dritten Sephirah in der Welt der Materie zu vertauschen.

Es gibt keinen Präzedenzfall für diese Änderung in der klassischen Kabbalah. Einige Autoren sagen jedoch, die den Sephiroth zugeordneten Symbole seien absichtlich vertauscht, um so alle außer den tiefsten Eingeweihten zu verwirren. Ich habe keinen Zugang zu einem Wissen, das nicht auch anderen zugänglich wäre. Ich bin kein Eingeweihter. Ich habe die Zuordnung einfach deshalb geändert, weil die neue Position der Sephiroth einige interessante Einsichten bringt und sie so logischer im Zusammenhang stehen als in der anderen Zuordnung.

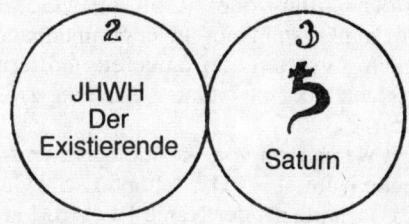

JHWH (Jehovah), der Gottesname, welcher der zweiten Sephirah in der Welt der Fähigkeiten zugeordnet ist, wird mit »Der Existierende« oder »Essenz des Seins« übersetzt. Er steht, wie schon erwähnt, für die *Fähigkeit* des Schöpfers, *zu tun*. Er ist auch der gebräuchliche Name des Tetragrammaton, das ja ein Prozeß des Tuns ist.

Saturn, das astrologische Symbol, das der dritten Sephirah in der Welt der Materie zugeordnet ist, bezieht sich auf Individualität, Alleinsein und Kontrolle. Die Aktivität oder das »Im-Begriff-sein-zu-tun« eines Individuums ist beiden Sephiroth gemein. Die Bedeutung des Symbols für Saturn leitet sich aus dem Symbol selbst her (siehe Kapitel 8, Teil 2) und nicht aus den Kommentaren, die man in der astrologischen Literatur findet.

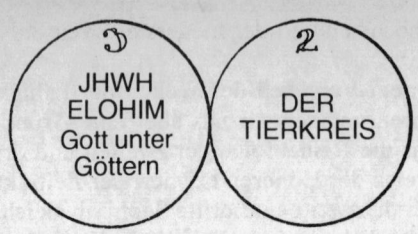

Der Name der dritten Sephirah in der Welt der Fähigkeiten ist JHWH ELOHIM. Es ist hier in dieser Sephirah, wo wir den Schlüssel zu Wesen und Ursprung von Materie und Bewußtsein finden.

Wir wissen, daß JHWH die Idee eines individuellen Tuenden andeutet. ELOHIM, der andere Name, ist seit Jahrhunderten Thema theologischer Debatten. ELOHIM ist im Ersten Buch Moses der Name Gottes, der die Welt in sieben Tagen schafft. Das Wort Elohim ist männlich und weiblich und steht in der Mehrzahlform. Im ersten Kapitel der Bibel spricht Gott von sich selbst durchweg als WIR und SIE. Das hat Theologen seit Jahrtausenden verwundert. Was könnte gemeint sein mit dem Benennen des »Einen und Einzigen Gottes von Israel« mit SIE? In der kabbalistischen Literatur wird JHWH ELOHIM mit »Gott der Götter« oder »Gott unter Göttern« übersetzt. JHWH ELOHIM muß man in diesem Zusammenhang mit »das Tun eines individuellen Gottes unter anderen Göttern beiden Geschlechts« übersetzen oder als »eine Beziehung zwischen Göttern von gleicher Natur«.

An diesem Punkt weiche ich vom kosmologischen Modell von Samuel Bousky (siehe Kapitel 3, »Das schöpferische Gesetz«) ab. Seiner Ansicht nach bezieht sich der Name ELOHIM auf die drei vorweltlichen Kräfte der geistigen Welt, die er Lebenskraft, Verstandeskraft und Seelenkraft nennt. Die Auswirkung meiner Abweichung von der in der Metaphysik üblichen Art, die Dinge zu sehen, wird im weiteren Verlauf des Textes deutlich werden.

Die entsprechende Sephirah in der Welt der Materie ist das »Firmament der Fixsterne« oder der Tierkreis. Der Tierkreis ist der Kreis der Sterne (Sonnen), der unsere Sonne (Stern) umgibt. Das astrologische Symbol für die Sonne stellt die wahre Natur des Individuums dar, seinen Geist oder sein essentielles Selbst. Das Symbol deutet an, daß unsere Sonne nicht allein im Weltall ist; sie ist eine Sonne unter Sonnen. Man könnte sagen, daß das Universum aus einer Beziehung zwischen Sonnen besteht.

Die Gottesnamen in der ersten Welt geben uns Aufschluß über die

Symbole der vierten Welt; die Symbole der vierten Welt verdeutlichen die Bedeutung der Gottesnamen. Die Höheren beider Welten stehen für die *Fähigkeit* Gottes, *zu sein, zu tun* und eine *Beziehung* zu anderen Göttern *zu haben.* Da die Höheren der Ursprung der anderen sieben Sephiroth sind, muß die Welt der Materie ein Ergebnis der spezifischen Beziehung sein, die zwischen den Göttern besteht.

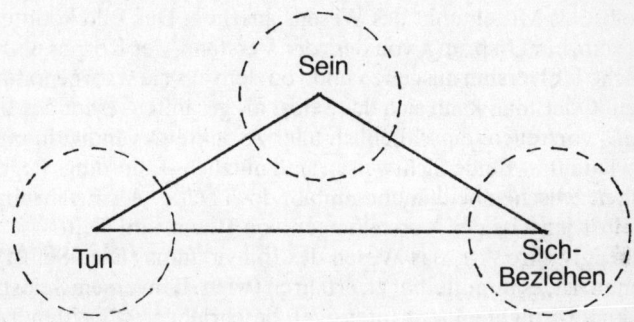

Einige Kommentatoren meinen, die anderen Götter, die mit dem Namen ELOHIM angedeutet werden, seien die Erzengel, die für den Menschen wie Götter sind. Einige sagen, es seien Kräfte, mit denen der Eine Gott das Universum erschafft. Im Modell der Psychometaphysik wird JHWH ELOHIM wörtlich als Gott unter Göttern von gleichwertigem Wesen verstanden.
Die Gottesnatur wird so beschrieben: Gott ist ohne Ursprung; Er ist ewig, allgegenwärtig und allmächtig; Er existiert jenseits von Raum und Zeit; Gott erschafft das Universum, indem er es aus seinem Wesen ausstrahlt, und er wohnt allen seinen Teilen inne; Sein Wesen ist unergründlich, da es jenseits der Fähigkeit des Verstandes ist, ihn zu verstehen, und jenseits der Fähigkeit des Körpers, seinen Namen auszusprechen.
Gott ist das Selbst des Universums. Gibt es mehr als einen Gott, wie der Name ELOHIM andeutet, dann wäre jeder ein Quanten-Gott, der das Selbst seines eigenen individuellen Universums ist.

Das Wesen des Selbst: Der Quanten-Gott

Um das Modell der Psychometaphysik zu verstehen, muß der Leser ein klares Bild davon haben, was ich als das Wesen des Individuums ansehe. Mit Individuum meine ich das wesenhafte Selbst des Individuums. Das wesenhafte Selbst, das man auch überpersönliches oder geistiges Selbst nennen könnte, ist nicht nur der Körper, der Verstand, die Persönlichkeit oder die Charakterstruktur. Dies sind Aspekte des Selbst, nicht weniger wirklich als das Selbst, aber in diesem Zusammenhang verstehen wir sie als Funktionen oder Wirkungen des Selbst.

Es gibt zwei Möglichkeiten, sich das Selbst vorzustellen. Man kann das Selbst als Mittelpunkt des Wesens ansehen. Das Bild könnte ein Punkt sein, ein Ursprung, von dem der Verstand, der Körper und das physische Universum ausgehen und von dem aus sie wahrgenommen werden. Oder man kann sich das Selbst als gesamte *Gestalt* des Individuums vorstellen, einschließlich aller Aspekte des Individuums in seiner Totalität. Beide Sichtweisen sind nützlich – allerdings liegt die Wahrheit zwischen beiden und umfaßt doch beide. Als Erfahrung ist das Selbst jenseits der Vorstellungen von Raum und Zeit.

Die einzig wahre Art, das Wesen des Individuums (Dich Selbst) zu erkennen, ist, es unmittelbar zu erfahren (wie z. B. in einem Selbstfindungskurs [Enlightenment Intensive], beschrieben im Dritten Teil). Wollen wir das Wesen des Selbst in Worten und Ideen beschreiben, müssen wir systematisch alles ausschließen, was nicht das essentielle Selbst ist. Das, was übrigbleibt, ist dann das wahre Selbst. Das ist die Methode der Kabbalah.

In den Kapiteln über die Kabbalah und das schöpferische Gesetz wurde das Selbst auf verschiedene Arten beschrieben. Das einzige essentielle Selbst, das in der klassischen kabbalistischen Literatur beschrieben wird, ist Gott. Jedes andere Selbst, einschließlich das jedes einzelnen von uns, wird als Teil davon, als Emanation Gottes verstanden. Im ersten Kapitel »Der Weg des Punktes« nahm ich mir die Freiheit, das Selbst des Schöpfers als einen Punkt darzustellen. Die kabbalistische Definition oder Beschreibung Gottes ist viel ganzheitlicher. Gott wird nicht nur als Mittelpunkt, sondern auch als unendlich großes Gebiet verstanden. Er ist unendlich und allmächtig. Sein Wesen ist unergründlich, d. h., es kann mit dem menschlichen Verstand nicht verstanden werden. Er selbst ist nicht physisch, bringt aber alles Physische hervor.

Im Kapitel »Das schöpferische Gesetz« begannen wir zu sehen, daß jeder von uns die gleichen Eigenschaften hat. Der Bibelsatz, daß der Mensch im Ebenbild Gottes geschaffen wurde, bestätigt die Idee, daß wir gottgleiche Fähigkeiten haben, zumindest als Anlage.

Man vergleiche das mit dem, was die Teilnehmer des Selbstfindungskurses in ihren tieferen Erfahrungen aussprechen als »Ich bin Gott oder Gott-ähnlich«, »Ich bin der Mittelpunkt des Universums« usw. Das deutet ebenfalls darauf hin, daß das Wesen des Individuums viel mehr ist, als man gewöhnlich annimmt.

Ich möchte noch einige andere Quellen anführen, die ebenfalls versuchen, zwar nicht das Wesen Gottes, aber das essentielle Selbst jedes Individuums zu beschreiben.

Die Gestalttherapie von Fritz Pearls versucht nicht, eine geistige Kosmologie aufzustellen, macht aber einige bedeutende Aussagen über das Wesen des Individuums. In der Gestalttherapie wird das Selbst ganzheitlich gesehen, d.h., das gesamte Individuum, einschließlich seines bewußten und unbewußten Verhaltens wird als Gesamtorganismus gesehen, der im Hier und Jetzt wirksam ist. Diese Therapie basiert auf der Idee, daß du für all dein Denken und Fühlen selbst verantwortlich bist und daß du es selbst hervorbringst, ob du nun glaubst, daß du es hervorbringst, oder nicht. Das ist wichtig, da die meisten von uns ihre unterbewußten Beweggründe und ihr Verhalten als etwas von ihrem »wirklichen« Selbst Getrenntes ansehen. Der Prozeß des Wachstums oder der Reifung in der Gestalttherapie ist, sich alle Teile seines Selbst anzueignen, d.h. die Verantwortung für seine eigene Gesamtheit zu übernehmen. Eine andere Einsicht der Gestalttherapie ist, daß man funktionell nicht an der Hautoberfläche aufhört, sondern daß man in einem Austausch mit der Umwelt steht. Die Grenzen, die man mental um sich zieht, sind ganz willkürlich und hängen von unserer spezifischen Charakterstruktur ab.

C. G. Jungs Bild des Wesens eines Individuums deutet in dieselbe Richtung. Die Anhänger der Jungschen Psychologie sehen die menschliche Bewußtseinsentwicklung als einen Prozeß der Individuation an. Indem sich unser Bewußtsein entwickelt, werden wir mehr und mehr »individualisiert« oder immer mehr ein Individuum in bezug auf das kollektive Unbewußte, das uns alle in unseren psychologischen Wurzeln zusammenhält. Das Bild ist das eines zentralen Selbst, das aus einem global gemeinsamen Feld von Bewußtsein hervorgeht.

In der »Psychosynthese« genannten Schule der Psychologie, die von Roberto Assagioli entwickelt wurde, finden wir eine klarere Aussage über das Wesen des Selbst. Das essentielle Selbst wird dort »transpersönliches Selbst« genannt. Das transpersönliche Selbst wird als grundsätzlich »ontologisch« gesehen. Ontos heißt Sein, nicht Werden (Prozeß) und deutet auf etwas In-sich-selbst-Seiendes. Obwohl das Selbst das ganze Universum durchdringt, bleibt es auf seiner eigenen Ebene. »In gleicher Weise ist das Selbst unveränderlich in seiner Essenz, und doch sendet es seine Energien aus, die transformiert werden durch das Überbewußtsein (das Feld des transpersönlichen Selbst) und empfangen, absorbiert und angewendet werden von der Persönlichkeit…« C. G. Jung sagt, Archetypen und Symbole (die wichtige Elemente des Überbewußten sind) seien Übermittler und Umformer von Energien (vom Selbst zur Persönlichkeit).

»Die Erfahrung des Selbst kann in dem Maße gemacht werden, in dem das Ich – das eine aus dem Selbst ausfließende Projektion ist – zum Selbst aufsteigt, sich mit ihm identifiziert und zeitweise von ihm absorbiert wird.«

Eine sehr poetische Beschreibung des Selbst findet man in Paul Foster Cases »The Book of Tokens«. Die erste Meditation (die in der ersten Person gelesen wird) ist über die erste Tarotkarte, »Der Narr«, eine bildliche Darstellung des Selbst. Sie beginnt folgendermaßen:

Ich bin,
Ohne Anfang, ohne Ende,
Älter als Nacht und Tag,
Jünger als das neugeborene Kind,
Leuchtender als Licht,
Dunkler als Finsternis,
Jenseits aller Dinge und Geschöpfe,
Doch fest in der Mitte eines Jeden.

Von mir gehen alle leuchtenden Welten aus,
Zu mir kehren sie alle zurück,
Doch können weder Menschen noch Engel
Mir nahekommen,
Denn ich bin nur mir selbst bekannt.
Mein innerstes Sein ist immer das selbe;
Absolut Eins, voll, ganz und vollkommen;
Immer es selbst;
Ewig, unbegrenzt und unendlich,
Formlos, unteilbar, unveränderlich.

Das essentielle Selbst ist es, das ich von jetzt an Quanten-Gott nennen will. Das Wort »Quantum« soll darauf hinweisen, daß wir ein einheitliches, individuelles, essentielles Selbst beschreiben. Mit dem Wort Gott meine ich die potentiell unendliche Fähigkeit, die dieses essentielle Selbst *ist* (und für die es kein anderes Wort gibt). Ich gebrauche das Wort Gott auch deshalb, da ich zeigen möchte, daß das essentielle Selbst jedes einzelnen Menschen genau das ist, welches wir in die Welt hinausprojizieren als einen Gott außerhalb unserer Selbst. Solch einen Gott »draußen« gibt es nicht. Aber es gibt unzählige Quanten-Götter. Jeder von ihnen, sowohl in alten Zeiten wie jetzt, erfüllt die Voraussetzungen dessen, was man sich unter Gott vorstellt.

Dein Quanten-Gott ist das, was du meinst, wenn du dich selbst Ich nennst und dich dabei weder mit deinem Verstand noch deinem Körper, mit Energie oder Licht oder irgend etwas anderem identifizierst. Der Quanten-Gott ist kein »Ding«. Er ist dein SEIN selbst.

Die einfachste und genaueste Umschreibung des Wesens eines Quanten-Gottes ist Charles Berners Konzept unendlicher (nicht-endlicher) Fähigkeit: das wahre Wesen eines Individuums ist Fähigkeit; ein Individuum *hat* nicht Fähigkeit, ein Individuum *ist* Fähigkeit. Alle anderen Aspekte eines Individuums, einschließlich seiner Gedanken, seines Verstandes, seines Körpers und seiner Umgebung sind Ergebnis der Fähigkeit-die-er-ist.

Das Geheimnis der Negativen Existenz, Heimat der Quanten-Götter

Positive Existenz ist Leben in seinem weitesten Sinne. Sie beinhaltet alle Seinszustände, Wirkungen und Beziehungen. Positive Existenz ist der Zustand, in dem alle Dinge stattfinden, von der unsichtbaren Welt der atomaren Teilchen bis zu den unendlichen Weiten des Weltraumes. Er umfaßt sämtliche organischen und anorganischen Phänomene. Er beinhaltet Verstand, Körper und physische Welt jedes Individuums. Was ist dann Negative Existenz?

Die klassische Beschreibung der Negativen Existenz ist: das, was übrigbleibt, wenn alles Wiß- und Erkennbare beseitigt ist. Von den Kabbalisten AIN SOPH genannt, ist Negative Existenz »der Älteste der Alten«. Absolut und unvorstellbar, ist er ohne Wesen, Substanz oder Intelligenz. Symbolisiert wird er durch einen Kreis, dessen Peripherie in der Unendlichkeit liegt. Er ist der unerschaffene Zustand, aus dem alles hervorgeht und in den alles schließlich zurückkehrt.

Manly P. Hall beschreibt ihn in »Secret Teachings of All Ages« folgendermaßen:

»...Die kreisförmige Darstellung von AIN SOPH deutet an, daß Raum hypothetisch in einer großen kristallklaren Kugel enthalten ist. Außerhalb dieser Kugel ist nichts, nicht einmal ein Vakuum. Innerhalb dieser Kugel – die AIN SOPH *symbolisiert* – finden Schöpfung und Auflösung statt. Jedes Element und Prinzip, das je in den Ewigkeiten von Kosmischer Geburt, Tod und Auflösung vorkommt, ist in der transparenten Substanz dieser unfaßbaren Kugel enthalten.«

Als Kreis dargestellt, ist AIN SOPH doch räumlich zu sehen. Manly P. Hall fügt hinzu:

»...Nach dieser Vorstellung ist Gott nicht nur ein Mittelpunkt, sondern auch ein Gebiet. Zentrierung ist der erste Schritt zur Begrenzung... Wenn das Bewußtsein des Kosmischen Eies (der Kosmischen Kugel) zusammengezogen wird in einen Mittelpunkt, wird es Gott genannt, der Höchste.«

Einige Kabbalisten stellen sich die Negative Existenz selbst als Gott vor. Die Gesamtheit der Positiven Existenz wird dann als daraus hervorgebracht angesehen, als ob die Negative Existenz eine Persönlichkeit wäre, die alle Persönlichkeiten und Dinge gebiert.

Im Modell der Psychometaphysik sieht das ganz anders aus: Negative Existenz ist weder ein Ort noch eine Art Persönlichkeit. Negative Existenz ist der Zustand aller Quanten-Götter, die noch nicht begonnen haben sich zu manifestieren oder die diese Manifestierung schon hinter sich haben. Es ist ein Zustand ohne Raum-Zeit-Kontinuum; Quanten-Götter existieren dort nur als Möglichkeiten. In diesem Zustand tun sie rein gar nichts, sie *sind* nicht einmal. Jeder potentielle Quanten-Gott ist völlig getrennt von allen anderen potentiellen oder tatsächlichen Quanten-Göttern (ein tatsächlicher Quanten-Gott ist im Zustand des Werdens und ist deshalb in der Positiven Existenz). Negative Existenz ist ein Zustand absoluter unbewußter Einsamkeit.

Die nächste kabbalistische Entsprechung zur Idee eines potentiellen Quanten-Gottes (wie er in der Negativen Existenz existiert) ist Adam Kadmon. Adam Kadmon ist der Name des Archetypus der Menschheit. Er stellt die noch nicht seiende Menschheit dar, das Abbild Gottes in der Negativen Existenz.

Negative Existenz ist kein abstraktes Konzept. Es ist der Zustand, in dem wir alle »anfingen«, in dem wir leben, wohin wir »zurückkehren«, wenn wir »aufhören zu sein«. Nur im Zustand der Erleuchtung, jenseits des begrifflichen Denkens, kann man das erfahren.

Emanation, die spezifische Absichtlichkeit eines Quanten-Gottes

Die Grundthese und der Eckstein, auf dem die kabbalistische Kosmologie errichtet ist, ist das Konzept der Emanation. Demzufolge ist die Art, die einzige Art, wie Gott irgend etwas wirkt, durch Emanation aus seinem Wesen. Die Sephiroth der vier Bäume des Lebens sieht man als Darstellungen dieser Emanationen Gottes an. Die Reihenfolge dieser Sephiroth ist die Reihenfolge, in der, wie man sagt, die Sephiroth von Gott ausgestrahlt worden sind.

Gott, so heißt es, habe EHIEH, die erste Sephirah, direkt aus seiner Wohnstatt in der Negativen Existenz ausgestrahlt, während er alle folgenden Sephiroth indirekt durch sein Wirken im Zustand EHIEH emanierte. Der Prozeß der Emanation ist in der Literatur nicht klar umrissen und beschrieben, aber sie weist darauf hin, daß der *Wille* Gottes seine fundamentale Wirkungsweise ist.

Aufgrund der kabbalistischen Anspielungen auf die Emanation könnte man annehmen, daß es sich um einen mechanischen Prozeß handelt. Man könnte den Prozeß mit einer Lichtquelle (Gott) vergleichen, die Licht hervorbringt, oder mit einem Sender, der Radiosignale in alle Richtungen ausstrahlt. Die kabbalistische Literatur sagt aber auch, daß Gott und seine Austrahlungen ein und dasselbe sind. Emanation ist nicht getrennt von Gott, wie Licht etwas anderes ist als eine Lichtquelle. Emanation ist Ausdruck des Seins Gottes. Gott strahlt sich selbst aus. Es gibt kein mechanisches Modell, das uns eine klare Vorstellung von dem geben kann, was Emanation ist. Wir müssen es deshalb anders ansehen.

Nehmen wir an, der Name Gottes stehe für eine Person statt für ein Ding (wie etwa das gesamte Universum) oder einen Prozeß (wie das Tetragrammaton). Stellen wir uns Gott als Person vor, dann ist Emanation einfach der Wille Gottes oder seine Absicht. Das Wesen Gottes könnte man dann als Absichtlichkeit definieren oder als Fähigkeit, etwas zu beabsichtigen.

Die Grundhypothese des Modells der Psychometaphysik in bezug auf die Kabbalah ist folgende: die Person, die in der Kabbalah, im Judentum und im Christentum als Gott bezeichnet wird, ist eine Metapher für das wahre Wesen eines jeden individuellen Menschen. Ich nenne dieses wahre Wesen Quanten-Gott. Ist diese Hypothese richtig, dann sollte dementsprechend jede Aussage über Gott auch für das Wesen eines Quanten-Gottes richtig sein.

Die psychometaphysische Definition eines wahren Selbst ist: ein Quanten-Gott ist unbegrenzte Fähigkeit; ein Quanten-Gott *hat* nicht Fähigkeiten, Fähigkeit *ist*, was sein Wesen ausmacht. Ich gebe zu, daß diese Unterscheidung schwer zu verstehen ist. Es ist dies jedoch im Rahmen des begrifflichen Denkens die Vorstellung, welche der Wahrheit der unmittelbaren Erfahrung am nächsten kommt.

Diese Definition, die wir aus ganz anderen Quellen herleiteten, stimmt mit der kabbalistischen Aussage überein, daß Gott und seine Emanationen das selbe sind. Akzeptieren wir die Definition, daß Gott die Fähigkeit ist zu beabsichtigen, dann sind seine Emanationen Ausdruck seiner Fähigkeit zu beabsichtigen. Ist ein Quanten-Gott Fähigkeit, dann ist seine Grundfähigkeit, d.h. seine Emanation, zu beabsichtigen.

Ich benutze das Wort beabsichtigen, um es von unserer normalen Vorstellung vom Willen zu unterscheiden. Wir wissen vom Prozeß des schöpferischen Gesetzes, daß jeder von uns ununterbrochen Gedanken, Gefühle, Körper und Geist, Handlungen und Umstände hervorbringt. Die meisten von uns sind sich dessen bewußt, daß unsere Schöpfungen nicht immer mit unserem bewußten Willen übereinstimmen. Der Grund dafür ist, daß wir unser Leben aus tieferen, gewöhnlich unbewußten Quellen schöpfen. Dieser grundlegende Wille, der nicht mit dem bewußten Willen zu verwechseln ist, ist die Absichtlichkeit des wirklichen Selbst. Jede unserer persönlichen Wirklichkeiten hat ihren Ursprung in der Absichtlichkeit des inneren Quanten-Gottes.

Dein bewußter Wille mag in Übereinstimmung mit deinem grundlegenden Willen sein oder auch nicht. Wenn sein bewußter Wille nicht mit seinem grundlegenden Willen übereinstimmt, fühlt sich das Individuum dem Schicksal ausgeliefert oder gibt einem Gott außerhalb seiner selbst die Verantwortung für seine Lebensumstände. Den Reifungsprozeß der Persönlichkeit könnte man als schrittweise Kontaktaufnahme mit seinem grundlegenden Willen beschreiben, wobei dieser immer mehr und mehr mit dem bewußten Willen in Einklang gebracht wird. Das ist mehr ein Prozeß der Hingabe als der Willensanwendung.

Um besser zu verstehen, wie diese Absichtlichkeit wirkt, müssen wir zuerst sehen, wie unsere Gedanken, Gefühle und Handlungen davon beeinflußt sind. Schauen wir uns zuerst das Wesen der Gedanken an. Unsere Gedanken scheinen manchmal aus dem Nichts zu kommen. Gedanken sind aber Spiegelungen unserer grundlegenden Absichtlichkeit. Die Gedanken, die uns einfach zuzufliegen scheinen, sind Ergebnisse mentaler Strukturen, vergleichbar unseren eingefleischten Handlungsmustern. Sie entspringen unserer Charakterstruktur, emotionalen Reaktionsmustern im Körper und der Fähigkeit des Körpers, Gedanken zu formulieren, die dem Überleben dienen. In den meisten von uns findet ein ununterbrochener Dialog von aufsteigenden Gedanken statt. Diese Gedanken, die uns einfach zuzufließen scheinen, sind das Ergebnis geistiger Vorwegnahmen zukünftiger Ereignisse, fortlaufende gedankliche Beschreibungen gegenwärtiger Ereignisse, vorgestellte Gespräche mit jemandem, der nicht gegenwärtig ist, oder auch der Versuch, eine neue Erfahrung oder Information geistig zu integrieren.

Einige Gedanken treten nicht spontan auf, sondern sind Ergebnis unseres bewußten Willens. Wenn ich dich z. B. auffordern würde, den Gedanken eines Hauses zu haben, könntest du dir willentlich ein Haus vorstellen. Andere gewollte Gedanken produziert man, wenn man logisch denkt, ein Problem bewußt löst, einen Bericht schreibt oder jemandem etwas beschreibt.

Beide Gedankenformen, die spontanen und die willentlichen, enthalten zwei Gedankenarten. Diese Gedankenarten, die alle unsere normalerweise auftretenden Gedanken ausmachen, sind die beschreibenden Gedanken und Meinungen oder Überlegungen.

Ein beschreibender Gedanke beschreibt ein Objekt, eine Situation oder Idee. Man kann sich oder anderen etwas beschreiben und man kann Wörter, Symbole oder Bilder dazu verwenden.

Ein Meinungsgedanke ist einer, der persönliche Reaktionen oder Meinungen ausdrückt, oder die Art, wie man sich entschließt, eine Sache zu beurteilen, ihr einen Sinn zu geben. Unsere Meinungsgedanken spiegeln unsere eigene Charakterstruktur wider und wie diese auf die Objekte unserer Gedanken reagiert.

Diese beiden Arten des begrifflichen Denkens sind normalerweise miteinander verbunden. Meinungsgedanken basieren oft darauf, wie eine Sache oder Situation beschrieben wird, und beschreibende Gedanken sind oft beeinflußt von der Meinung, die man von dem Beschriebenen hat. Die Objektivität einer Person beurteilen wir danach, wie wenig, unserer Meinung nach, seine Beschreibungen von seinen Meinungen beeinflußt sind. Je mehr Meinung jemand mitteilt, um so mehr halten wir seine Meinung, unserer Meinung nach, für subjektiv.

Alles begriffliche Denken hat seinen Ursprung in einer anderen Art von Denken, einer Art, der wir uns normalerweise nicht bewußt sind. Wir sind uns dieser Art des Denkens nicht bewußt, einfach weil es nicht begrifflich ist und allem sprachlichen Ausdruck vorausgeht. Es ist auch nicht mental. Da diese Gedanken keinen begrifflichen Inhalt haben (sie sind weder Ideen noch Bilder, noch Vorstellungen), bleiben sie unserer Bewußtheit im allgemeinen verborgen, da sie von begrifflichen Gedanken, deren Ursprung sie sind, überdeckt werden. Diese Art von Ur-Gedanken nenne ich hier ABST. Die ABST ist ABSICHT ohne das »ICH«. ABST ist dabei identisch mit Absicht, der Ur-Fähigkeit des essentiellen Selbst, des Quanten-Gottes. In kabbalistischer Terminologie: ABST verhält sich zum Quanten-Gott wie Emanation zu Gott.

Bewußt kannst du das Funktionieren deiner eigenen ABST beobachten, wenn du einmal beobachtest, wie du einen willentlichen Gedanken hervorbringst. Wenn ich dich dazu auffordere, die Vorstellung eines Hauses zu haben, wirst du feststellen, daß du die Idee, die für dich ein Haus darstellt, leicht hervorbringen kannst. Wie hast du das gemacht? Du beabsichtigst es einfach. Es ist eine Ur-Fähigkeit, das zu tun. Es bedarf keines besonderen Prozesses, um zu diesem Gedanken zu kommen. Durch deine Absicht ist er einfach, genau wie der kabbalistische Gott die Dinge durch Emanation ins Sein bringt. Jedoch ist der Gedanke eines Hauses verschieden vom Gedanken eines Baumes und jedem anderen Gedanken. Unsere Absichtlichkeit hat also etwas von einer spezifischen Absicht, die sich als ein ganz besonderer Gedanke, verschieden von jedem anderen, manifestiert. ABST ist also *spezifische* Absichtlichkeit oder ein Quantum (eine Einheit) von Absicht. Was ich bis jetzt beschrieben habe, ist die aktive Seite der ABST. Die ABST hat auch eine passive Seite.

Das Verstehen, das Erkennen von etwas, wird im allgemeinen als eine empfangende und passive Sache angesehen. Wie weiß man aber etwas bewußt? Sicher nehmen unsere Sinne immer weit mehr auf, als uns jeweils bewußt ist. Wir sind uns nur dann dessen bewußt, etwas zu erkennen, wenn wir die ABST hervorbringen, daß es existiert. Wir erkennen etwas, indem wir die spezifische ABST haben, daß es uns bekannt ist. Was wir wissen, hängt ganz davon ab, was wir zu wissen beabsichtigen. Diese Absichtlichkeit, die sich zuerst als ABST und dann als begrifflicher Gedanke manifestiert, bestimmt, wessen wir uns bewußt sind und wessen nicht. Das ist die passive Seite der ABST. Die ABST manifestiert sich nicht nur im begrifflichen Denken. ABST manifestiert sich auch im Körper als Gefühle und Empfindungen. Obwohl Gefühle auch willentlich hervorgerufen werden können, wie im Falle eines Schauspielers, der eine Rolle spielt, werden sie doch meist als spontane Ergebnisse irgendeiner Interaktion oder einer Situation hervorgerufen, an der andere teilnehmen. Diese Gefühle sind die Antworten unserer Charakterstruktur auf die entsprechende Situation. Wenn uns jemand weh tut, werden wir traurig oder zornig oder fühlen uns beleidigt, noch ehe wir uns begrifflich Gedanken darüber machen.

Unsere Charakterstruktur ist eine jener Eigenkonstruktionen, durch die wir gewisse Reaktionsmuster, sowohl gefühlsmäßiger wie auch geistiger Natur, automatisch ablaufen lassen. Sie basiert auf früheren Lebenserfahrungen, die wir zu der Zeit, als wir sie machten, als Grundlage eines bestimmten Verhaltensmusters wählten. Die Charakterstruktur funktioniert als Erinnerungsspeicher-Computer, dessen Metaprogramme mit dem Überleben zu tun haben und dem Verhalten, das in gewissen Situationen das Überleben garantiert. Sie dient als Erinnerungsspeicher für das schon Gelernte. Zusammenfassend können wir sagen, die Charakterstruktur ist die Erinnerung daran, welche ABSTen wir in der Vergangenheit dafür ausgewählt haben, zu einem festen Bestandteil unseres unterbewußten Gedankenprozesses zu werden.

Eliminieren wir zeitweilig den Einfluß der Charakterstruktur mit ihrer Fähigkeit, Gedanken und Gefühle automatisch hervorzubringen, dann sehen wir, welche Wirkung ABST im Körper hat. ABST, die Ur-Absichtlichkeit des Quanten-Gottes, produziert Empfindungen und Gefühle im Körper in genau der gleichen Weise, wie die ABST Gedanken im Verstand hervorbringt. Man kann ja trainieren, Gefühle genauso leicht und direkt hervorzubringen, wie man Gedanken hervorbringt.

ABST ist die zugrundeliegende Absichtlichkeit sowohl von Gedanken wie auch von Gefühlen. Sie hat sowohl gefühlsmäßige wie auch gedankliche Eigenschaften. In einer voll ausgeglichenen Person hat jeder Gedanke seine gefühlsmäßige Entsprechung und jedes Gefühl seine gedankliche. Für uns im Westen wurden sie nur deshalb zwei getrennte Erfahrungen, weil wir eher bereit sind, uns der Erfahrung des Denkens hinzugeben, und diesem einen höheren Wert beimessen als dem Fühlen. Aber es gelingt uns nicht, sie wirklich zu trennen, auch wenn wir glauben, wir täten es. Das wird klar, wenn wir verstehen, daß unsere beschreibenden Gedanken verwoben sind mit unseren Meinungsgedanken, welche wieder geistige Abstraktionen unserer Gefühle über Dinge sind.

In kabbalistischer Darstellung sind die vier Welten der Positiven Existenz die Emanation Gottes. In der Sprache der Psychometaphysik erschafft ein Quanten-Gott durch den Gebrauch seiner ABSTen: Er bringt die Existenz und die Wirkungen seines Selbst hervor (Welt der Fähigkeiten), seinen Verstand (Welt des Geistes), seinen Körper (Welt des Körpers) und sein physisches Universum (Welt der Materie). Die ABST eines Quanten-Gottes, als seine grundsätzliche Fähigkeit gesehen, manifestiert sich in seinem Denken als Gedanke, in seinem Körper als Gefühl und Empfindung und in seiner physischen Umwelt als Materie.

Wollen wir die kabbalistische Aussage, daß Gott nur die erste Sephirah, EHIEH, direkt schuf oder als Emanation hervorbrachte und die gesamte restliche Schöpfung nur indirekt, im Rahmen des gleichen Systems beschreiben, so müssen wir nur das über die ABST Gesagte bedenken. ABST ist der einzige direkte Weg, über den ein Quanten-Gott etwas tut oder weiß. ABST gehört zur Welt der Fähigkeiten. Alle anderen Welten sind Manifestationen der ABSTen, aber keine reinen ABSTen selbst. Anders gesagt: Der Verstand, der Körper und die physische Umwelt sind indirekte Schöpfungen, die keine ungefilterte, direkte Erfahrung der ABSTen des Quanten-Gottes zulassen. Warum gibt es sowohl einen direkten wie einen indirekten Prozeß der Schöpfung und Erfahrung? Warum müssen wir eine Art Erleuchtungsprozeß durchmachen, um die Dinge direkt erfahren zu können? Die Antwort liegt in der zweiten Grundthese der Psychometaphysik: das Universum ist nicht die Schöpfung eines einzigen Gottes, wie alle metaphysischen Systeme und Religionen, alt und neu, dogmatisch lehren. Der Psychometaphysik gemäß ist die Welt die gemeinsame Schöpfung einer Vielzahl von gottähnlichen Wesen, Quanten-Götter genannt.

Einen direkten schöpferischen Akt oder eine direkte Erfahrung gibt es deshalb nur auf der Ebene des Quanten-Gottes und seiner ABSTen. Die indirekte Erfahrung oder Schöpfung findet in allen anderen Bereichen statt, wie dem Verstand, dem Körper und der physischen Umwelt, da diese Bereiche nicht von einem Quanten-Gott allein, sondern gemeinsam mit anderen Quanten-Göttern geschaffen worden sind. ABST ist der direkte Ausdruck eines einzelnen Quanten-Gottes, während die Manifestierung einer ABST ein indirekter Ausdruck eines Quanten-Gottes in Beziehung auf einen anderen ist. Nach dem kabbalistischen System ist die erste Sephirah die einzige, die eine direkte Emanation aus Gott ist. Diese Sephirah, EHIEH genannt, steht für die Ur-Fähigkeit Gottes zu werden. Im vorherigen Zustand, dem der Negativen Existenz, existiert Gott nur als potentielles Individuum. Dieses Potential wird aktiviert, wenn Gott seine erste Absicht ausstrahlt, die ABST hat, daß ER ist. Wenn ER erst einmal existiert, kann ER auch den Rest der Positiven Existenz erschaffen. Aber da ER das aus dem zweiten Zustand des Seins heraus tut, wird diese Schöpfung als indirekt angesehen in bezug auf SEINEN Urzustand in der Negativen Existenz.

Das trifft für einen Quanten-Gott gleichfalls zu. So eigenartig das auch für das moderne begriffliche Denken klingen mag: ein Quanten-Gott tritt als Individuum in die Existenz, indem er ganz einfach beabsichtigt zu sein. Das tut er, indem er die ABST hat, daß er ist. Nachdem er sich selbst geschaffen hat (sich von der Negativen Existenz zur Positiven Existenz bewegt hat), sind alle seine weiteren Schöpfungen tatsächlich gemeinsame Schöpfungen, an denen andere Quanten-Götter beteiligt sind.

Eine ABST ist also die Ur-Absicht eines Quanten-Gottes. Die erste ABST, die ein Quanten-Gott hervorbringen muß, um ein Schöpfer zu werden, ist die ABST, daß er existiert. Wir können diesen Vorgang graphisch darstellen als einen unendlichen Bereich von Sein, symbolisiert durch den gestrichelten Kreis, der sich plötzlich in einen Punkt in der Mitte des früheren Bereiches zusammenzieht (dem Mittelpunkt des gestrichelten Kreises).

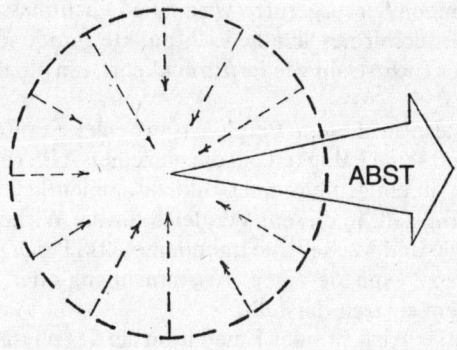

Aus diesem neuen Zustand des Zentriertseins kann ein Quanten-Gott nun weitere ABSTen hervorbringen. Jede ABST ist eine Einheit spezifischer Absichtlichkeit. Nehmen wir die Bildröhre eines Fernsehgerätes als Modell, um zu zeigen, was geschieht.

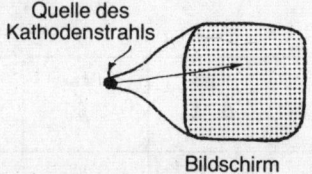

Quelle des
Kathodenstrahls

Bildschirm

Der Quanten-Gott entspricht der Quelle des Kathodenstrahls innerhalb der Bildröhre. Jede ABST, die ein Quanten-Gott ausstrahlt, kann man sich als Lichtstrahl vorstellen, der die Innenseite des Bildschirmes trifft und dort einen weißen Punkt hervorruft. Jedesmal, wenn der Lichtstrahl ausgesandt wird, wird er auf eine andere Stelle des Bildschirms gelenkt; er tastet die Fläche zeilenweise von oben nach unten ab, wie wir etwa beim Schreiben eine Buchseite von oben nach unten mit bestimmten Signalen (Buchstaben) besetzen. Er dauert gerade so lange an, um einen Lichtpunkt hervorzurufen. Dann wird der Strahl unterbrochen, und die Quelle strahlt ein neues Lichtquantum auf die daraufolgende Stelle auf dem Bildschirm. Innerhalb sehr kurzer Zeit hat die Lichtquelle Lichtstöße auf alle verfügbaren Positionen auf dem Bildschirm ausgestrahlt, und der Kathodenstrahl kehrt zum Ausgangspunkt zurück. Ein neues Bild wird aus neuen Lichtpunkten aufgebaut. Der Beobachter des Bildschirmes sieht nicht die einzelnen Punkte, sondern das Gesamtbild, das durch alle Punkte zusammen hervorgerufen wird. Die Leuchtmasse auf der Innenseite des Bildschirmes läßt die Lichtpunkte gerade so lange nachglühen, bis der Lichtstrahl wieder zurückkehrt, um ein neues Bild zu produzieren.

Wofür steht also in diesem Vergleich mit einer Fernsehröhre, der Bildschirm und seine Fähigkeit, all die einzelnen ABSTen, die ausgesandt werden, in ein gemeinsames Bild zusammenfließen zu lassen? Der Bildschirm steht in diesem Vergleich für die Wirkung von Zeit, Raum, Energie und Masse. Ehe irgendeine ABST sich physisch manifestieren kann, muß sie einen Zusammenhang oder Hintergrund haben, auf dem sie sich darstellt.

Wie wird Gottes Absicht oder Emanation als das physische Universum manifest? Die kabbalistische Literatur sagt uns, daß Gott seinen Namen eingravierte und dadurch die Welt schuf. Der Name, den Gott Moses anvertraut haben soll, ist das Tetragrammaton. Wie wir wissen, bezeichnet das Tetragrammaton einen Prozeß, dem Kraft, Struktur, Bewegung und Form zu eigen sind. Nehmen wir an, daß diese Eigenschaften sich auf vier besondere Arten von ABSTen oder Emanationen beziehen.

‎י	‎ה	‎ו	‎ה
YOD Zeit	HEH Raum	WAV Energie	HEH Masse

Der erste Buchstabe des Tetragrammaton bedeutet Kraft. Kraft steht für die Aktivierung, den Beginn eines Ereignisses oder einer Schöpfung. Unsere Definition von ABST stimmt damit überein. Ein Quantum einer ABST kann eine Schöpfung beginnen, wie z. B. das Hervorbringen eines Gedankens; um jedoch die Existenz dieses Gedankens zu bewahren, muß eine Reihe von ABSTen hervorgebracht werden, daß er existiert. Wird mehr als ein Quantum einer ABST, daß er existiert, hervorgebracht, dann bringt die Abfolge der ABSTen eine neue Eigenschaft hervor: die Zeit. Zeit ist das Resultat einer Abfolge von Ereignissen. In diesem Fall sind die Ereignisse ABSTen.

Die zweite Eigenschaft ist die Struktur. Um Struktur zu haben, bedarf es einer Gestalt oder Form. Gestalt, Form und Struktur haben etwas gemeinsam: Es muß eine Trennung bestehen, zwischen einem Punkt und allen anderen Punkten dieser Gestalt. Gäbe es keine Trennung zwischen einem Punkt in der Struktur und einem anderen, dann wäre die gesamte Gestalt nichts als ein Punkt. Sehen wir die Struktur als etwas, das aus einer Anzahl von einzelnen ABST-Quanten geschaffen wurde, wie in dem Vergleich mit der Bildröhre, dann bringt die ABST, welche die Struktur hervorbringt, auch den Zustand hervor, den wir Raum nennen. Raum ist die ABST (die spezifische Absichtlichkeit eines Quanten-Gottes), daß etwas Existierendes in bezug auf etwas anderes Existierendes lokalisiert ist oder daß ein Teil eines Dinges einen anderen Ort einnimmt als ein anderer Teil des Dinges. Raum ist die ABST des »Einen-Ort-Habens«.

Der dritte Buchstabe steht für Bewegung. Bewegung heißt, daß etwas aktiviert ist. Das beinhaltet die Vorstellung, daß sich etwas von einem Ort zum anderen bewegt. Die spezifische ABST, daß es Orte gibt, durch die sich etwas bewegen kann, ist Raum. Die spezifische ABST, daß eine Trennung zwischen diesen Orten besteht, ist die ABST, die Energie hervorbringt. Energie ist die Spannung oder das Potential, das auftritt, wenn etwas von etwas anderem getrennt ist. Man kann sagen, daß etwas, das von etwas anderem getrennt ist, die Tendenz hat, das Ausmaß dieser Trennung zu verringern. Auseinandergehalten wird es durch die ABST der Trennung. Energie ist die in der Trennung bestehende Spannung. Sie entsteht durch die ABST des Getrenntseins von Lokalitäten.

Der vierte Buchstabe des Tetragrammaton steht für den Aspekt der Form. Form ist das Resultat des Zusammenwirkens der ABST fortdauernden Seins, genannt Zeit; der ABST, daß das Sein einen Ort hat, genannt Raum; und der ABST des Getrenntseins von Orten, genannt Energie. Form bedeutet in diesem Zusammenhang Dinghaftigkeit oder Festigkeit. Nur eine ABST fehlt noch, um die Physis hervorzubringen, in der die Schöpfung stattfinden kann. Dieser Aspekt ist Masse. Masse ist nicht einfach das Ergebnis der drei vorherigen ABSTen, die Zeit, Raum und Energie hervorbringen. Masse ist ein anderes ABST-Quantum. Die ABST, daß die Orte, durch die ein Ding sich bewegen kann, eine Reihenfolge haben, ist die ABST, die das hervorbringt, was wir Masse nennen.

Der Buchstabe *Heh* ist sowohl der zweite wie auch vierte Buchstabe des Tetragrammaton. Der vierte Buchstabe ist der zweite in eine formale Struktur überführt. Während die ABST, daß Existierendes einen bestimmten Ort hat, Struktur ist, ist die ABST, daß etwas, das sich durch solche Orte bewegt, sich durch eine Abfolge von Orten bewegen muß, Masse. Masse ist die Kreisbahn oder der Weg, den etwas durchlaufen muß, um Festigkeit zu erlangen.

Ich habe hier die Aspekte von Zeit, Raum, Energie und Masse behandelt, wie sie die Existenz eines Dinges bewirken. Diese vier Aspekte sind die Bedingungen, unter denen Etwas existieren muß, um Teil der physischen Welt zu sein. Dieses Etwas ist einfach die ABST, daß Etwas, das SEIN, existiert. In dem Bild der Fernsehröhre ist es das Lichtquantum, das in den Gesamtzusammenhang des Bildschirms projiziert wird. Im Modell der Psychometaphysik ist es die ABST der Existenz von Etwas, das von Zeit, Raum, Energie und Masse bedingt ist. Dieses Etwas ist nicht-bedingte Materie.

Materie ist aber, wie schon erwähnt, nicht das Produkt *eines* Gottes oder Quanten-Gottes, sondern Ergebnis einer besonderen Beziehung zwischen Quanten-Göttern. Hier müssen wir den Vergleich mit der Bildröhre fallenlassen und die Geschichte der Schöpfung beginnen, einer besonderen Beziehung zwischen essentiellen Selbsten, den Quanten-Göttern.

Die gemeinsame Schöpfung

Die Wege von zwei Punkten

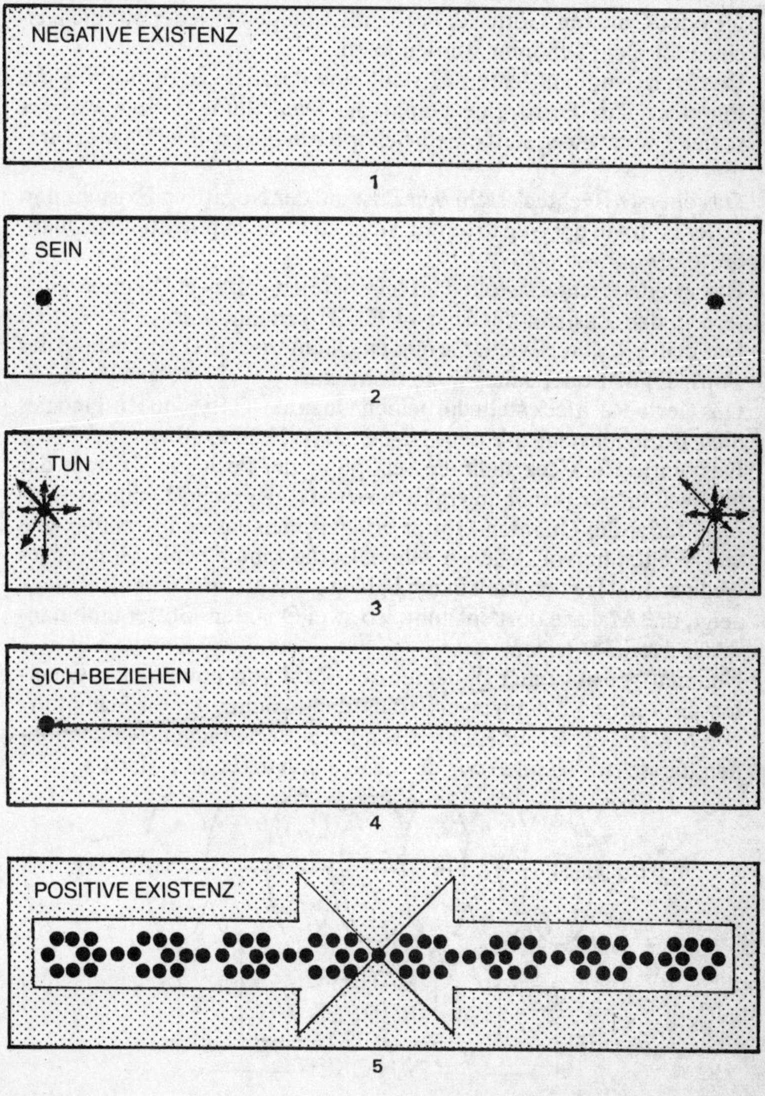

NEGATIVE EXISTENZ

1

SEIN

2

TUN

3

SICH-BEZIEHEN

4

POSITIVE EXISTENZ

5

Das erste Kapitel dieses Buches, »Der Weg des Punktes«, ist eine graphische Darstellung des Heraustretens des Schöpfers aus dem Zustand der Negativen Existenz (dargestellt durch eine unbegrenzte Zahl von Punkten, die ein unbegrenztes Gebiet einnehmen). In der Negativen Existenz verbleiben unzählige Punkte (potentielle Schöpfer oder Quanten-Götter darstellend), von denen jeder auf die gleiche Weise ein Schöpfer werden kann.

Das Diagramm auf Seite 127 stellt eine Parallele zu dem »Weg des Punktes« dar. Es ist eine graphische Darstellung dessen, was geschieht, wenn zwei, statt einem Schöpfer in die Positive Existenz treten.

Das oberste Rechteck stellt den Zustand der Negativen Existenz dar. Jeder Punkt in der Negativen Existenz stellt einen potentiellen Quanten-Gott dar.

Das zweite Rechteck stellt das Hervortreten von zwei Quanten-Göttern in den Zustand des Seins, EHIEH genannt, dar.

Das dritte Rechteck stellt die beiden Quanten-Götter im Zustand des Tuns, JHWH oder Jehovah genannt, dar.

Das vierte Rechteck stellt die beiden Quanten-Götter im Zustand des Sich-Beziehens dar mit dem Namen JHWH ELOHIM.

Das fünfte Rechteck stellt die Schöpfung der Positiven Existenz dar als Resultat der Beziehung zwischen zwei (oder mehr) Quanten-Göttern. Jeder der Quanten-Götter bringt seinen eigenen Komplex von vier Welten hervor. Wie wir sehen, ist die zehnte Sephirah ihrer jeweiligen materiellen Welt ihnen beiden gemeinsam. Dieses Rechteck zeigt, daß Materie dort entsteht, wo zwei Quanten-Götter miteinander in Kontakt treten.

Nehmen wir aus einer unbegrenzten Zahl von potentiellen Quanten-Göttern einmal nur zwei heraus, dann können wir die Schöpfung von Materie als Resultat der besonderen Beziehungen zwischen ihnen darstellen. Nennen wir die beiden Johannes und Martha.

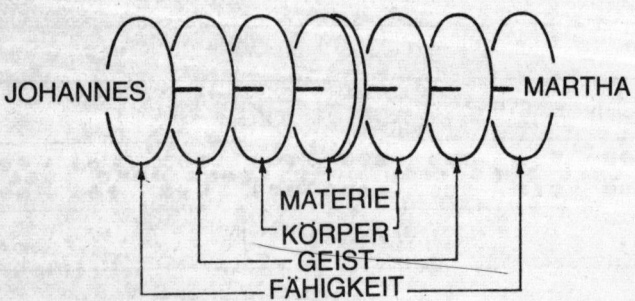

Hier sind Johannes und Martha dargestellt, wie sie ihre Welten zueinander hin ausstrahlen. Ihre jeweilige Welt der Materie entsteht am Kontaktpunkt. Schauen wir einmal, was graphisch geschieht, wenn man andere Quanten-Götter zu ihrer Beziehung hinzufügt.

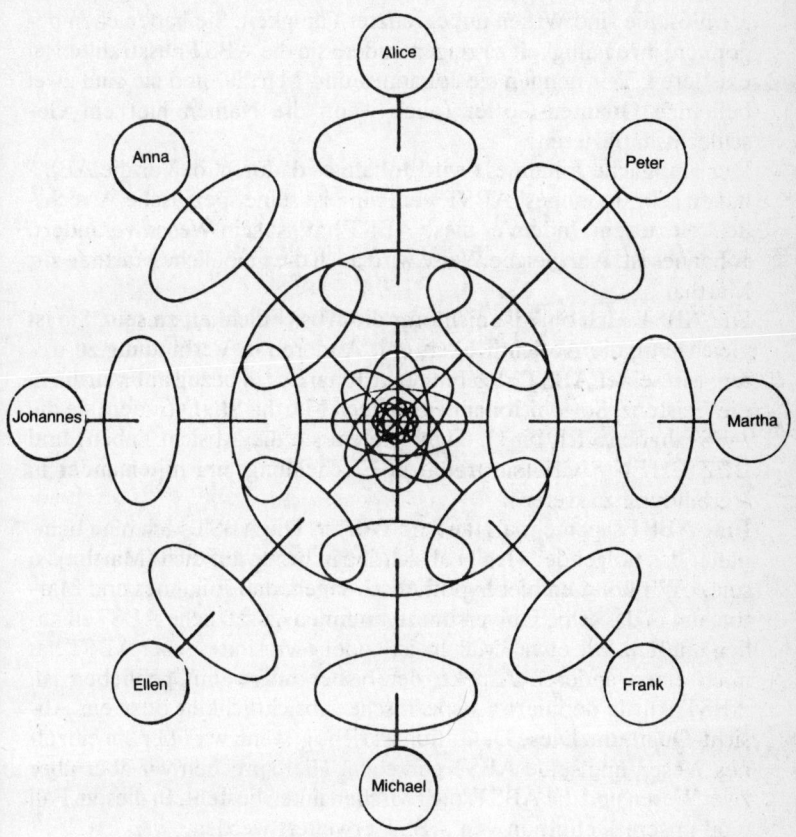

»Wirklichkeit ist ein gigantisches Atom.« (Pierre Teilhard de Chardin)

Diese strukturellen Darstellungen davon, daß Materie am Kontaktpunkt zwischen Quanten-Göttern entsteht, erklären jedoch nicht, was Materie ist oder wie sie entstanden ist. Das zu verstehen, müssen wir den Prozeß funktioneller ansehen.

Das Universum ist eine Leere. In diesem Zustand der Negativen Existenz ist das Universum ohne Form, Inhalt oder Sein. Nichts existiert, nicht einmal eine ABST.

Plötzlich, ohne zeitliche Abfolge, treten zwei Wesen hervor. Sie sind formlos. Sie sind Wesen unbegrenzter Fähigkeit. Sie haben eben begonnen, ihre Fähigkeit zu zeigen, indem sie die ABST ausstrahlten zu existieren. Wir nennen sie Johannes und Martha, und sie sind zwei beliebige Quanten-Götter (auch wenn die Namen hier ein Geschlecht implizieren).

Der »mögliche Johannes« wird Johannes dadurch, daß er die ABST hat zu sein. Johannes' ABST »Ich bin« ist seine spezifische Absichtlichkeit zu sein. Indem er diese ABST hat, ist sein Wesen verändert. Johannes ist. Auf gleiche Weise wird auch die »mögliche Martha« zur Martha.

Die ABST »Ich bin« ist nicht nur die Absichtlichkeit zu sein. Sie ist gleichzeitig die Absichtlichkeit, mit Anderen in Verbindung zu treten. Mit seiner ABST »Ich bin« tritt Johannes in bezug auf Martha in die Existenz. Sowohl Johannes als auch Martha SIND (indem sie die ABST haben »Ich bin«), TUN (indem sie die Absicht haben) und BEZIEHEN SICH (sie traten in Erscheinung, um miteinander in Verbindung zu treten).

Eine ABST sagt mehr als tausend Wörter. Die ABST »Ich bin« beinhaltet das Folgende: »Ich beabsichtige in bezug auf dich (Martha) zu sein.« Wir könnten hier hypothetisch sagen, daß Johannes und Martha, um in das selbe Universum zu kommen, zusätzliche ABSTen haben müßten, wie etwa »Martha ist« oder »wir sind«. Aber ABST hat noch einen anderen Aspekt, der bisher unerwähnt geblieben ist. ABST wurde definiert als spezifische Absichtlichkeit oder ein Absicht-Quantum. Diese Definition ist richtig, wenn wir über ein einzelnes Wesen und seine ABST sprechen. Hier sprechen wir aber über zwei Wesen und die ABST, die zwischen ihnen besteht. In diesem Fall muß unsere Definition von ABST erweitert werden.

ABST kann man jetzt als die einseitige Sicht definieren, welche einer der jeweiligen Partner von einer Verbindung von Quanten-Göttern hat. Unsere erste Definition ändert sich nicht. Die beschriebene ABST ist sowohl für Johannes als auch für Martha nach wie vor ihre eigene Absichtlichkeit. Aber weder Johannes noch Martha würden eine ABST haben, wenn sie im Universum ganz allein existierten. Der Zustand des Alleinseins, im absoluten Sinne, ist der Zustand der

Negativen Existenz, in dem Nichts in bezug auf irgend etwas Anderes existiert.

Um gemeinsam im gleichen Universum zu existieren, müssen sowohl Johannes wie auch Martha die gleiche ABST haben. Indem sie die gleiche ABST haben, erwidern Johannes und Martha jeweils die Absichtlichkeit des anderen. Eine erwiderte ABST bringt Johannes und Martha in eine gemeinsame Realität. Jeder ist sich jetzt der Existenz des Anderen bewußt.

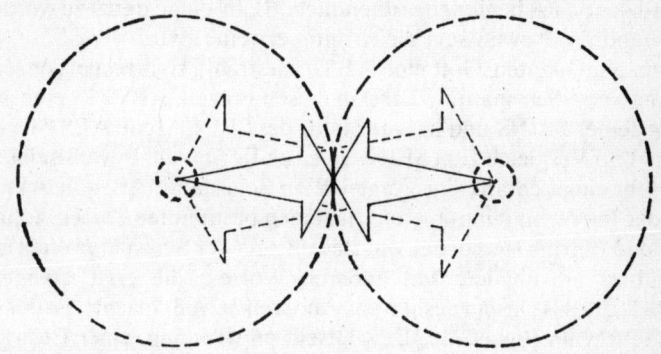

In obiger Zeichnung ist die Negative Existenz dargestellt durch den weißen Hintergrund, der die Zeichnung beinhaltet. Die großen gestrichelten Kreise stellen zwei Quanten-Götter dar. Die starken Pfeile zeigen die gegenseitige Ausstrahlung der ABST »Ich bin«. Indem der eine jeweils diese ABST zum andern hin ausstrahlt, werden die Quanten-Götter füreinander existent. Die gestrichelten Pfeile zeigen die einseitige Sicht, die jeder von beiden Partnern haben würde, sobald sie beide die gleiche ABST haben. Jeder würde eine Spiegelung der ABST »Ich bin« des Anderen erfahren (gestrichelte Pfeile). Johannes würde Marthas ABST »Ich bin« so erfahren, als hätte er die ABST »Sie ist« und umgekehrt. Aber das ist beides die gleiche ABST. Die erwiderte ABST besteht zwischen ihnen und bringt sie in den Zustand des Werdens, EHIEH genannt, dargestellt durch die beiden kleinen gestrichelten Kreise.

Mit der Ausstrahlung ihrer ersten ABST tritt ein neues Element in die Beziehung zwischen Johannes und Martha, unsere beiden Quanten-Götter. Bewußtsein ist das Ergebnis einer wechselseitigen Verbindung durch den Prozeß der ABST-Erwiderung. Ich meine hier nicht das normale Wachbewußtsein des Menschen, das ich als Bewußtheit bezeichne, sondern das grundlegende, vorzeitliche Bewußtsein.

Dieses Ur-Bewußtsein ist das Bewußtsein der direkten Erfahrung, unbeeinflußt von den Gedanken und Gefühlen der Körperlichkeit. Im Zustand der Negativen Existenz gibt es kein Bewußtsein, da keine ABST ausgestrahlt wird. Gleichzeitig ist jedoch das SEIN eines Quanten-Gottes im Zustand der Negativen Existenz unbegrenzt. In der Bewegung in das erste Stadium der Positiven Existenz (den Zustand des Seins) beginnt das unendliche SEIN eingegrenzt zu werden, während das Bewußtsein gleichzeitig erweitert wird.

Wenn ein Quanten-Gott eine ABST ausstrahlt, so investiert er seine *unbegrenzte* Seinsnatur (SEIN) in diesen Prozeß. ABST ist eine Absicht seines SEINS und hat die Natur des SEINS. Jede ABST ist begrenzt im Vergleich zum SEIN. So ist zu Beginn die Bewußtseinsnatur sehr eingeschränkt im Vergleich zur Seinsnatur. Aber die Aktivität des In-Verbindung-Tretens hat einen bestimmten Zweck. Johannes und Martha sind dabei, ein Bewußtsein der Seinsnatur ihres Gegenübers aufzubauen. Mit anderen Worten: die erste erwiderte ABST, die das Dasein des jeweils Anderen bewußt machte, ist der erste Schritt im Prozeß der Bewußtseinsentwicklung, einer Entwicklung, die schließlich dazu führt, daß Johannes und Martha der Seinsnatur ihres Gegenübers (und ihrer eigenen) voll bewußt sind.

Ihre Methode der Bewußtseinsevolution ist die Entwicklung eines Mediums, durch das sie ihre Natur einander und gleichzeitig sich selbst zeigen können. Dieses Medium ist die erwiderte ABST, die einzig mögliche Methode, miteinander in Verbindung zu treten.

Zusammenfassend einige Schlüsselideen aus dem Vorhergehenden:

1. ABST, als aktiver Faktor, ist ein Quantum spezifischer Absichtlichkeit. Als empfangender Faktor ist ABST die einseitige Sicht einer Verbindung von zwei oder mehreren Quanten-Göttern.

2. Bewußtsein ist der Zustand, in dem man eine ABST hat, die durch ein anderes Individuum erwidert wird. Bewußtsein entsteht, wenn zwei oder mehr Quanten-Götter durch ABST miteinander in Verbindung treten.

3. Realität ist das Ergebnis von ABST-Erwiderung zwischen Quanten-Göttern. Die ABST eines Quanten-Gottes würde für jeden anderen Quanten-Gott nicht-wirklich sein, der sie nicht erwidert.

4. Verständnis entsteht, wenn die ABST eines Quanten-Gottes durch einen anderen erwidert wird.

5. Quanten-Götter treten nur miteinander in Verbindung, wenn sie es wollen (ABST ist Absichtlichkeit).

6. Die Absicht, sich eines Anderen bewußt zu werden, d.h. einen Anderen zu erkennen, ist Liebe.

Johannes und Martha sind jetzt im Zustand des Werdens. Obwohl sie sich beide dessen bewußt sind, daß der Andere existiert, ist sich keiner seiner eigenen Natur oder der des Anderen bewußt. Sie sind sich der Gegenwart des Anderen bewußt, mehr nicht. Sie können sich selbst nicht zeigen oder einander ihre Fähigkeiten beweisen, da ihr SEIN unbegrenzt bleibt und deshalb undifferenziert und ohne Substanz ist. Sie können sich nicht einmal räumlich gegeneinander abgrenzen. Um sich weiter gegenseitig mitteilen zu können, müssen sie sich irgendwie weiter begrenzen und ihr SEIN einengen. Sie müssen anfangen, sich auf besondere Art (in »Besonderheiten«) mitzuteilen.

Materie ist das Medium: Sein ist die Botschaft

Das Materie$_1$ Quantum

Johannes strahlt die ABST »Es ist« aus. Martha erwidert seine ABST mit ihrer eigenen ABST »Es ist«. Die erwiderte ABST »IST« bringt die Ur-Materie (Materie$_1$) hervor. Materie$_1$ ist erwiderte ABST. Ur-Materie ist nicht eine Partikel sondern eine Besonderheit des SEINS oder ein Schnittpunkt von zwei oder mehreren ABSTen »Es ist«. Sie entsteht am Punkt des Kontakts zwischen Quanten-Göttern.

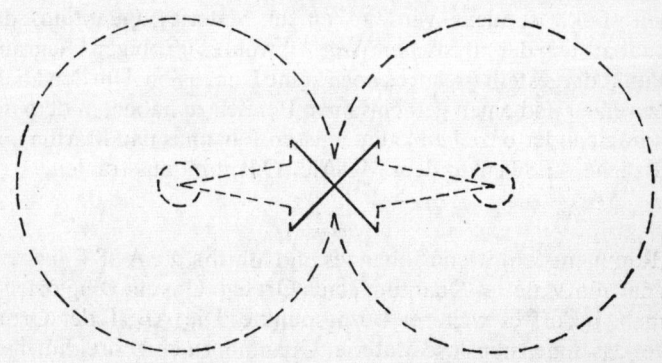

Diese beiden gestrichelten Kreise stellen die dimensionslose Domäne von zwei Quanten-Göttern dar. Jeder von ihnen strahlt die ABST »Es ist« aus, die am Punkt der Erwiderung (dem Schnittpunkt, wo die Pfeile, die die ABST darstellen, sich treffen) Materie$_1$ hervorbringt. Da ABSTen Quanten sind, müssen, um den Fortbestand der Existenz der Materie$_1$ zu garantieren, Johannes und Martha eine Reihe von ABSTen »Es ist« ausstrahlen oder aber die neue ABST »Es existiert« hervorbringen. Die ABST, daß etwas existiert, d. h. fortdauernd ist, bringt die Ur-Zeit hervor (Zeit$_1$).

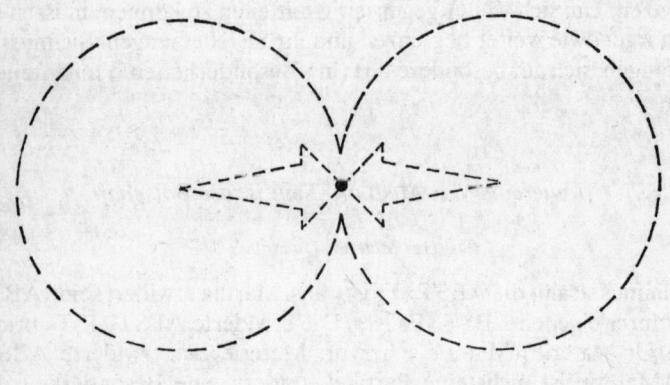

Zeit

Die zusätzliche ABST, daß Materie$_1$ fortdauernd besteht, führt zur Formalisierung der Existenz der Materie$_1$. Sie ist nicht mehr ein Schnittpunkt, sondern wird zu einem Materie$_1$ Quantum, dem Grundbaustein der physischen Welt. Obwohl es im obigen Diagramm als Punkt dargestellt ist, hat es noch keine Dimension. Um den Dialog fortzusetzen und einen gemeinsamen Bereich zu haben, in dem man sich aufeinander beziehen kann, müssen Johannes und Martha noch zusätzliche ABSTen zu dem Materie$_1$ Quantum ausstrahlen.

Raum

Ur-Raum entsteht, wenn Johannes und Martha die ABST ausstrahlen, daß ein Materie$_1$ Quantum einen Ort hat. Um ein Ding orten zu können, bedarf es weiterer Bezugspunkte. Die ABST der Ortung weitet das dimensionslose Materie$_1$ Quantum zu einer dreidimensionalen Sphäre von Raum aus (Zeit ist die vierte Dimension).

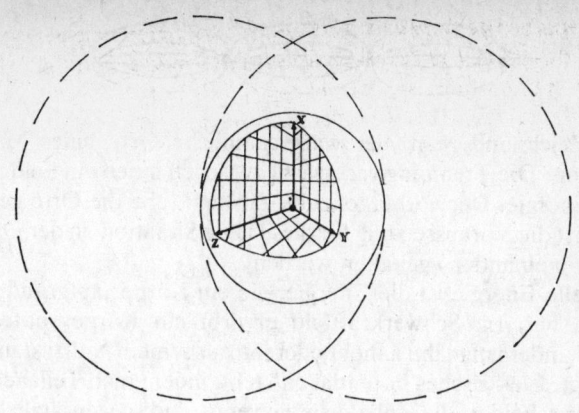

Im obigen Diagramm ist das Materie$_1$ Quantum sowohl der Mittelpunkt der Sphäre als auch die ganze Sphäre. Die Sphäre des Raumes stellt den gemeinsamen Bereich, den zwei Quanten-Götter (gestrichelte Kreise) miteinander teilen. Die Sphäre des Raumes hat Räumlichkeit, aber keine festen Dimensionen, da ihr Bereich vom unendlich Kleinen bis zum unendlich Großen reicht.

In diesem Zustand haben Johannes und Martha keine Körper und sind deshalb ebenfalls dimensionslos. Die Materie, die sie für ihre Körper verwenden, wird später den Mittelpunkt zwischen dem unendlich Kleinen und dem unendlich Großen bilden.

Energie

Im Ur-Raum existiert das Materie$_1$ Quantum in der Zeit$_1$ und im Raum$_1$, hat darin aber keinen festen Ort. Das Materie$_1$ Quantum nimmt alle Positionen in der Sphäre gleichzeitig ein.

Johannes und Martha strahlen nun eine zusätzliche ABST über den Ort aus. Sie strahlen die ABST aus, daß die Orte, die ein Materie$_1$ Quantum einnehmen kann, voneinander getrennt sind. Da das Materie$_1$ Quantum noch in der Ur-Zeit (dem IST) besteht, sollte man diese ABST besser so umschreiben: »Die Orte, die ein Materie$_1$ Quantum einnehmen kann, sind im Begriff, sich voneinander zu trennen.« Die ABST, daß die Orte, die ein Materie$_1$ Quantum einnehmen kann, getrennt sind oder daß sie sich voneinander trennen, erzeugt Energie.

Diese Zeichnung zeigt vier wahrscheinliche Orte eines Materie$_1$ Quantums. Die Trennung verursacht zwischen ihnen ein Feld potentieller Energie. Der vorhergehende Zustand (ehe die Orte getrennt waren) ist die Voraussetzung für diese neue Situation, in der Orte getrennt voneinander »gehalten werden«.

Potentielle Energie ist die Energie, die ein Körper aufgrund seiner Position hat. Im Schwerkraftfeld erwirbt ein Körper potentielle Energie, indem man ihn anhebt oder ihn aus seinem Nullzustand herausbringt. Elektrisches Potential entsteht, indem man Teilchen voneinander scheidet, die, sobald sie getrennt sind, gegensätzliche Ladungen aufweisen. Bringt man einen Leiter zwischen die elektrischen Ladungen, so sind sie bestrebt, die Trennung aufzuheben und zu einem neutralen, einem nicht-elektrischen Zustand zurückzukehren. Die Arbeit, die die Teilchen leisten können, indem sie zum Nullzustand zurückkehren (dem Zustand des nicht-getrennt-Seins), wird in Volts elektrischer »Energie« gemessen.

Man könnte sagen, daß die Ausstrahlung der ABST der sich trennenden Orte die Arbeit ist, die das Energiepotential hervorbringt. Johannes und Martha »halten die Dinge auseinander« mit einem Ausbruch von Konzentration. Die potentielle Energie, die so geschaffen worden ist, würde wieder zu Null oder in den neutralen Zustand zurückkehren, würden Johannes und Martha aufhören, die ABST der Trennung der Orte auszustrahlen.

Die ABST getrennter Orte quantifiziert die Orte, die ein Materie$_1$ Quantum einnehmen kann. Damit besteht die Raumsphäre, vorher eine homogene Domäne, nun aus separaten, individuellen Orten. Da die ABST in der Zeit$_1$ geschieht und den Prozeß des »sind im Begriff sich zu trennen« beinhaltet, dehnt sich die Raumsphäre aus; jeder Ort ist dabei, sich von jedem anderen zu entfernen. Wir können sie die wahrscheinlichen oder potentiellen Orte nennen, die ein Materie$_1$ Quantum zu einer gegebenen Zeit einnehmen kann.

Jede neue ABST eines Quanten-Gottes, die ein Materie$_1$ Quantum betrifft, beeinflußt die schon bestehenden Bedingungen, wie sie selbst auch schon von diesen beeinflußt ist. Zeit$_1$, die ABST des »es IST«, wird durch die ABST der getrennten Orte in Zeit$_2$ verwandelt, separate Orte in der Zeit.

Ein Materie$_1$ Quantum kann nun einen bestimmten Ort zu einer bestimmten Zeit einnehmen. Das bringt eine neue Art potentieller Energie hervor: sie entsteht, indem das Materie$_1$ Quantum tatsächlich einen seiner möglichen Orte einnimmt. Der eingenommene Ort kann als positiv im Vergleich zu allen nicht besetzten Orten angesehen werden. Alle nicht besetzten Orte machen das Feld paramagnetischer Energie aus, in dem sich das Materie$_1$ Quantum bewegt. Das Materie$_1$ Quantum, das einen Ort besetzt, hat in Beziehung zu dem umgebenden paramagnetischen Feld potentieller Orte elektrische Eigenschaften.

Die ABST, daß Orte dabei sind, sich voneinander zu trennen, verändert das Bild der Raumsphäre. Sie ist jetzt ein Energiefeld, aus einer unendlichen Zahl möglicher Orte oder Quantenpotentialen bestehend, das sich ausdehnt.

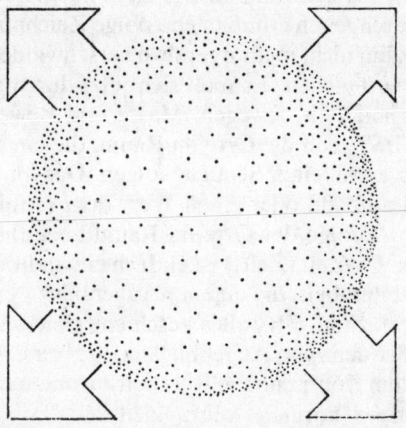

Die Zeichnung stellt das sich ausdehnende Energiefeld dar, das die gesamte Raumsphäre ausfüllt. Die Punkte stellen die potentiellen Orte dar, die ein Materie$_1$ Quantum auf der Oberfläche der Sphäre einnehmen kann. Der Einfachheit halber sind die »Kraftlinien« zwischen den Punkten nicht eingezeichnet.

Vom Inneren der Sphäre her gesehen ergäbe sich folgendes Bild: Das Materie$_1$ Quantum erscheint im Mittelpunkt; es verschwindet und taucht an einem der wahrscheinlichen Orte innerhalb der Sphäre wieder auf; es verschwindet dort wieder und erscheint auf der Oberfläche der Sphäre. Das Materie$_1$ Quantum erscheint in jedem Ort innerhalb der Sphäre und verschwindet dort wieder – und all das zur gleichen Zeit.

Sowohl Johannes wie Martha haben die ABST, daß die Orte im Raum, die ein Materie$_1$ Quantum einnehmen kann, einer Sequenz folgen. Diese ABST ändert das zufällige und unbestimmte Wesen des Materie$_1$ Quantums.

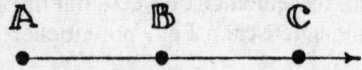

Die ABST, daß die Orte im Raum, die ein Materie$_1$ Quantum einnimmt, einer Sequenz folgen, bringt den Aspekt der Materie hervor, den wir Masse nennen. Wir machen die Voraussetzung, daß ein Materie$_1$ Quantum, das sich von Punkt A zu Punkt C bewegt, durch den Punkt B »hindurchgehen« muß (siehe obige Zeichnung). Das Materie$_1$ Quantum kann nicht mehr irgendwo verschwinden und irgendwo anders wieder auftauchen. Es muß sich jetzt durch ganz bestimmte Orte in Raum und Zeit bewegen. Masse und Bewegung sind zwei Aspekte der ABST, daß die Orte im Raum, die ein Materie$_1$ Quantum einnehmen kann, einer Sequenz folgen. Das Materie$_1$ Quantum hat jetzt eine Laufbahn oder einen Weg, dem es folgen muß.

Die ABST der Abfolge der Orte im Raum beeinflußt die Zeit wie auch den Raum. Ur-Zeit (Zeit$_1$) ist einfach ein undifferenziertes IST. Zeit$_2$ ist eine Zeiteinheit, die einem »Augenblick« entspricht. In ihr besteht Synchronizität, d. h., alles geschieht gleichzeitig. Dann entsteht Zeit$_3$ als Sequenz von Augenblicken oder eine Abfolge von Ereignissen in einem Kontinuum in Relation zu einem Beobachter. Genau das nennen wir normalerweise »Zeit«.

Die Masse bindet Zeit, Raum und Energie zu einem unauflösbaren Knoten zusammen. Raum und Zeit sind nun untrennbar verbunden, da ein Materie$_1$ Quantum sich durch Unterteilungen sowohl von Zeit als auch von Raum bewegen muß. Alle Aspekte von Zeit, Raum, Energie und Masse sind in neue Verhaltensweisen eines Materie$_1$ Quantums integriert. Die Einführung der Masse in die Raumsphäre bringt physikalische Konstanten und Gesetze hervor, die im Prozeß der Entwicklung der Materie gültig bleiben. Bewegung, Gerichtetheit und relative Größe entstehen als Aspekt der neuen Ordnung der Dinge.

Das Materie$_1$ Quantum ist ein wahres Elementarteilchen. Es hat keine innere Struktur. Es verursacht die bekannten physikalischen Kräfte, ist aber nicht von ihnen abhängig. Es erfüllt deshalb die Krite-

rien des Quark (siehe Seite 100), dem vielgesuchten Grundstein der
physikalischen Welt.

Die Kräfte der physischen Welt

Die Beziehung zwischen Masse und Energie

Nehmen wir an, daß die Orte, die ein Materie$_1$ Quantum einnehmen
kann, gleichmäßig in einem sich nicht ausdehnenden Raume verteilt
sind. Stellen wir uns weiterhin vor, wir hätten einen Reifen oder Kreis
mit festem Durchmesser, den wir über einen Abschnitt des Raumes
legen können. Der Kreis würde eine bestimmte Zahl von Orten über-
schneiden, die auf seiner Peripherie lägen. Die Zahl der Orte wäre
konstant, unabhängig davon, wo wir den Kreis plazieren würden. Legen wir nun den Kreis auf einen »festen« Platz im Raum und lassen
Raum und Kreis sich ausdehnen. Das würde etwa so aussehen.

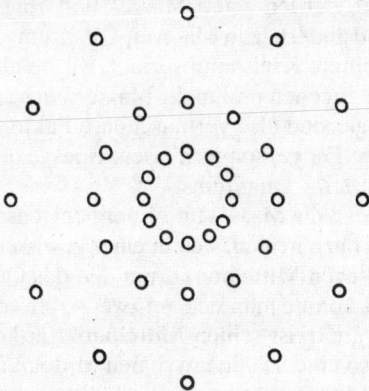

Die kleinen Kreise im obigen Diagramm stellen die wahrscheinlichen
Orte dar, während der Raum sich gleichmäßig in der Zeit ausdehnt.
Da die Orte Punkte ohne Ausdehnung sind, werden sie selbst nicht
größer. Während sie sich vom Mittelpunkt nach außen bewegen,
nimmt allerdings ihre Entfernung voneinander und vom Mittelpunkt
zu.
Die Geschwindigkeit eines Materie$_1$ Quantums ist konstant und ist
größer als die Lichtgeschwindigkeit (siehe die folgende Beschreibung
des Lichtes). Schauen wir uns einmal an, was mit den Energie-Masse-Eigenschaften eines Materie$_1$ Quantums geschieht, wenn es in den

Umlauf eines der konzentrischen Kreise des Diagramms gebracht wird, d. h. wenn es sich von einem der möglichen Orte in der sich ausdehnenden Raumsphäre zum nächsten fortbewegt.

Die Größe der Energieeigenschaften eines Materie$_1$ Quantums ist direkt proportional zur Entfernung zwischen den Positionen, durch die es sich bewegt. Die Größe der Masseeigenschaften eines Materie$_1$ Quantums ist direkt proportional zur Anzahl der Positionen, durch die es sich in einem bestimmten Zeitabschnitt bewegt.

Ein Materie$_1$ Quantum, das sich bei konstanter Geschwindigkeit in einer größeren Kreisbahn bewegt, würde mehr Energieeigenschaften zeigen als eines auf einer kleineren Kreisbahn, da die Entfernungen zwischen den Positionen in einer größeren Kreisbahn größer sind. Das gleiche Materie$_1$ Quantum würde andererseits mehr Masseeigenschaften zeigen, wenn es sich in einer kleineren Kreisbahn bewegt, da es in einem gewissen Zeitabschnitt durch mehr Positionen hindurchgehen würde.

Würde ein Materie$_1$ Quantum von einer Kreisbahn in eine andere überwechseln, so würden seine Masse- und Energieeigenschaften sich entsprechend ändern. Ein Materie$_1$ Quantum, das von einer größeren in eine kleinere Kreisbahn springt, würde einige seiner Energieeigenschaften abgeben und mehr Masseeigenschaften annehmen. Masse und Energie sind also vertauschbare Faktoren. Sie sind nicht zwei verschiedene Dinge, sondern zwei Aspekte des bedingten Verhaltens eines Materie$_1$ Quantums.

Nehmen wir an, daß die Masse- und Energieeigenschaften eines Materie$_1$ Quantums dazu neigen, sich in einer gewissen Entfernung von einem hypothetischen Mittelpunkt, um den das Quantum kreist, zu stabilisieren. Das könnte man sich auf zwei Arten vorstellen: das Materie$_1$ Quantum umkreist seinen Mittelpunkt in konstanter Entfernung und bildet so eine Schale um seinen Mittelpunkt; oder es oszilliert aus seinem Mittelpunkt heraus und füllt so den Raum zwischen Mittelpunkt und seiner äußersten Kreisbahn aus. Im zweiten Fall würde es sich spiralförmig nach außen in die Kreisbahn der Stabilität bewegen und dann wieder zurück in seinen Mittelpunkt.

Für einen außenstehenden Beobachter würde es so aussehen, als bewegte sich das Materie$_1$ Quantum vom Mittelpunkt spiralförmig nach außen. Die Bewegungsrichtung würde bestimmt von der Geschwindigkeit und Nähe anderer Materie$_1$ Quanten in der Raumsphäre.

Indem das Materie$_1$ Quantum sich spiralförmig vom Mittelpunkt entfernt, erreicht es eine Entfernung vom Mittelpunkt, in der seine Energie- und Masseeigenschaften mit seinen Raum-Zeit-Bedingun-

140

Der Weg des Materie₁ Quantums könnte etwa so dargestellt werden:

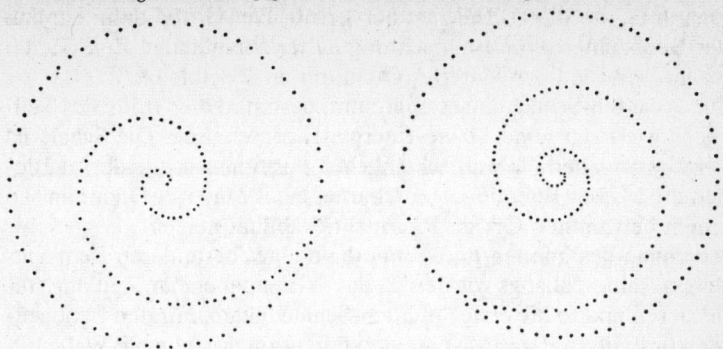

gen ausgeglichen sind. In dem Zustand würde das Materie₁ Quantum die erste Quanten-Schale einnehmen. Um sein Moment zu erhalten, muß es sich jedoch wieder spiralförmig nach innen bewegen. Das Materie₁ Quantum wäre also in bezug auf einen *festen* Mittelpunkt eine oszillierende Spirale. Da der Mittelpunkt sich aber ebenfalls bewegt, ist die Spirale nicht flach sondern bildet einen Wirbel in Raum und Zeit. Der durch die nach außen gehende Spiralbewegung sich bildende Wirbel ist ausgewogen durch den sich einwärts bewegenden Wirbel. Da dieser Doppelwirbel von der Oberfläche der Quanten-Schale begrenzt ist, nimmt er die Form einer Kugel an, deren Oberfläche durch den sich ausdehnenden und zusammenziehenden Spiralweg eines Materie₁ Quantums gebildet wird.

Das sub-atomare Teilchen

Die Spiralbewegung eines Materie₁ Quantums beschreibt in bezug auf einen außenstehenden Beobachter, der sich langsamer bewegt, eine Kugelform.

Das dimensionslose Materie₁ Quantum bildet jetzt ein Materieteilchen, Materie in Form eines Wellenpaketes, vielleicht das, was wir ein sub-atomares Teilchen nennen.

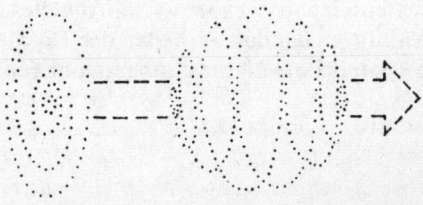

Von außen sieht der Beobachter ein Teilchen und nicht das Materie$_1$ Quantum, das dieses Teilchen hervorruft. Der Grund dafür ist, daß der Beobachter seine Beobachtung in der ablaufenden Zeit (Zeit$_3$) macht, während das Materie$_1$ Quantum in Zeit$_1$ bleibt.

Die Quanten-Schale, die es einnimmt, bestimmt die Größe des Teilchens wie auch seine Masse-Energie-Eigenschaften. Die Schale ist der Umfang, der alle wahrscheinlichen Positionen schneidet, auf denen die Masse- Energie-Eigenschaften eines Materie$_1$ Quantums an einem bestimmten Ort im Raum zur Stabilität neigen.

An einem bestimmten Punkt innerhalb eines besonderen Beobachtungszusammenhangs würde sich das Wellenpaket eine Zeitlang stabilisieren und so die erste Quanten-Schale bilden. Für den Beobachter würde sie so etwas wie eine dreidimensionale stehende Welle bilden. Diese würde dann als Urteilchen in Wechselwirkung mit anderen Teilchen seiner Art treten.

Der Raum, den das Wellenpaket einnimmt (sein Volumen), seine Masse-Energie-Eigenschaften, Frequenz, Wellenlänge, Amplitude, Drehrichtung, relative Polarität (oder Ladung), hängen von der Nähe und Anordnung aller anderen Teilchen im Raum ab sowie von dem Einfluß der Technik und den Meßgeräten, die zur Beobachtung benutzt werden.

Unter speziellen Umständen kann es zu Zusammenstößen von symmetrischen Paaren von Wellenpaket-Teilchen kommen, welche dazu führen, daß sie beide zu ihrem Urzustand als Materie$_1$ Quanten zurückkehren. Darin besteht das beobachtete Phänomen der Teilchen-Antiteilchen-Vernichtung.

Wir müssen auch bedenken, daß alle Teilchen von allen anderen Teilchen beeinflußt werden. Das Bild wird noch komplizierter, wenn wir bedenken, daß ein Teilchen in eine von zwei Richtungen wirbeln kann, daß seine Bewegung in bezug auf andere Teilchen sich mit unterschiedlicher Richtung und unterschiedlichen Geschwindigkeiten vollziehen kann, daß seine Symmetrieachse in jede Richtung geneigt sein kann und daß es sich um sich selbst drehen kann, während es sich auf irgendeiner Kreisbahn bewegt. Die Kreisbahnen können außerdem zu Ellipsen auseinandergezogen sein. Alle diese Variablen haben ihre Auswirkungen auf das Verhalten der Teilchen und sind der Grund für die komplizierte Natur der sub-atomaren Physik.

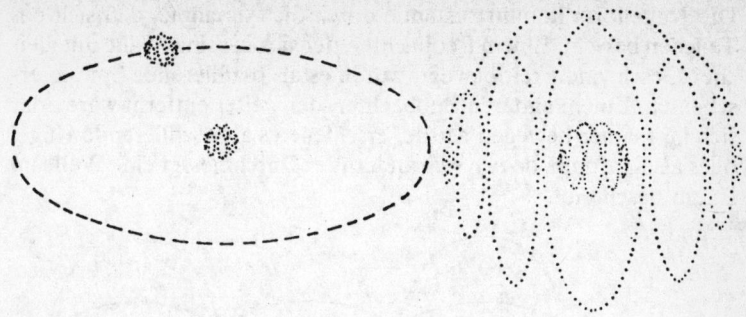

Teilchen, die Quanten-Schalen nahe dem Zentrum einnehmen, wirken verhältnismäßig stark aufeinander. Sie haben auch größere Masseeigenschaften als Teilchen auf Schalen weiter entfernt vom Mittelpunkt. Diese Wirkungen nennt man starke oder schwache nukleare »Kräfte«. Es sind an sich gar keine Kräfte, sondern das Resultat der bereits beschriebenen Raum-Zeit-Geometrie.

Elektronen sind Teilchen, die, verglichen mit dem Kern, eine relativ große Kreisbahn einnehmen. Ihre Umlaufbahnen sind zehntausendmal weiter entfernt vom Zentrum als die Bahnen der Teilchen, die den Atomkern bilden. Sie haben deshalb weniger Masse und sind weniger eng an das Zentrum des Atoms gebunden als die Teile des Kerns. Elektronen sind die am weitesten außen gelegenen Elemente eines zusammengesetzten Teilchens, und ihre Umlaufbahnen definieren die Größe der nächsten Größenordnung von Materieteilchen, des Atoms.

Das Atom

Das einfachste Atom ist das des Wasserstoffes. Es hat ein Teilchen in einer kleinen und eines in einer großen Laufbahn.

Die obige Zeichnung zeigt zwei mögliche Strukturen eines Wasserstoffatoms. Die Atome der anderen Elemente haben zusätzliche Nukleonen und Elektronen, die mehr und mehr Quanten-Schalen ausfüllen: in der Nähe des Zentrums im Fall von Nukleonen und weiter entfernt im Falle von Elektronen. Die Zahl der Nukleonen (Protonen und Neutronen) im Kern steht in direktem Verhältnis zur Zahl der Elektronen eines Atoms. Die Wirkung von Masse und Schwerkraft im Kern bestimmt in großem Ausmaß das Verhalten der Elektronen.

Die Kugelform kommt zustande durch die Annahme, daß sich das Teilchen bewegt. Einem Beobachter, der sich in seiner Nähe mit gleicher Geschwindigkeit bewegt, würde es als oszillierende Spirale erscheinen. Einem anderen Beobachter, der weiter entfernt wäre oder sich langsamer bewegen würde, erschiene es als oszillierende Kugel oder als Kraftfeld, dessen sich ändernder Durchmesser eine Welle im Raum beschreibt.

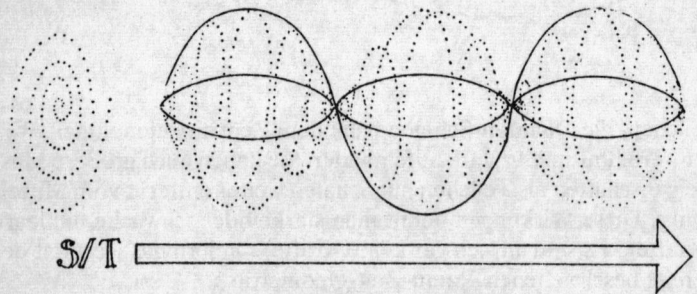

Materieteilchen zeigen sowohl Teilchenverhalten als auch Wellenverhalten, je nach dem Gesichtspunkt des Beobachters.

Die Auswirkungen von Zeit-Raum-Energie-Masse, die aus einem Materie$_1$ Quantum ein Materieteilchen werden lassen, bringen uns zu einer neuen Größenordnung der Dinge in der Sphäre des Raumes. Der neue Maßstab, der sich aus dem Vorhandensein von Materie in der Form von Teilchen ergibt, verschiebt den Brennpunkt des Bewußtseins von Johannes und Martha und verändert auch die Wechselwirkungen, die zwischen Teilchen stattfinden.

Während ein Materie$_1$ Quantum in Zeit$_1$ (dem IST) und Zeit$_2$ (Augenblicklichkeit) existieren konnte, existiert das Teilchen nur in Zeit$_3$ (Abfolge von Ereignissen). Das Materie$_1$ Quantum konnte sich mit unendlicher Geschwindigkeit fortbewegen, während sich Teilchen nur mit Geschwindigkeiten unter der Lichtgeschwindigkeit fortbewegen können, dem Umwandlungsfaktor zwischen Zeit$_1$, Zeit$_2$ und Zeit$_3$.

Temperatur

Materie$_1$ Quanten, die sich in der gleichen Raumsphäre befinden, beeinflussen sich augenblicklich (Zeit$_2$), was ihre relative gegenseitige Position und ihre Energie-Masse-Eigenschaften angeht. Sie tun das unabhängig von ihrer Entfernung voneinander. Teilchen jedoch beeinflussen sich gegenseitig je nach ihrer Entfernung, ihrer Richtung und Geschwindigkeit. Die relative Oszillationsrate zwischen zwei Teilchen nennt man Temperatur. Temperatur definiert man als den relativen Betrag von kinetischer Energie, den ein Teilchen hat, unabhängig davon, ob es ein einfaches Teilchen ist wie ein Neutron oder ein kompliziertes wie ein Atom oder Molekül. Je größer der Unterschied zwischen der relativen Schwingungsrate zweier Teilchen ist, um so größer ist der Unterschied in ihrer Temperatur. Die größere Schwingungsrate wird als wärmer gegenüber der niedrigeren Rate angesehen.

Lichtgeschwindigkeit

Eine Änderung in der Schwingungsrate eines Teilchens ruft eine Änderung in der Schwingungsrate der anderen hervor. Bei den Materie$_1$ Quanten tritt diese Änderung augenblicklich ein. Bei Teilchen scheint diese Änderung mit »Lichtgeschwindigkeit« vor sich zu gehen.

Nehmen wir an, eines der beiden schwingenden Teilchen befindet sich in der Retina des Auges eines Beobachters. Seine Erfahrung spielt sich also in der Zeit ab. Er sieht das andere Teilchen durch die Linse der Größenordnung von Materie in der Form von Partikeln (Teilchen). Da er nicht auf der Ebene der Materie$_1$ Quanten wahrnimmt, welche die Moleküle hervorbringen, kann er die Materie$_1$ Quanten nicht »sehen« sondern nur die durch sie hervorgebrachten Moleküle. Jede Änderung im Teilchen, das er beobachtet, verursacht eine Änderung im Teilchen in seinem Auge. Seine Erfahrung von der Veränderung der relativen Temperatur der beiden Teilchen wird noch dadurch verzögert, daß die Änderung in seiner Retina einige Zeit braucht, bis sie das Gehirn erreicht hat. Nachdem die Änderung registriert wurde, mag er annehmen, daß eine gewisse Energie sich vom beobachteten Teilchen zum Teilchen in seinem Auge bewegt hat. Diese scheinbare Übermittlung von Energie mag er »Licht« oder eine bestimmte Frequenz »elektromagnetischer Strahlung« nennen. Da sein Körper nicht sensibel genug ist, um den Gesamtbereich der Strahlung oder ihre Geschwindigkeit messen zu können, greift unser Beobachter natürlich zu seinen Instrumenten. Durch seine technischen Hilfsmittel findet er, daß »Licht und alle anderen Frequenzen elektromagnetischer Strahlung« sich mit der gleichen »Geschwindigkeit« fortbewegen, unabhängig von der Geschwindigkeit oder Richtung der Quelle ihm gegenüber. Doch da jedes technische Instrument, mit dem er Licht »mißt«, Teilchen-Natur hat, beobachtet er jedes Phänomen durch die Linse der Materie in der Form von Teilchen. Er kann nie sehen, daß Licht ein Resultat augenblicklicher Änderungen aller Materie$_1$ Quanten ist. Die »Lichtgeschwindigkeit« ist dann ein konstanter Umwandlungsfaktor zwischen der Größenordnung, innerhalb der man die Dinge auf der Ebene der Materie in der Form von Teilchen beobachten kann, und der Größenordnung, in der die Dinge wirklich geschehen.

Obwohl letztere konstant bleibt (augenblicklich), variieren Frequenz und Wellenlänge mit Ort, Geschwindigkeit und Konfiguration der beobachteten Teilchen. Frequenz und Wellenlänge sind die Aspekte, über die Materie$_1$ Quanten die Instrumente beeinflussen.

Schwerkraft

Es war die Entdeckung der oberen Grenze der Geschwindigkeit von teilchenförmiger Materie, die Einstein dazu führte, seine Relativitätstheorie zu formulieren. Sein Konzept der Schwerkraft paßt gut in das hier Besprochene. Man kann sie als Funktion der Eigenschaften des Raum-Zeit-Feldes beschreiben, das die Materie in Form von Teilchen hervorbrachte. Wir müssen uns hier ihre Wirkung auf zwei oder mehr Teilchen, die in der Sphäre des Raumes in Wechselbeziehung stehen, ansehen.

Wie schon gezeigt, hängt die Masse eines Teilchens von der Zahl der Orte ab, durch die es sich innerhalb eines bestimmten Zeitabschnitts bewegt. Nehmen wir an, wir befänden uns innerhalb eines Teilchens, das sich mit konstanter Geschwindigkeit und Richtung bewegt. Unsere Masse würde konstant bleiben, und wir würden im Inneren des Teilchens schweben wie bei Schwerkraft Null im freien Fall. Würde entweder die Richtung oder die Geschwindigkeit des Teilchens geändert, würden wir eine Änderung in unserer Masse erfahren, und wir würden gegen eine Seite des Teilchens gepreßt. Da wir nicht aus dem Teilchen herausschauen können, um festzustellen, daß unsere Bewegung in Relation zu einem anderen Punkt sich geändert hat, könnten wir sagen, daß wir Schwerkraft erfahren. Wir würden feststellen, daß unsere Erfahrung von Masse (in der Form von Bewegungsmoment) und Schwerkraft direkt proportional sind.

Alle Bewegung ist relativ. Im gekrümmten Raum unserer Raumsphäre ist jede Bewegung eine Bewegung auf einer Umlaufbahn. Je kleiner ihr Radius ist, um so augenscheinlicher ist das. Was Bewegung in gerader Linie zu sein scheint, ist einfach die Bewegung auf einer großen Kreislaufbahn, von der wir nur einen Abschnitt sehen. Unser Teilchen bewegt sich also um einen Mittelpunkt. Unsere Erfahrung von Masse und Schwerkraft ist proportional zum Radius unserer Umlaufbahn und der Geschwindigkeit, mit der wir uns bewegen. Die Schwerkraft, die wir wahrnehmen, ist die Wirkung unserer Bewegung relativ zum Mittelpunkt, um den wir uns bewegen. Sollten wir jedoch plötzlich behaupten, daß unser Teilchen in Relation zu dem Mittelpunkt stillsteht, dann schiene der Mittelpunkt um uns zu kreisen. Da wir auch dann noch Schwerkraft wahrnehmen würden, könnten wir schließen, daß Schwerkraft eine Eigenschaft der Masse ist. Würden wir die Bewegung des Mittelpunktes mit unserem Zustand in Verbindung bringen, dann könnten wir auch schließen, daß die Bewegung des Mittelpunktes um uns ein Schwerkraftfeld in unserer Umgebung erzeugt.

Die Relativität der Zeit

Die Relativität der Bewegung beeinflußt auch Zeit$_3$. Zeit$_3$ ist eine Abfolge von Ereignissen. Sehen wir die Orte, durch die wir uns bewegen, als Ereignisse in der Zeit an, so können wir auch sehen, wie Masse, Schwerkraft und Zeit sich aufeinander beziehen. Beschleunigen wir unsere Bewegung, so nimmt unsere Masse und die Erfahrung von Schwerkraft zu. Die Zahl der Orte, die wir in einer Zeiteinheit durchlaufen, vergrößert sich ebenfalls, so daß unsere Uhr, die ja die Abfolge der Orte mißt, auch schneller läuft. Doch da alle Prozesse innerhalb unseres beschleunigten Teilchens sich im gleichen Maße verschnellern, verschnellert sich auch die Rate, mit der wir die Uhr beobachten. Unsere Uhr scheint so schnell zu ticken wie vorher.

Dasselbe würde auch zutreffen, wenn wir uns mit einer gleichartigen Uhr im Mittelpunkt der Umlaufbahn befänden, denn der Mittelpunkt würde in Relation zu unserer vorherigen Position mit der gleichen Geschwindigkeit in der Gegenrichtung beschleunigt. In beiden Positionen würde unsere Uhr scheinbar mit konstanter Geschwindigkeit laufen. Doch kreist der Mittelpunkt noch um einen dritten Punkt im Raum, welcher der Mittelpunkt seiner Umlaufbahn ist. Könnten wir beide Uhren von diesem neuen Mittelpunkt aus sehen, von dem wir annehmen, daß er in Relation zu dem ersten Mittelpunkt und dem ihn umkreisenden Teilchen in Ruhe ist, dann würden wir die Zeit anders sehen. Es würde scheinen, daß die Uhr im Teilchen langsamer tickt als die Uhr im Mittelpunkt seiner Umlaufbahn. Die Rate, mit der ein Beobachter in Ruhe die Uhren betrachtet, ist langsamer als die Beobachtungsrate des Beobachters, der sich mit der gleichen Geschwindigkeit wie die Uhr bewegt.

Zusammenfassend können wir sagen, daß alle sogenannten »Kräfte« der physischen Welt als Begleiterscheinungen der ABSTen auftreten, die Johannes und Martha, unsere hypothetischen Quanten-Götter, in bezug auf Materie$_1$ Quanten haben. Die starken und schwachen nuklearen Kräfte, die elektromagnetischen Kräfte und die Schwerkraft sind gar keine »Kräfte«, sondern Manifestationen von Materie$_1$ Quanten in dem gekrümmten Raum-Zeit-Kontinuum, dem gemeinsamen Bereich, in dem Quanten-Götter kommunizieren.

Evolution

Könnten wir außerhalb des Universums stehen, wie im Zustand der Negativen Existenz, und die gemeinsame Schöpfung von Materie und Bewußtsein, wie wir sie hier beschrieben haben, beobachten, mag sich das folgende Bild ergeben: Aus der unendlichen und grenzenlosen Leere tritt plötzlich eine riesige Menge heißer sub-atomarer und atomarer Materie sowie Energie hervor. Diese Beschreibung paßt sowohl auf die beobachteten Phänomene der Astrophysik wie auch auf die Geschichte von Johannes und Martha. Es ist der »Big Bang«, der Urknall.

Milliarden von Jahren *unserer* Zeit später finden wir uns in einem Universum voller Sterne wieder. Jeder Stern strahlt sein Licht zu allen anderen Sternen hin aus, gerade wie alle Quantengötter sich allen anderen Quantengöttern mitteilen.

Auf einer anderen Ebene des Prozesses entsteht noch einige Millionen von Jahren später die Erde, zusammen mit anderen Planeten, aufgrund der Interaktion eines Sternes mit einem anderen. Die Erde kühlt sich ab. Die neuen Gegebenheiten ermöglichen es der anorganischen Materie, sich komplexer zu gestalten, und die Formen des Lebens, wie wir sie kennen, entstehen. In den allerletzten Sekunden – im Verhältnis zu den Äonen, die vorangingen – tritt eine Lebensform auf, die größere Überlebenskraft hat als alle anderen. Sie macht sich die Erde untertan. Es ist der Mensch. Die Quanten-Götter sind da.

Der Zweck der Evolution ist dieser: die Quanten-Götter schufen Materie, um miteinander in Kontakt zu treten und sich ihrer selbst und der anderen bewußt zu werden. Ein wichtiger Schritt auf dem Weg der Erfüllung dieses Zweckes ist die Erschaffung der *materiellen* Ebenbilder ihrer Natur als Wesen unbegrenzter Fähigkeiten. Um es in der Sprache der Bibel zu sagen: ein Quanten-Gott erschafft in der

Welt der Materie ein Wesen »ihm zum Bilde«. Sein Abbild und Ebenbild ist sein Körper.

Wenn wir an Evolution denken, spielt sie sich für uns in riesigen Zeiträumen ab. Mit unserem begrenzten Vorstellungsvermögen können wir uns die Ewigkeit nicht recht vorstellen, die es gedauert hat vom Big Bang bis zur Gegenwart. Die Zeitmaße sind erschreckend. Und doch existiert ein Quanten-Gott außerhalb der Zeit. Er lebt nur im immerwährenden Jetzt. Für ihn findet alle Schöpfung in weniger als einem Augenblick statt. Von seinem Gesichtspunkt in der Negativen Existenz aus ist Zeit nicht mehr als eine ABST, die er hat. Aus diesem Blickwinkel gesehen ist Entwicklung nur ein geistiges Konstrukt des zeitgebundenen begrifflichen Denkens. Sowohl Vergangenheit wie Zukunft sind nur geistige Projektionen.

Meine Beschreibung der gemeinsamen Schöpfung ist nichts weiter als ein Gleichnis. Es gibt in Wirklichkeit gar keine Schöpfung. Das gesamte physische Universum, einschließlich der Körper, die es bevölkern, ist nur die Beziehung zwischen allen Quanten-Göttern, die daran teilnehmen. Die Formen, in denen Materie erscheint, ihre Entwicklung und Fortpflanzung erleben wir genauso, wie wir sie erleben, weil das die Art und Weise ist, wie wir sie geistig erfassen können. Die Art und Weise, wie die Dinge sind, ist eine Spiegelung des Bewußtseinszustandes, den wir erreicht haben, der wiederum anzeigt, bis zu welchem Grade wir bereit sind, uns gegenseitig als Quanten-Götter zu erleben. Zu einem zukünftigen Zeitpunkt in der Entwicklung unserer Beziehung werden wir uns selbst, die Welt und Andere auf eine ganz andere Art erleben. Die physische Welt wird eines Tages ihren Zweck erfüllt haben. Sie wird sich dann wie ein Traum auflösen. Dann werden wir uns selbst und den Anderen auf direktere Art erleben, ohne Materie und Mentalität zwischen uns und die direkte Erfahrung einschalten zu müssen.

Zur Zeit dient die Materie noch ihrem Zweck als Mittel der Kommunikation. Das Gleichnis der Schöpfung muß vorerst weitergehen.

Materie besteht aus der Wechselwirkung zwischen dem Bewußtsein (erwiderte ABSTen) von Quanten-Göttern. Indem die Materie komplexer wird, wird auch das Bewußtsein komplexer. Materie entwickelt sich aus Materie$_1$ Quanten über sub-atomare Partikel, Nukleonen, Atome, Moleküle, Megamoleküle, Lebensformen usw. Quanten-Bewußtsein (ABST) entwickelt sich zu Bewußtsein in der Form von Teilchen, von Atomen usw. Jede Ebene oder Entwicklungsstufe hat ihr spezifisches Bewußtsein. Alles im Universum besteht aus Bewußtsein.

Ein Stein ist das Bewußtsein eines Steines wie ein Baum das eines Baumes ist. Alle Dinge, ob wir sie als lebendig oder tot ansehen, sind Ausdruck des Bewußtseins, das sie formt. Form, Farbe, Erscheinungsbild, Gewicht, Geschmack und Geruch jedes Objektes sind seine Mitteilung an die Welt von seiner spezifischen Art des Bewußtseins. Die Welt zeigt unablässig die Einmaligkeit jedes Dinges in ihr, während sie gleichzeitig das einheitliche Wesen der Substanz selbst demonstriert.

Die höchste Form der Evolution ist der menschliche Körper. Auch er drückt das Bewußtsein aus, das ihn formt. Er ist das komplizierteste Produkt der Natur. Er enthält alle in der Natur vorkommenden Elemente. Er ist ein Abbild des Weltalls. Er beinhaltet alle vorangegangenen Entwicklungsstufen in *einem* Zustand in der Zeit.

Der menschliche Körper ist, soweit wir wissen, einzigartig unter allen Formen der physischen Welt. Er stellt die einzige Form dar, die fähig ist, ihre eigene Existenz zu bedenken. Er ist die einzige Form, die etwas in sich trägt, das die physische Welt überwinden kann, indem es sich selbst und die Welt so anschaut, wie ein Subjekt ein Objekt anschaut. Auf der gegenwärtigen Stufe der Evolution ist er die einzige materielle Form, die in der Materie die Eigenschaft der unbegrenzten Fähigkeiten ausdrückt. Menschen sind wie Götter in Relation zu allen anderen materiellen Formen.

Der menschliche Körper ist ein direkter Ausdruck des Wesens eines Quanten-Gottes in der Welt der Materie. Er ist die Art und Weise eines Quanten-Gottes, in der physischen Welt zu sein und sein Sein anderen mitzuteilen. Er ist dessen Medium der Kommunikation und des Wirkens. Ein Quanten-Gott ist sein Körper, und er ist es auch nicht. Sein Körper ist Ausdruck seiner selbst, so daß die Art der Körperfunktionen, sein Gesundheitszustand, seine Anpassungsfähigkeit, seine Fähigkeit, zu wirken und sich mitzuteilen, seine Fähigkeit, zu denken und fühlen und seine Lebendigkeit, direkt das Wesen und den Zustand des innewohnenden Quanten-Gottes widerspiegeln. Und doch ist ein Quanten-Gott mehr als sein physischer Körper.

Hier müssen wir uns den Welten hinter der materiellen Welt zuwenden, um zu sehen, welche Aspekte des Wesens eines Quanten-Gottes in seinem körperlichen Sein zum Ausdruck kommen. Diese Welten sind aber nicht *über* der körperlichen Welt, wie wir uns den Himmel über der Erde denken; sie sind in der Welt der Materie enthalten und wirken sozusagen hinter ihr. Es geschieht alles zur selben Zeit und am selben Ort. Im Bereich des Körpers wirken die Welten der Fähigkeiten, des Geistes, des Körpers und der Materie als Einheit.

Die Welt der Fähigkeiten

Die grundlegende und eigentliche Fähigkeit eines Quanten-Gottes ist es, eine ABST auszustrahlen. Eine ABST, wie gesagt, ist ein spezifisches Quantum von Absichtlichkeit, das entsteht, wenn ein Quanten-Gott beabsichtigt, zu sein, etwas zu tun oder in irgendeiner Weise eine Beziehung eingehen will. Es bedarf keines Mechanismus' oder Prozesses, um eine ABST hervorzubringen. Sie ist der direkte Ausdruck der unendlichen (nicht-endlichen) Fähigkeit, die das Wesen eines Quanten-Gottes ist.

Die Welt der Fähigkeiten ist unterteilt in zehn Grundarten oder Kategorien der Hervorbringung von ABSTen. Die kabbalistische Literatur sagt: »Ihrer sind zehn und sie sind ohne Zahl«. Das deutet auf die unendliche Anzahl möglicher ABSTen, die ein Quanten-Gott haben kann. Doch fallen diese in zehn Grundkategorien oder Typen, dargestellt als die zehn Sephiroth des Lebensbaumes.

Wir haben bereits gesehen, daß alle Namen in der Heiligen Schrift (auf der allegorischen Ebene der Bibel) verschlüsselte Formeln für Bewußtseinszustände sind. Das trifft auch für die Gottesnamen in Atziluth zu. Hat ein Quanten-Gott eine bestimmte ABST, so bringt ihn die Tatsache, daß er diese ABST hat, in den Bewußtseinszustand, den diese ABST beschreibt. Hat ein Quanten-Gott die ABST »Ich bin«, so zeigt er seine Fähigkeit zu sein und ist im Bewußtseinszustand des Seins. Hat ein Quanten-Gott eine andere ABST als die zu sein, dann zeigt er seine Fähigkeit »zu tun«, und ist im Bewußtseinszustand des Tuns. Hat ein Quanten-Gott eine ABST, die von einer identischen ABST eines anderen Quanten-Gottes erwidert wird, zeigt er seine Fähigkeit des Sich-Beziehens (oder Miteinander-Schaffens) und ist im Zustand des Sich-Beziehens. Das ist, wie schon gesagt, die Bedeutung der ersten drei Sephiroth der Welt der Fähigkeiten.

Die Höheren

Die ersten drei Sephiroth, welche die Grundzustände von Sein, Tun und Sich-Beziehen darstellen, sind die Grundarten des Hervorbringens von ABSTen, von denen die anderen sieben Sephiroth sich ableiten. Die ersten drei Sephiroth, die Höheren, sind so archetypisch, daß es keinen Unterschied gibt zwischen der Fähigkeit, die sie ausdrücken, und dem Bewußtseinszustand, den sie darstellen. In den sieben Niederen jedoch differenzieren sich die angedeuteten Fähigkeiten und die resultierenden Bewußtseinszustände mehr und mehr. In der Welt des Geistes und der Welt des Körpers werden die Unterschiede noch größer.

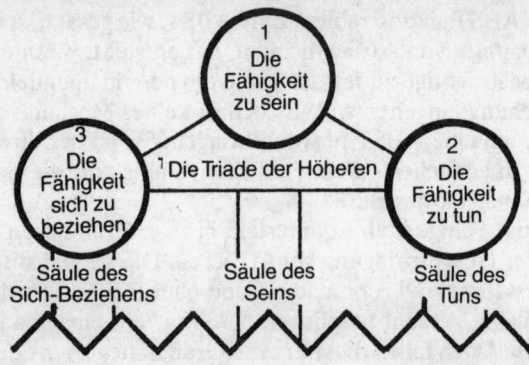

Die Höheren sind die Kapitelle der drei Säulen des Lebensbaumes mit den kabbalistischen Namen (von links nach rechts): Säule der Strenge, Säule des Ausgleichs und Säule der Gnade. In meinem System benenne ich sie mit den Namen, die die Fähigkeit ihrer jeweils obersten Sephirah andeuten: links die Säule des Sich-Beziehens, in der Mitte die Säule des Seins und rechts die Säule des Tuns.

Die Triade des ontologischen Geistes

Die Triade der Höheren ist von den Niederen durch den Abgrund getrennt. In der Welt der Fähigkeiten trennt der Abgrund die drei primären Arten von ABSTen von ihrer Manifestation in den sieben Sephiroth der Niederen. Die ersten drei Sephiroth dieser Niederen sind Widerspiegelungen der Höheren in dem Bereich, den ich den ontologischen Geist nenne. Ontologisch heißt, sich auf die Existenz oder das Seiende beziehend. Geist ist, in diesem Zusammenhang, das Formen und Strukturieren von ABSTen.

Die vierte Sephirah hat den Namen EL. Dieser Gottesname steht für die Idee von Kraft oder Stärke (siehe Kapitel 3).

Im Rahmen dieses Modells ist Kraft oder Stärke dasselbe wie die Fähigkeit zu tun. Sie ist der Säule des Handelns zugeordnet und entspricht dem Zustand des Tuns, wie er sich im ontologischen Geist darstellt.

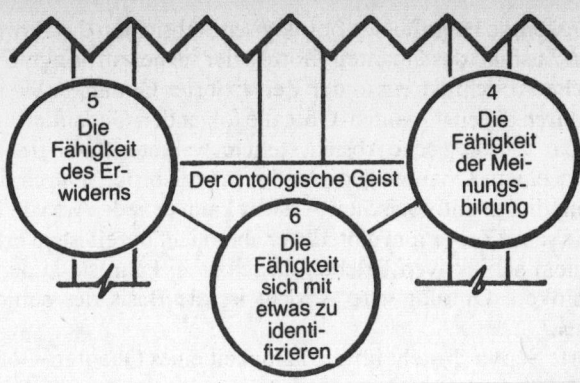

Diese erste Sephirah der Niederen steht für die Manifestation der Ausstrahlung von ABST (Tun) im Bereich von Raum und Zeit. Während die Höheren jenseits der Zeit (über dem Abgrund) liegen, trifft das für die Niederen nicht zu. In den Höheren ist eine ABST ein einmaliges Ereignis, unverbunden mit jedem anderen Ereignis, und hat keine Dauer. Jede ABST tritt in dem Moment auf, da sie vom Quanten-Gott ausgestrahlt wird, und verschwindet, wenn er aufhört, diese ABST zu haben. In der vierten Sephirah und allen folgenden Sephiroth jedoch hat eine ABST Dauer.

In der zweiten Sephirah bringt ein Quantum von Absichtlichkeit eine ABST hervor. In der vierten Sephirah wird der ersten ABST ein zusätzliches Quantum von Absichtlichkeit hinzugefügt. Diese zusätzliche ABST ist von der Absichtlichkeit, daß die erste ABST über ihren Schöpfungsmoment hinaus bestehen soll. »ABST« ist die Intention »Es ist«; »Absicht« ist die Absichtlichkeit »Es hat Dauer«. In der vierten Sephirah wandelt sich ABST in Absicht.

Im Bereich der Höheren (jenseits der Zeit) kann ein Quanten-Gott ABSTen beliebiger Anzahl und Art haben. Genauso kann ein Quanten-Gott in den Niederen jede beliebige Anzahl und Art von Absichten haben. In der Triade des ontologischen Geistes geht es jedoch um eine bestimmte Art von Absichten. Ontologische Absichten betreffen nicht die Dinge als solche. Eine ontologische Absicht ist mehr eine Feststellung darüber, wie etwas anzusehen ist. Es ist eine Einstellung, die den Standpunkt bildet für das Hervorbringen und Erfahren aller weiteren Absichten. Diese Einstellungen beeinflussen nicht die Dinge der materiellen Welt selbst, sondern die Art, wie ein Quanten-Gott sie sieht.

Wie die ABSTen von Zeit, Raum, Energie und Masse die Materie beeinflussen, so beeinflussen ontologische Absichten das Bewußtsein und den Zustand des Quanten-Gottes, der sie hervorbringt. Eine ontologische Absicht ist ein in der Zeit fixierter Gedanke. Sie ist eine Linse, durch die ein Quanten-Gott alle folgenden Gedanken und Gefühle sieht. Ontologische Absicht steht im wahrsten Sinne des Wortes zwischen einem Quanten-Gott und seinem Körper. Durch die Anwendung dieser ontologischen Absicht kann er jede Art von Mitteilung, die sein Körper ihm gibt, die er aber nicht bereit ist zu erfahren, aus seinem subjektiven Erleben ausschalten, kann sie ändern oder einschränken. Ontologische Absicht ist die Basis des subjektiven Denkens.

Die vierte Sephirah steht für die Fähigkeit eines Quanten-Gottes, einen Standpunkt zu beziehen, der dann zu seiner starren geistigen Einstellung in der Welt des Geistes wird.

Die fünfte Sephirah trägt den Namen ELOHIM GIBOR. Elohim steht für die Beziehung zwischen Quanten-Göttern. Gibor heißt Kraft oder Macht. Der Name deutet auf die Kraft oder die Auswirkung hin, die das Sich-auf-Andere-Beziehen auf einen Quanten-Gott hat. Da wir den Lebensbaum als Darstellung der Fähigkeiten eines Quanten-Gottes ansehen, weist die fünfte Sephirah auf die Fähigkeit eines Quanten-Gottes hin, sich durch das Medium der ontologischen Absicht auf einen anderen zu beziehen (die fünfte Sephirah kommt aus der vierten hervor).

Die fünfte Sephirah steht für die grundlegende Funktion jener Einstellungen, die in der vierten Sephirah angenommen werden. Da ein Quanten-Gott in Beziehung zu anderen Quanten-Göttern steht, ist er den Einflüssen, die Andere auf ihn ausüben, ausgesetzt. Nichts beeinflußt das Leben eines Individuums mehr als seine Beziehung zu Anderen. Andere sind sowohl die Quelle von Bewußtsein und Erfüllung als auch die Hauptgefahr für sein Wohlbefinden. Durch die Teilnahme am Leben Anderer schränkt der Quanten-Gott als allmächtiges Wesen sich ein. Er behält die Eigenschaft der Allmacht bei durch die Fähigkeit, bis zu einem gewissen Grade entscheiden zu können, wie er das Leben und Andere erleben will. Das tut er, indem er eine feste Einstellung dem gegenüber bezieht, was er erlebt. Diese Einstellungen haben die Tendenz, ihn von den Auswirkungen, die Andere auf sein Erleben haben, zu isolieren. Durch seine Einstellung eliminiert er aus seiner Aufmerksamkeit alles, was er nicht erfahren und aufnehmen will. Auf diese Weise behält er einen gewissen Grad der Allmacht bei.

Doch sind es gerade diese festen Einstellungen, die die Fähigkeit des

Quanten-Gottes, auf Andere zu reagieren, einschränken. Jede solche Haltung ist eine Erklärung: »Das will ich nicht denken oder fühlen«. Welchen Bereich der Beziehungen mit Anderen diese Einstellung auch immer betrifft, das Resultat ist, daß die Fähigkeit, in diesem Bereich zu denken und fühlen, eingeengt ist. Je mehr Einstellungen und Meinungen ein Quanten-Gott innerhalb seiner Charakterstruktur hat, um so mehr ist er getrennt von der direkten Erfahrung seines Körpers und damit von Anderen. Je mehr Meinungen er hat, um so mehr ist er in seiner Fähigkeit zu reagieren eingeschränkt.

Die sechste Sephirah trägt den Namen JHWH ELOHA VE DAATH. Eloha ist die weibliche Einzahlform des Namens Elohim und weist auf einen einzelnen Quanten-Gott hin. Ve Daath hat mit dem Erlangen und der Anwendung von Kenntnissen und Erfahrung zu tun. Diese Sephirah befindet sich auf der Säule des Seins im Bereich des ontologischen Geistes und steht für einen Seinszustand, der mit dem Verstand oder dem Denken identifiziert wird. Hier geht es um die Fähigkeit eines Quanten-Gottes, mit Hilfe des ontologischen Geistes wahrzunehmen und zu wirken, d. h. sich mit seinem Geist zu identifizieren und eins mit ihm zu werden.

Dion Fortune ordnet in *The Mystical Qabalah* der sechsten Sephirah den Titel TETRAGRAMMATON ELOHA VE DAATH zu und interpretiert ihn mit »Gott, sich in der Sphäre des Geistes manifestierend«.

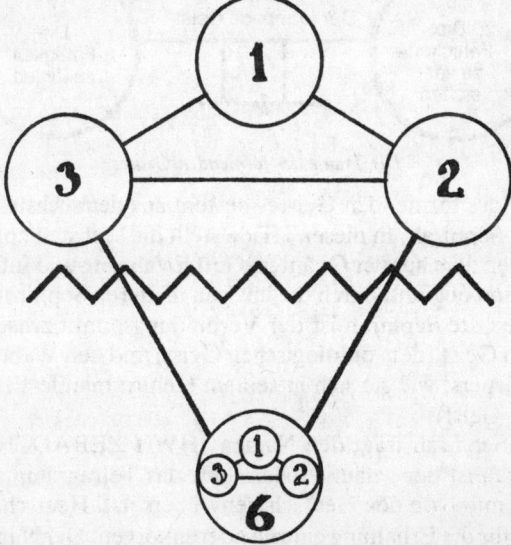

Von der sechsten Sephirah aus kann ein Quanten-Gott das, was er wahrnimmt, kontrollieren (durch die Meinungsbildung in der vierten Sephirah) und kann so seine Reaktion darauf kontrollieren (fünfte Sephirah). Die Triade des ontologischen Geistes wird von der sechsten Sephirah gelenkt, die die Fähigkeit des Quanten-Gottes darstellt, seine subjektive Wahrnehmung zu übermitteln, anzuwenden und zu kontrollieren.

Die sechste Sephirah ist auch die Spitze eines Dreiecks (mit Spitze nach unten), das sie mit der zweiten und dritten Sephirah verbindet. Dieses Dreieck verbindet die Höheren mit der sechsten Sephirah und überquert dabei den Abgrund wie keine andere Triade am Baum des Lebens. Das bedeutet für mich, daß die ersten drei Sephiroth in die sechste Sephirah integriert sind und hinter ihr liegen. Es deutet hin auf die Inkarnation eines Quanten-Gottes in die Zentralposition des Körper-Geist-Systems, von der aus alle folgenden Erfahrungen und Aktivitäten gelenkt und kontrolliert werden können.

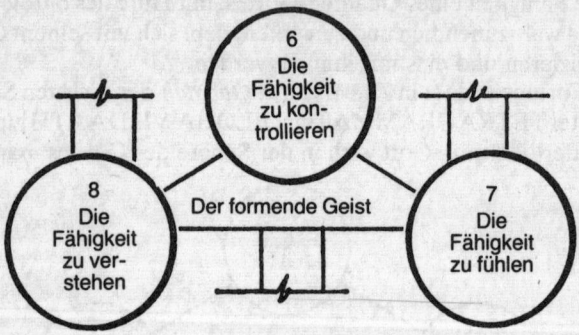

Die Triade des formenden Geistes

Die Triade des formenden Geistes besteht aus der sechsten, siebten und achten Sephirah. In dieser Triade stellt die sechste Sephirah den Platz dar, von dem aus der Quanten-Gott Erfahrung und Information aufnimmt und beginnt, durch die übrigen niederen Sephiroth zu wirken. Die sechste Sephirah ist der Verbindungspunkt zwischen dem subjektiven Geist (dem ontologischen Geist) und den Wahrnehmungen des Körpers, wie sie sich in seinem Gehirn manifestieren (dem formenden Geist).

Die siebte Sephirah trägt den Namen JHWH ZEBAOTH. JHWH oder Jehovah ist der geläufige Name für das Tetragrammaton. Zebaoth wird mit »von den Heerscharen« übersetzt. Heerscharen sind Kräfte, die für die Erhaltung eines Anderen sorgen. Der Name deutet auf eine Funktion, die die Erhaltung des schöpferischen Prozesses (Tetragrammaton) im Bereich des formenden Geistes unterstützt.

Die siebte Sephirah steht für die Fähigkeit eines Quanten-Gottes, durch die Umwandlung von Energie zu fühlen; er benutzt dazu seinen Körper. Sein Körper ermöglicht es ihm, mit der Energie der ihn umgebenden Welt in Verbindung zu treten. Da wir hier über den formenden Geist sprechen, beziehen wir uns in diesem Zusammenhang auf die subjektive Erfahrung der Gefühle eines Quanten-Gottes und seine Fähigkeit, sie zu beeinflussen.

Die achte Sephirah hat den Namen ELOHIM ZEBAOTH. Elohim ist wieder die Beziehung zwischen Quanten-Göttern. Zebaoth, wie wir schon von der vorherigen Sephirah wissen, bedeutet etwas, das die Existenz eines Anderen erhält. Dieser Name deutet auf eine Funktion des formenden Geistes, welche die Existenz von Beziehungen erhält. Hier geht es um Verstandestätigkeit, die Art und Weise, wie ein Quanten-Gott seine subjektiven Erfahrungen kontrolliert. Diese Sephirah steht also für die Fähigkeit eines Quanten-Gottes, sinnliche und gefühlsmäßige Erfahrungen in geistige Bilder oder Gedanken zu übertragen. Es ist die Fähigkeit, begrifflich zu denken oder Absicht und Erfahrung im Denken symbolisch darzustellen.

Die Fähigkeit zu verstehen ist verbunden mit der Fähigkeit der Meinungsbildung, für welche die vierte Sephirah der Triade des ontologischen Geistes steht. Der Unterschied ist der: Die vierte Sephirah deutet auf die Fähigkeit eines Quanten-Gottes, seinen Seinszustand (Ontologie) zu beeinflussen, indem er einen Standpunkt bezieht, von dem aus er seine Erfahrungen macht und auch reagiert. Die achte Sephirah deutet auf die Fähigkeit, von der Erfahrung geistige Bilder, Ideen und Gedanken, die auf der Einstellung (vierte Sephirah) basieren, zu abstrahieren. Ontologische Konzepte oder Einstellungen haben eine gewiße Starrheit und Dauer. Begriffe des formenden Geistes treten rasch auf und bilden die sich dauernd ändernde Gedankensprache des bewußten Verstandes, mit der wir alle vertraut sind. Gedanken sind nicht Erfahrungen der Wirklichkeit selbst. Es sind Abstraktionen von der Realität in der Form von gedanklichen Symbolen, die die Wirklichkeit beschreiben.

Die Triade der formenden Energie

Die siebte und achte Sephirah bildet auch die Basis einer anderen Triade, die ihre Spitze in der neunten Sephirah (Spitze nach unten) hat. Diese nenne ich die Triade der formenden Energie.

SCHADDAI EL CHAI ist der Name der neunten Sephirah. Übersetzt wird das als »Der Allmächtige«. El Chai ist einer der zusammengesetzten Gottesnamen; Samuel Bousky übersetzt ihn mit Lebenskraft (siehe drittes Kapitel). Lebenskraft ist das, was alle Dinge, einschließlich der sogenannten toten Dinge, erhält. In der Hindu-Philosophie wird es Prana oder Shakti oder auch Kundalini genannt. In den chinesischen Systemen heißt es Ch'i. Die Theosophen und Anthroposophen nennen es Äther (überpersönlich) oder Ätherleib (persönlich). In der westlichen Psychologie heißt es Libido (Freud), Psychische Energie (Jung), Orgon (Reich) und Bioenergie (Lowen).

Wie schon erklärt, entsteht Energie durch die Erwiderung der ABST der Trennung von Orten innerhalb der Raumsphäre. Energie füllt in diesem Stadium die gesamte Sphäre des Raumes aus. Die zusätzliche ABST der Masse erzeugt schließlich physische Materie im energiegefüllten Raum. Nahezu masselose Materie, im Zustand, den wir Energie nennen, erfüllt die gesamte Raumsphäre noch heute. Die neunte Sephirah steht für die Fähigkeit eines Quanten-Gottes, diese uns umgebende Energie in sich aufzunehmen und zu gebrauchen.

Die siebte und achte Sephirah in der Triade der formenden Energie repräsentieren die grundsätzlichen Arten, wie ein Quanten-Gott die Energie der neunten Sephirah polarisiert. Die Polarität ist die von positiv und negativ, von yin und yang, männlich und weiblich. Alle diese Paare sind enthalten in der grundsätzlichen Zweiteilung, die im formenden Geist subjektiv als Denken und Fühlen erlebt wird. Die neunte Sephirah aber ist jenseits des Geistes und hat keine ihr innewohnende Polarität. Die Energie der neunten Sephirah ist das Grundmaterial, aus dem Verstandestätigkeit und Formung bestehen. Aus dem Blickwinkel eines Quanten-Gottes, der sich mit seinem Geist identifiziert, scheint es, daß er sich aus verschiedenen Energieformen speist, die er aus der Nahrung und der Luft entnimmt. Was er mit seinem Geist nicht sieht, sind die fünf Sephiroth außerhalb seines Geistes – die ersten drei und die neunte und zehnte. Da er sich mit seinem Geist identifiziert, ist er sich all dessen nicht bewußt, was außerhalb des Geistes liegt.

Die neunte Sephirah liegt auf der Säule des Seins. Das weist auf die Fähigkeit eines Quanten-Gottes hin, sich mit Energie zu identifizieren. Befände er sich in dem Seinszustand, für den diese Sephirah steht, dann wäre er jenseits der Grenzen des Geistes und würde die Dinge als Energiewirkungen auf sich und sich als Energiewirkung auf die Welt und Andere erleben. Seine Gedanken und Gefühle würde er als Energiewandlungen wahrnehmen und nicht einfach als Dinge, die auf der mentalen Ebene geschehen.

Die zehnte Sephirah trägt den Namen ADONAI HA ARETZ oder auch ADONAI MELECH. In der kabbalistischen Literatur wird das einfach mit »Gott« übersetzt. Adonai ist eine Form des Titels »Herr«. Die Wurzel des Wortes Melech weist auf die Oberherrschaft oder Kontrolle über etwas hin.

Die Triade der endgültigen Körperform

Die zehnte Sephirah ist die Spitze eines großen gleichseitigen Dreiecks (Spitze nach unten), das von der siebten, achten und zehnten Sephirah gebildet wird. Dieses große Dreieck beinhaltet die Triade der formenden Energie. Ich nenne es die Triade der endgültigen Körperform.

Ziehen wir horizontale Linien durch die Sephiroth dieser Triade, so können wir drei Funktionsebenen unterscheiden. Die erste Ebene (die zehnte Sephirah) weist auf die Fähigkeit eines Quanten-Gottes hin, sich die Materie der physischen Welt einzuverleiben und sie in die Form seines physischen Körpers zu strukturieren.

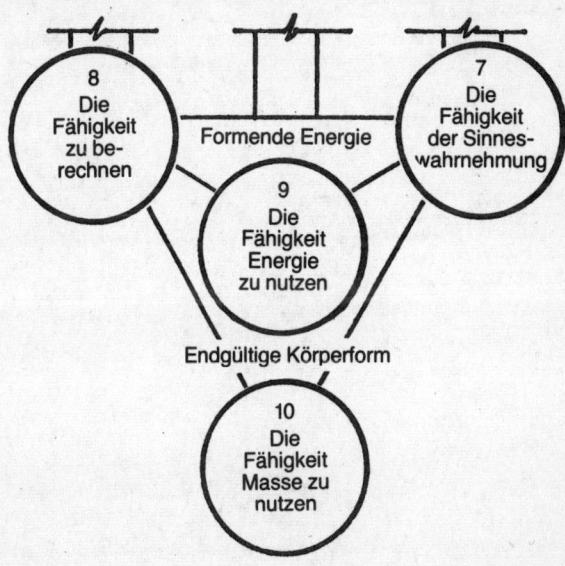

Die nächste Ebene enthält die neunte Sephirah. Hier geht es um die Fähigkeit eines Quanten-Gottes, jene Eigenschaft der Energie zu nutzen, die dem funktionellen Aspekt der Materie entspricht.

Die dritte Ebene schließt zwei Sephiroth ein. Die siebte Sephirah steht für die Fähigkeit eines Quanten-Gottes, Energie in Form von Gefühlen zu nutzen. Die achte Sephirah ist die Fähigkeit eines Quanten-Gottes, die Formaspekte der Masse, also Ideen, Bilder, Begriffe zu nutzen. Die siebte und achte Sephirah sind natürlich nur zwei Aspekte des gleichen Flusses von Masse-Energie durch die endgültige Körperform. Begriffe wirken als Strukturformen für Gefühle, Gefühle und Sinneswahrnehmungen sind die Inhalte des begrifflichen Denkens.

Die endgültige Körperform ist überlagert von der Triade der formenden Energie, die durch die gemeinsamen Sephiroth mit dem formenden Geist verbunden ist. Der formende Geist ist durch die sechste Sephirah mit der Triade des ontologischen Geistes verbunden. So stellt der Lebensbaum in der Welt der Fähigkeiten die Grundlagen und die Struktur für den Aufbau der Welten des Geistes und des Körpers.

Die Welt des Geistes

Die Bedeutung der Sephiroth und der Pfade

Die Welt des Geistes leitet sich von BRIAH ab, der »Erzengel-Welt der Schöpfung«. Die Sephiroth in BRIAH tragen die Namen von zehn Erzengeln. Erzengel sind die persönlichen Boten Gottes oder auch so etwas wie seine »Vorarbeiter«. Durch das Wirken seiner Erzengel schafft, erfährt und kontrolliert Gott sein Universum.

Es steht geschrieben, daß nur Gott und der Mensch mit Willen begabt sind, der Fähigkeit, etwas zu beabsichtigen. Erzengel und Engel haben keinen Eigenwillen. Sie können nur die Absichten Gottes ausführen. Das scheint mir darauf hinzuweisen, daß Erzengel und Engel personifizerte Aspekte eines Quanten-Gottes sind und nicht Individuen.

Im Modell der Psychometaphysik stellen Erzengel die zehn Grundarten dar, wie ein Quanten-Gott seine persönliche Realität, seinen subjektiven Geist, schafft, erfährt und kontrolliert. Diese Aspekte sind die Strukturen (BRIAH entspricht dem zweiten Buchstaben des Tetragrammaton, dem »Heh«, der Eigenschaft der Struktur), durch die ein Quanten-Gott seine ABSTen formt.

Die Welt der Fähigkeiten beschreibt zehn Grundkategorien von ABSTen. Die Welt des Geistes beschreibt zehn Grundarten, wie ein Quanten-Gott seine ABSTen formt. Diese Strukturen werden sein subjektiver Geist. Die Welt des Geistes ist eine Darstellung der persönlichen Psychologie eines individuellen Quanten-Gottes. Psychologie kommt von dem Wort Psyche, das Seele heißt. Der Quanten-Gott ist ursprüngliches Bewußtsein, sein Geist ist seine Seele.

Die Welt der Fähigkeiten gibt zu verstehen, daß alle Quanten-Götter gleiche Grundfähigkeiten haben. Alle Quanten-Götter sind in ihrem Wesen funktional identisch. Gleichzeitig ist aber jeder Quanten-Gott in der Art, wie er diese Fähigkeiten auswählt und strukturiert, einmalig. Obwohl das Zusammenspiel dieser Funktionsweisen bei jedem Individuum einzigartig ist, lassen sie sich auf der Ebene des Geistes doch Kategorien zuordnen.

Um die zehn Grundfunktionsweisen des Geistes mit den zehn Sephiroth der Welt des Geistes in Beziehung setzen zu können, habe ich die astrologischen Symbole gewählt, die den Sephiroth der Welt von ASSIAH zugeordnet sind. ASSIAH ist die Welt der Materie. Im Modell der Psychometaphysik ist Materie in bezug auf das Wesen der Quanten-Götter, die sie hervorbringen (durch Erwidern ihrer jeweiligen ABSTen), eine psychologische Funktion. Ich glaube, daß die Symbole von ASSIAH sich nicht auf die Materie selbst beziehen, sondern auf die subjektive Art und Weise, Materie anzusehen. Und genau das ist es, worum es bei der Welt des Geistes geht. Die Welt des Geistes befaßt sich mit der persönlichen und subjektiven Art und Weise, wie ein Quanten-Gott Materie und Andere erfährt. Sein Verhalten basiert auf diesen Wahrnehmungen und manifestiert sich in Verhaltensformen und Reaktionen.

Wenn ich die Symbole von ASSIAH verwende, um die Bedeutung der zehn Sephiroth in BRIAH zu erklären, so gehe ich dabei von folgenden Annahmen aus: 1. Es besteht eine direkte Verbindung zwischen den jeweiligen Bedeutungen einer Sephirah in allen vier Welten. Das heißt z. B., daß es eine Übereinstimmung der Bedeutung der siebten Sephirah in BRIAH gibt mit der Bedeutung der siebten Sephirah in ATZILUTH, YETZIRAH und ASSIAH. 2. Wer immer die astrologischen Symbole (die mindestens so alt sind wie die symbolische Kabbalah) ihren Sephiroth zugeordnet hat, muß die Bedeutung des kabbalistischen Systems gekannt haben. 3. Die Symbole von AS-SIAH haben eine Bedeutung, die man durch Kontemplation der Symbole selbst erschließen kann, ohne sich auf die umfangreichen astrologischen Kommentare zu ihnen stützen zu müssen.

Die planetarischen Symbole, die ASSIAH zugeordnet sind, sind Ursymbole. In einem bestimmten Zusammenhang gesehen, läßt sich die Bedeutung dieser Symbole unmittelbar erkennen. Der Zusammenhang ist dieser: Jedes Symbol steht für eine spezifische Funktionsweise im Bereich des subjektiven Bewußtseins.

Die planetarischen Symbole

Alle planetarischen Symbole der Astrologie sind aus folgenden sechs Grundkomponenten zusammengesetzt:

> Der Punkt steht für das Selbst oder einen Quanten-Gott im Urzustand des Bewußtseins. Der Punkt ist Quelle aller graphischen Darstellung, da alle graphischen Formen als Orte von Punkten oder als Wirkung eines Punktes beschrieben werden können. Hier stellt der Punkt reines Sein dar.

Der Kreis ist ein ausgedehnter Punkt. Er steht für die in alle Richtungen wirkende Aktivität oder die äußere Manifestation von Sein. In bezug auf das Bewußtsein stellt er die Bewußtheit eines individuellen Quanten-Gottes dar.

 Der Halbmond steht für Aufnahmefähigkeit oder die Übermittlung von Energie oder Information.

 Der Pfeil deutet auf Bewegung, Schöpferkraft, Aggressivität oder Reaktion.

— Die horizontale Linie ist weiblich und passiv.

| Die vertikale Linie ist männlich und aktiv.

 Das Kreuz vereint männlich und weiblich. Es stellt den resultierenden Ausgleich oder die Stabilität ihrer vereinten Manifestation dar.

Jedes planetarische Symbol kann man nun gemäß den Komponenten, aus denen es besteht, interpretieren. Lesen wir sie aus der Sicht ihrer psychologischen Funktionen.

 Das Symbol für den Tierkreis stellt eine Beziehung zwischen Quanten-Göttern dar.

Das Symbol des Planeten Saturn. Das Selbst steht fest (Kreuz) über dem Halbmond. In diesem Fall ist der Halbmond mit der aktiven, männlichen, vertikalen Linie verbunden. Dies deutet auf eine Übertragung von Energie oder Information unter der Kontrolle des Selbst. Daß das Selbst über dem Halbmond steht, deutet seine beherrschende Position an.
Das Fehlen eines Kreises in diesem Symbol weist darauf hin, daß es sich hier um einen unterbewußten Vorgang handelt (der Kreis bedeutet Bewußtheit). Das Symbol ist eine ausgezeichnete Darstel-

lung des Prozesses der Ausstrahlung einer ABST, die normalerweise unbewußt vor sich geht. Es steht für die Idee des Tuns und Erschaffens im Bereich der ABST.

 Das Symbol des Planeten Jupiter. Der Halbmond ist mit der weiblichen, passiven Linie verbunden und deutet auf die Aufnahmefähigkeit auf dieser Ebene (horizontale Aufnahmefähigkeit deutet auf Austausch von Energie oder Information zwischen einem Quanten-Gott und einem anderen). Daß auch hier kein Kreis vorhanden ist, weist wieder auf einen unterbewußten Vorgang hin. Das Selbst steht fest (Kreuz) auf einem Standpunkt, von dem aus es Information von anderen empfängt. Psychologisch ist es eine gute Darstellung einer festen Einstellung.

 Das Symbol des Planeten Mars. Es steht für den Ausdruck der Bewußtheit oder das auf Bewußtheit basierende Wirken. Es stellt die Fähigkeit zu reagieren dar.

 Das Symbol der Sonne. Der Punkt (das Selbst) im Kreis (Bewußtheit) deutet auf einen flexiblen (kein Kreuz) Zustand des Gewahrseins. Es zeigt das Selbst, das seiner eigenen Schöpfung innewohnt, so wie ein Quanten-Gott der Struktur seines Geistes innewohnt.

 Das Symbol des Planeten Merkur. Aufnahmefähigkeit (Halbmond) geht von oder über Bewußtheit (Kreis) in die Festigkeit (Kreuz) über. Das Symbol zeigt den Prozeß von Wahrnehmung, Erkennen und im Gedächtnis behalten. Es zeigt recht gut den Prozeß des begrifflichen Denkens.

 Das Symbol des Planeten Venus. Es ähnelt dem Symbol des Merkur, aber ihm fehlt der empfangende Halbmond. Das deutet auf Bewußtheit hin, die aus einer inneren Quelle kommt, aus dem Inne-

ren des Körper-Geist-Systems, und die im begrifflichen Denken festgestellt wird. Es ist eine gute Darstellung des Erkennens von Sinneswahrnehmungen und Gefühlen, die ja vom Inneren des Körper-Geist-Systems her wahrgenommen werden.

Das Symbol des Mondes. Es stellt die nicht-begriffliche und ungeformte Übertragung oder Aufnahme von Energie oder Information unter der Bewußtheitsschwelle dar. Der Mond reflektiert das Licht der Sonne, und so deutet dieses Symbol für mich auf einen Energiezustand hin, so wie die Sonne einen Seinszustand darstellt.

Das Symbol der Erde. Das Kreuz im Kreis verbirgt den Punkt in der Mitte. Das Symbol stellt das Selbst dar, das sich mit dem identifiziert (und darin feststeht), was ihm von seinem Körper-Geist-System bewußt ist. Es ist eine gute Darstellung der Charakterstruktur oder der Persönlichkeit.

Dies sind die den zehn Sephiroth in ASSIAH zugeordneten planetarischen Symbole. Wir können jetzt den Grundgedanken eines jeden Symbols der entsprechenden Position am Lebensbaum in der Welt des Geistes zuordnen.
Der Leser wird feststellen, daß im Vergleich zur Welt der Fähigkeiten die zweite und dritte Sephirah hier ausgetauscht scheinen. Der Grund ist, daß wir den Sephiroth hier ihre astrologischen Symbole von ASSIAH zuordnen und nicht die Gottesnamen wie in der Welt der Fähigkeiten (siehe Kapitel 3).
Da wir uns in der Welt des Geistes mit der Eigenschaft der Struktur auseinandersetzen, ist es nun angebracht, die Pfade zu beschreiben, die die Sephiroth verbinden. Sie bilden die Struktur, in der die Sephiroth ihren Platz haben. Jedem der zweiundzwanzig Pfade ist ein astrologisches Symbol zugeordnet. Zehn der Pfade haben planetarische Symbole (Neptun, Uranus und Pluto nehmen die Plätze des Punktes, des Tierkreises und der Erde ein), und die zwölf Zeichen des Tierkreises sind den verbleibenden zwölf Pfaden zugeordnet.
Die Symbole der Tierkreiszeichen sind keine Ursymbole wie die planetarischen Symbole. Sie sind definiert durch die umfangreiche My-

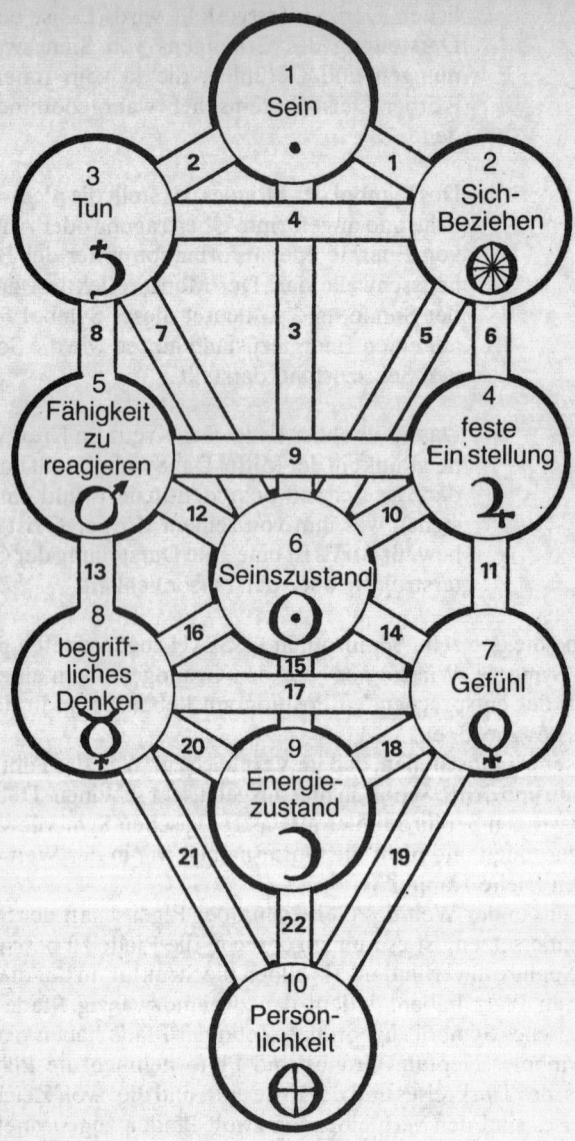

Die Welt des Körpers

thologie und die Kommentare, die es über ihre Bedeutung gibt. Um
die Sache zu vereinfachen, habe ich die Grundgedanken gewählt, die
C. C. Zain ihnen in seinem Buch *Sacred Tarot* zugeordnet hat.

Widder	Ich bin
Stier	Ich habe
Zwillinge	Ich denke
Krebs	Ich fühle
Löwe	Ich will
Jungfrau	Ich analysiere
Waage	Ich gleiche aus
Skorpion	Ich wünsche
Schütze	Ich sehe
Steinbock	Ich verwende
Wassermann	Ich weiß
Fische	Ich glaube

Die Bedeutung jedes Pfades ergibt sich grundsätzlich aus den beiden
Sephiroth, die er verbindet, und der Bedeutung der astrologischen
Symbole, die den Pfaden zugeordnet sind. Die hebräischen Buchstaben, die Tarotkarten sowie andere ihnen zugeordnete Vorstellungen
kommen hier erst in zweiter Linie, als ergänzende Hinweise, in Be-
tracht. Außerdem finden wir in der Welt der Fähigkeiten, in den
Übersetzungen der Erzengel-Namen in BRIAH, den Übersetzungen
der Titel der Sephiroth und den Entsprechungen der Sephiroth im
Sepher Yetzirah Hinweise auf die Bedeutung der Pfade.

Die Triade der Höheren

Wie in der Welt der Fähigkeiten sind die Höheren die Quelle der verbleibenden sieben Sephiroth. Da sie jenseits des Abgrundes sind, sind
sie nicht tatsächlich im Geist enthalten. Die Höheren wirken durch
die Niederen, und die letzteren spiegeln die ersteren wider. Wir werden die Höheren so beschreiben, wie sie vom Geist (dargestellt durch
die sieben Niederen) erfahren werden.
Die Welt der Fähigkeiten ist eine Beschreibung des Wesens eines
Quanten-Gottes aus der Sicht der ersten Sephirah: SEIN. Die Welt
des Geistes ist eine Beschreibung des Wesens eines Quanten-Gottes
aus der Sicht der sechsten Sephirah. Die sechste Sephirah nimmt die
zweite Position von oben auf der Säule des Seins ein. Diese Stellung

entspricht dem zweiten Buchstaben des Tetragrammaton, der für die Eigenschaft der Struktur steht. Und tatsächlich ist dies ja auch die Bedeutung der Welt des Geistes. Die erste Sephirah der Niederen ist die vierte: Feste Einstellung. Die Höheren werden in der Welt des Geistes deshalb so beschrieben, wie sie in bezug auf feste Einstellung erscheinen.

Die erste Sephirah: Sein

Benennung aller Sephiroth auf Platz 1	Kether, Krone
Yetziratische Benennung	Die verborgene Intelligenz
Erzengel	Metatron, der Engel der Gegenwart
Symbol in ASSIAH	Punkt oder Wirbel

Wie der Name des Erzengels andeutet, ist diese Sephirah eine Darstellung des Seins eines Quanten-Gottes im Bereich des Geistes. Die Gegenwart des Selbst, wie sie vom Geist erfahren wird, ist nicht das wirkliche Selbst, sondern sein geistiges Abbild – eine Meinung oder Einstellung in bezug auf das Selbst. Der Geist arbeitet mit geistigen Bildern, die wirkliche Dinge darstellen, die jedoch gleichzeitig deren unmittelbare Erfahrung blockieren. Jedes geistige Bild, das aus einer Einstellung gegenüber dem Selbst entsteht, hindert das Individuum daran, das Selbst direkt zu erfahren.

Jede Meinung oder Einstellung zum Selbst, unabhängig davon, wie genau sie sein mag, spiegelt nur wider, wie wir uns entschieden haben, das Selbst aus der Sicht des Geistes zu erfahren. Für den Geist ist es, schon seinem Wesen nach, unmöglich, ein Abbild zu schaffen, welches das Selbst ersetzen oder auch nur treffend beschreiben könnte. Das Selbst besteht jenseits aller Ansichten, Einstellungen, Meinungen und den damit verbundenen Bildern. Wie im dritten Teil noch beschrieben wird, muß man sich von jeglicher Verstandestätigkeit lösen, um das eigene Selbst direkt zu erfahren (Erleuchtung zu erlangen).

Die heute anerkannten religiösen und wissenschaftlichen Philosophien, die in die geistigen Einstellungen der Individuen eingegangen sind, zeigen deutlich genug, welche Ansichten über das Selbst heute verbreitet sind. Während Psychologen und Psychiater oft die Bedeutung religiösen Glaubens für die Persönlichkeit des Individuums herunterspielen, scheint er mir die Grundansicht zu sein, auf der die anderen Einstellungen des Bewußtseins basieren. Religiöser Glaube beinhaltet alle Ansichten des Individuums über die ersten Beweggründe, welche sein persönliches kosmologisches Modell oder seine Weltanschauung ausmachen.

In diesem Sinn sind wissenschaftliche oder atheistische Glaubenssysteme ebenfalls religiöser Natur.

Die gängigen Auslegungen der religiösen Kosmologien von Judentum, Christentum, Hinduismus, Buddhismus, Islam, Taoismus und vielen anderen Religionen haben einen Grundglauben gemeinsam. Dieser Glaube besagt, daß das Individuum nicht unabhängig existiert, sondern eine Schöpfung einer allmächtigen Kraft ist, ein Geschöpf Gottes, der mit vielen verschiedenen Namen benannt wird. Der Glaube an einen einzigen Gott, der die Welt und alle Individuen darin schafft, hat einige interessante Konsequenzen.

Erstens beinhaltet er, daß wir nicht die Quelle dessen sind, was wir tun und was uns in der Welt geschieht, und er führt zum Glauben an ein Schicksal oder »Gottes Wille«. Diese Haltung kann zur Resignation führen und uns viel von dem Ansporn, unser Leben zu verbessern, wegnehmen. Damit einher geht der häufig unbewußte Glaube, daß wir, im tiefsten Sinne, für unsere Taten nicht verantwortlich sind. Gott ist verantwortlich. Ein Individuum mit dieser Einstellung kann nie wirklich die Verantwortung für sich übernehmen, wenn es auch in der von der Allgemeinheit akzeptierten Art und Weise verantwortungsbewußt erscheinen mag.

Zweitens wird ein Mensch, der sich dem Glauben an einen einzigen Gott ergibt, sein Leben kaum so erfahren, als hätte es einen endgültigen Sinn und Zweck. Warum sollte ein einziger Gott die Welt erschaffen? Ist das Leben nicht ein Spiel Gottes, das er mit sich selbst spielt? Was ist sein Sinn und Zweck? Da der Glaube an einen alleinigen Gott die Sinnlosigkeit des Universums beinhaltet, führt dies leicht zu der Einstellung, daß es für den Menschen unmöglich ist, den Sinn des Lebens zu erfassen. So befreit sich das Individuum von der Last der Verantwortung, sein Leben selbst zu bestimmen. Mit der Einstellung, daß es letztlich nichts wissen kann, wird es ihm auch nie in den Sinn kommen, seinen Glauben in Frage zu stellen.

Drittens führt der Glaube an einen einzigen Gott zu der Annahme, daß es kein wirkliches Selbst, keinen Quanten-Gott gibt. Auch wenn ein Mensch in einer Art von Erleuchtung zu unmittelbarer Erfahrung durchbricht und sich erfährt, wie er in der Negativen Existenz ist, allein und formlos, so wird es ihm mit dieser Einstellung doch nicht möglich sein, sein wahres Wesen als Quanten-Gott zu begreifen. Er wird, wenn er auf seine Erfahrung zurückschaut, zwar sein Eins-sein mit Gott und der Welt bestätigen, wird aber leugnen, daß er selbst Gott ist. Wer an einen einzigen Gott glaubt, kann sich nicht einmal vorstellen, daß es individuelle Götter geben mag und daß er einer von diesen ist. Ihm käme gar nicht erst der Gedanke. Deshalb muß Erleuchtung von der Reinigung des Verstandes von allen festen Einstellungen begleitet sein. Daß dies vorher nicht geschehen war, ist der Grund dafür, daß einige Menschen, die spontane Erleuchtungserlebnisse hatten, in Anstalten eingeliefert wurden oder sich vor Anderen in Klöstern verstecken mußten. Um die Erleuchtungserfahrung in den Erfahrungsbereich des täglichen Lebens integrieren zu können, muß das Bewußtsein so flexibel wie möglich sein. Geisteshaltungen sollten auf direkter Erfahrung basieren, statt zu versuchen, unmittelbare Erfahrung in die bereits bestehenden festen Meinungen und Einstellung des Verstandes zu pressen.

Eine der weitverbreiteten Annahmen über das Selbst ist, daß es einfach ein Produkt des Prozesses der natürlichen Auslese ist, ein komplexer Mechanismus von Reiz und Reaktion oder auch ein geistiges Konstrukt, das sich aus sozialen Einflüssen ergibt. Diese Annahmen setzen voraus, daß alle spirituell orientierten Haltungen nur geistige Konstrukte sind, und daß es unabhängig von den animalischen Funktionen des Körpers kein wahres Selbst gibt. Ein Mensch, der sich einem solchen Glaubenssystem verschrieben hat, wird sich schwerlich etwas anderes auch nur vorstellen können, da seine Annahmen das Erleben anderer Möglichkeiten blockieren. Er wird alle sogenannten spirituellen Aspekte seiner selbst und anderer als Funktionen des Gehirns erklären. Eine Meinung oder eine Einstellung zum Selbst ist ein mentales Programm, das die Tatsache der Existenz des Programmierers verbirgt. Wenn ein Mensch sich erst einmal selbst in seinen Komputer programmiert hat (indem er sich mit einem Glaubenssystem identifiziert hat), ist er für seine eigene unmittelbare Erfahrung verloren.

Die zweite Sephirah: Sich-Beziehen

Benennung aller Sephiroth auf Platz 2	Chochmah, Weisheit
Yetziratische Benennung	Die erleuchtende Intelligenz
Erzengel	Ratziel, der Vorbote Gottes
Symbol in ASSIAH	Der Tierkreis

Das Symbol des Tierkreises stellt eine Beziehung zwischen Göttern dar. Ich glaube, das entspricht der Bedeutung des Gottesnamens Jehovah Elohim, der in ATZILUTH der dritten Sephirah zugeordnet wurde. Die Existenz (positive Existenz) eines Quanten-Gottes ist von der Existenz Anderer abhängig. Ohne die Existenz Anderer gäbe es keine Individualität, kein Bewußtsein (in der Psychometaphysik definiert als der Grundzustand, der als Resultat einer Kommunikation auf ABST-Ebene entsteht) und keine Schöpfung (die ja tatsächlich eine gemeinsame Schöpfung ist). Das ist genauso eine Tatsache der täglichen menschlichen Existenz, wie es ein metaphysisches Axiom ist.

Einstellungen und Meinungen über Andere und die eigene Beziehung zu ihnen werden im Geist an die Stelle des tatsächlichen Erlebens Anderer gesetzt. Ein Individuum, das seine grundsätzliche Abhängigkeit von Anderen nicht erfahren will, wird sich eine Einstellung aneignen, die ihm den Bezugsrahmen liefert, in dem es sich selbst als total unabhängig erleben kann. Die Grundhaltung, auf der eine solche Einstellung beruht, ist der Glaube an einen einzigen Gott außerhalb unserer selbst. Das führt zu folgenden Schlüssen: a) es gibt keinen »Anderen« (sie sind alle Teile Gottes); b) Andere sind nur Vorstellungen, Hervorbringungen des Geistes, und sind deshalb kontrollierbar wie Gedanken; c) menschliche Beziehungen kommen nach Arbeit, Pflichterfüllung, Religion und Patriotismus etwa auch auf dieser Position in der Rangordnung der Wichtigkeit.

Der Glaube, daß Andere bloß ein Mechanismus von Reiz und Reaktion sind oder ein geistiges Konstrukt, das sich aus sozialen Einflüssen ergibt, hat ähnliche Folgen. Der Lebenszweck muß – solchen Ansichten gemäß – im Überleben, im Wettbewerb und im Machtstreben liegen, statt in der Kontaktaufnahme mit dem Gott im Anderen.

Die dritte Sephirah: Tun

Benennung aller Sephiroth auf Platz 3	Binah, Verstehen
Yetziratische Bedeutung	Die heiligende Intelligenz
Erzengel	Tzaphkiel, die Kontemplation Gottes
Symbol in ASSIAH	Saturn

Wiederum scheint ein Vertauschen der Symbole der zweiten und dritten Sephirah geboten zu sein: Weisheit (die zweite Sephirah), die Eigenschaft, die ein Individuum hat, paßt gut zur Idee des *individuell* Handelnden (symbolisiert durch Saturn). Verstehen (die dritte Sephirah), das, was zwischen zwei oder mehr Individuen stattfindet, paßt zur Idee der *Beziehungen* (symbolisiert durch den Tierkreis). Obwohl ein Quanten-Gott für seine Existenz von Anderen abhängig ist, ist er doch voll verantwortlich für alles, was er hervorbringt, sowohl für sich als für Andere. Ein Quanten-Gott tut alles durch seine Absicht, denn es ist seine Absichtlichkeit (ABST), durch die er wirkt. Das trifft auch für alltägliche menschliche Handlungen zu. Obwohl wir alle Einstellungen und Ansichten haben, die uns nicht voll zu Bewußtsein kommen lassen, wie weitgehend wir für das, was wir tun, und für das, was »uns geschieht«, verantwortlich sind, tragen wir doch alle grundsätzlich die volle Verantwortung.

Die Ebene, auf der wir alle für unsere Taten voll verantwortlich sind, ist die Ebene des Selbst. Diese Ebene ist normalerweise unterbewußt, da wir alle unsere Meinungen darüber haben, wer oder was etwas verursacht und ob eine Handlung absichtlich ist oder nicht. Die beiden extremen Positionen sind dabei: a) Gott, die Gesellschaft oder das Schicksal sind die Grundursache für alles, und niemand ist letztlich verantwortlich dafür, daß durch seine Absicht etwas geschieht; b) man ist voll verantwortlich und muß deshalb die Bürde seiner Handlungen und die Strafe dafür tragen. Auch wenn man akzeptiert, daß man für sein Sein in der Welt verantwortlich ist, hält man sich doch für unfähig, die Dinge zu ändern, da man sich mit seinem Bewußtsein und nicht mit seinem Selbst identifiziert.

Ein Mensch mit einem gewissen Grad von Selbsterkenntnis weiß, daß er der Handelnde ist. Er selbst bringt seine geistigen Programme hervor, seine persönliche Fassade, und wenn er tief genug sieht, kann er sogar wahrnehmen, daß er selbst das hervorbringt, was ihm geschieht oder »zufällt«. Macht er diese Tatsache aber zu seiner Grundhaltung, kann das dazu führen, daß er sich *allein* als verantwortlich ansieht. Das Universum ist aber eine gemeinsame Schöpfung, und jedes Ereignis ist das Ergebnis der Absichtlichkeit aller daran Beteiligten. Ohne das Korrektiv des alltäglichen Lebens kann Erleuchtung dazu führen, daß ein Individuum meint, er sei Gott, der einzige Gott. Solch ein Erlebnis kann zum Größenwahn führen, der Annahme, es gäbe nur einen Handelnden, und das sei die eigene Person. Das unmittelbare Erleben eines Anderen vertreibt sofort die Vorstellung eines Individuums, Göttlichkeit sei eine exklusive Eigenschaft seiner selbst. Was das Schicksal oder den Zufall angeht, so liegen Ursachen und Ablauf eines Geschehens ganz in der Verantwortung der daran Beteiligten. Kein Diktator und keine Regierung der Welt können jemanden, der mit seinem innersten Selbst Kontakt hat, zu etwas zwingen. Es ist das System unseres Glaubens, das es uns ermöglicht, die Verantwortung für unser Handeln abzugeben und gleichzeitig unsere persönliche Macht an Andere oder das Schicksal zu verschenken. Unsere ureigenen Absichten sind die Ursachen, nicht unsere geistigen Programme darüber. Es gibt keine Zufälle. Es gibt kein Schicksal. Diese Vorstellungen sind geistige Einstellungen, die uns eine zeitweilige Flucht vor der Tatsache erlauben, daß wir, auf einer sehr tiefen Ebene, vom Leben genau das bekommen, was wir wollen.

Pfad Nummer 1; Das Selbst und Andere

Der erste Pfad verbindet die Sephirah des Seins (erste Sephirah) mit der Sephirah des Sich-Beziehens (zweite Sephira). Ihm sind der Buchstabe *Aleph* zugeordnet; die erste Tarotkarte: Der Narr (Zahl Null); sowie der Planet Uranus.

Das Symbol des Uranus deutet auf eine Kommunikation hin, die jenseits der Ebene der Bewußtheit stattfindet. Die Kommunikation ist die der gegenseitigen Ausstrahlung von ABSTen von zwei oder mehr Quanten-Göttern.

Aleph hat keinen Eigenlaut im Hebräischen, sondern ist ein Ausatmen und deutet auf das, was in den Schriften das »Wort Gottes« heißt. So ist es auch eine gute Darstellung des Hervorbringens einer ABST, der fundamentalen schöpferischen Tätigkeit eines Quanten-Gottes.

Die Tarotkarte »Der Narr« scheint mir auf das Geheimnis der Existenz des Selbst zu deuten. Obwohl das Selbst in bezug auf Andere existiert, kann es von diesen nicht erkannt werden, außer durch das, was es in Beziehung zu diesen Anderen tut. Würde das Selbst oder der Quanten-Gott keine ABSTen mehr ausstrahlen, würde er – für Andere – aufhören zu existieren. Das Selbst existiert also und existiert auch nicht, je nachdem, wie wir es ansehen. Begrifflich kann man diese gegensätzlichen Ansichten nicht gleichzeitig haben.

Alle geistigen Einstellungen basieren auf einem Aspekt der Wahrheit. Da sie aber Ansichten sind und nicht die unmittelbaren Erlebnisse, verzerren sie die Wahrheit gleichzeitig. Die Meinung, das Selbst sei ein Produkt der sozialen Bedingungen, unter denen wir leben, ist in gewisser Weise richtig. Die Meinung, das Selbst existiere separat von der Beziehung zu Anderen, ist ebenfalls in gewisser Weise richtig. Allerdings widersprechen sich beide Meinungen, während es in der Wahrheit selbst keine Widersprüche gibt.

Der zweite Pfad verbindet die Sephirah des Seins (erste Sephirah) mit der Sephirah des Tuns (dritte Sephirah). Er trägt den Buchstaben *Bet*, und ihm sind die Tarotkarte »Der Magier« und der Planet Merkur zugeordnet.

Das Symbol des Merkur deutet auf den Prozeß des begrifflichen Denkens. Auf dieser Ebene stellt es jedoch die Basis des begrifflichen Denkens dar, das Ausstrahlen von ABSTen. ABST, wiederum, ist ein Quantum einer spezifischen Absichtlichkeit. Ein Quanten-Gott »er-denkt« die Dinge um ihn herum, indem er die ABST hat, daß sie existieren. Es gibt in unserer Sprache kein Wort, das diesen Vorgang bezeichnet, außer dem der Schöpfung. Auf der mentalen Ebene kommt das Wort »erdenken« dem Sachverhalt am nächsten.

Durch das Ausstrahlen von ABSTen handelt ein Quanten-Gott oder schafft er Dinge. Aus der Sicht des Geistes scheinen sich die Dinge, die er durch ABST hervorbringt, auf magische Weise zu manifestieren. Gedanken und Gefühle scheinen wie dahergezaubert aus dem Nichts zu entstehen, ohne daß sich das Individuum dessen bewußt wird, daß es sie beabsichtigt hat. Die Karte des Magiers stellt dieses scheinbar magische Geschehen dar. Der Magier hat einen Tisch vor sich. Auf dem Tisch sind vier Werkzeuge, mit denen er seine »Magie« ausführt. Das Zepter oder der Stab, einen Becher oder Kelch, eine Münze oder runde Scheibe und ein Messer oder Dolch. Sie repräsentieren die vier Aspekte des Tetragrammaton (Energie, Struktur, Bewegung und Form). Es ist ein Bild des Selbst und seiner Fähigkeiten im Bereich der ABSTen. Alles, was der Magier tut, wirkt er durch seine Absichtlichkeit.

Pfad Nummer 4; Die Energie des Sich-Beziehens

Der vierte Weg verbindet die Sephirah des Sich-Beziehens (zweite Sephirah) mit der Sephirah des Tuns (dritte Sephirah). Ihm ist der Buchstabe *Dallet* zugeordnet, sowie die Tarotkarte »Die Herrscherin« und der Planet Venus.

Das Symbol für Venus deutet auf eine Bewußtheit hin, die aus dem eigenen Inneren aufsteigt. Auf dieser Ebene deutet es auf den Einfluß, den der Austausch von ABSTen auf das Individuum hat. Auf der Körper-Geist-Ebene manifestiert sich dieser Austausch als Gefühle und Emotionen.

Auch die Herrscherin im Tarot stellt die innere Kraft oder den Einfluß dar, den wir auf Andere und sie auf uns haben. In der Welt manifestiert sich das als Kraft der Emotionen, dargestellt durch die Frau hinter dem Thron, eine archetypische Darstellung der unsichtbaren Kraft der Beziehung.

Die entsprechenden Einstellungen im Geist bewegen sich zwischen den beiden Extremen Abhängigkeit und Unabhängigkeit. Die Einstellung, daß man von Anderen unabhängig ist, gibt einem das Gefühl der Unverwundbarkeit. Die Einstellung, daß man von Anderen abhängig ist, erzeugt das Gefühl der Verletzbarkeit. Beide sind wahr oder keine von beiden ist wahr.

Wie im Kapitel über Erleuchtung noch ausgeführt wird, ist eine der üblichsten Methoden, Erleuchtung zu erlangen, die, sich von Anderen und deren Einflüssen zu isolieren. Das heißt, man bewegt sich auf dem vierten Weg in Richtung auf das individuelle Alleinsein. Es ist ein Sich-Zurückziehen aus dem Leben und den Beziehungen mit Anderen. Im Zustand des Alleinseins kann man mit der schöpferischen Tätigkeit, die man selbst ist, in Berührung kommen und die grenzenlosen Möglichkeiten und Fähigkeiten des Selbst erfahren. In der Gegenrichtung jedoch, wenn man zurückkehrt ins Leben und zu den Beziehungen mit Anderen, findet man, daß die schöpferische Fähigkeit des Individuums durch die schöpferische Fähigkeit aller Anderen eingegrenzt wird. Allein ist man Gott. In Beziehung zu Anderen Mensch.

Die Pfade, die den Abgrund überqueren

Der vierte Pfad vervollständigt die Triade der Höheren. Die Höheren haben ein anderes Wesen als die Niederen. Die Niederen sind Widerspiegelungen und Manifestationen der Höheren. In den Höheren gibt es keine Verstandestätigkeit, d.h., sie sind nicht im Geist selbst enthalten. Die Beschreibung der Höheren kann nur in der Form von geistigen Einstellungen zu ihnen geschehen. Ihr eigentliches Wesen läßt sich nicht beschreiben.

Der Übergang von den Höheren zu den Niederen geschieht durch das Überqueren des Abgrundes. Der Abgrund in der Welt des Geistes ist die Schranke zwischen ABST-Ausstrahlung und -Erwiderung und der Art, wie ein individueller Quanten-Gott die ABST-Realität in seiner ganz subjektiven Art und Weise erlebt. Fünf Pfade verbinden die Höheren mit den Niederen und überqueren so den Abgrund: die Pfade Nummer 3, 5, 6, 7 und 8. Sie stellen die fünf Grundeinstellungen dar, auf denen alle geistigen Einstellungen, Annahmen und Vorstellungen basieren. Die Grundeinstellungen spiegeln die Bedingungen wider, welche die Quanten-Götter der Materie auferlegen, während sie sie erschaffen (siehe Kapitel 7).

Diese Einstellungen, die die Grundlage des Geistes sind, haben jedoch nichts mit Materie zu tun. Es sind ABSTen über den Quanten-Gott und seine ABST. Sie bedingen sein Sein, so wie die ABSTen über die Materie die Materie bedingen. Diese Einstellungen sind: Geistiges Sein, Ontologische Zeit, Ontologischer Raum, Ontologische Energie und Ontologische Masse. Die Auswirkungen dieser fünf subjektiven Einstellungen erzeugen das, was wir den Geist nennen.

Pfad Nummer 3; geistiges Sein

Der dritte Pfad verbindet Sein (erste Sephirah) mit dem Zustand des Seins (sechste Sephirah). Der Buchstabe *Gimmel*, »Die Hohepriesterin« im Tarot, und der Mond entsprechen diesem Pfad.

Dieser Pfad verweist auf die Inkarnation des Quanten-Gottes (des essentiellen Selbst) in die Zentralposition innerhalb des Geistes, welche die sechste Sephirah darstellt. Um sich so zu inkarnieren, muß der Quanten-Gott sich mit seinem Geist identifizieren (muß die ABST haben, daß es sein Geist ist, was *er* ist). Das Symbol des Mondes in seiner Bedeutung als das Empfangende deutet auf diesen Prozeß des Identifizierens mit etwas, in diesem Fall mit dem Geist. Das Sein des Selbst wird in den Geist aufgenommen. Im aktiven Sinne übernimmt der Quanten-Gott die Kontrolle über sein geistiges Wirken und unterwirft sich gleichzeitig dessen direktem Einfluß.

Dieser Weg stellt die Verbindung zwischen der normalen Bewußtheit eines Quanten-Gottes und seinem Selbst dar, die sowohl innerhalb des Geistes in der Form von Meinungen über das Selbst existiert wie auch außerhalb des Geistes bleibt, da der Geist das Selbst nicht umfassen kann.

Die Hohepriesterin wird innerhalb der Niederen des Lebensbaumes (symbolisiert durch zwei Säulen oder baumähnliche Figuren im Hintergrund) auf einem Thron sitzend dargestellt. Ihre Position deutet an, daß sie innerhalb des Baumes ist und aus dieser Position auf den Beschauer blickt. Sie zeigt uns sowohl, daß wir die Welt aus der Sicht unseres mentalen Konstrukts, unserem eigenen Lebensbaum heraus sehen, als auch, daß sie nicht nur ein Teil des Baumes ist, sondern ein Individuum, das ihn bewohnt. Die Karte stellt das innere Wissen dar, das auftritt, wenn ein Individuum sein wahres Selbst innerhalb der Hervorbringungen seines Geistes erkennt. Plötzlich wird es möglich,

Dinge, die der Geist nicht fassen kann, durch das Selbst zu verstehen. Das Selbst weiß alles, da es ja alles erschaffen hat. Doch ist diese Grundfähigkeit, alles zu wissen, versteckt vom Geist, dessen Hauptfunktion darin besteht, all das verborgen zu halten, was das Individuum unbewußt lassen möchte.

Pfad Nummer 5; ontologische Zeit

Der fünfte Pfad verbindet die Sephirah des Sich-Beziehens (zweite Sephirah) mit der Sephirah »Zustand des Seins« (der sechsten Sephirah). Er trägt den Buchstaben *Heh* und korrespondiert mit der Karte »Der Herrscher«. Das Tierkreiszeichen Widder mit der Schlüsselidee »Ich bin« ist ihm zugeordnet.

Ontologische Zeit ist die Einstellung oder Grundansicht, daß ein Quanten-Gott fortdauernd existiert. Diese Ansicht ermöglicht es, einen Quanten-Gott mit Prozessen zu identifizieren, die einem Zeitablauf folgen, wie etwa dem Körper-Geist-Prozeß. Grundsätzlich sind ein Quanten-Gott und seine ABSTen jenseits der Zeit. Da er die Wirklichkeit jedoch durch die Brille seiner Einstellungen sieht, ist er sich seiner Ausstrahlung von ABSTen nicht bewußt, die ja Wirkungen seines wahren Selbst jenseits der Zeit sind. Nur seiner Gedanken und Gefühle ist er sich bewußt, die in der Zeit auftreten und die die Manifestationen seiner jetzt unterbewußten Absichtlichkeiten (ABSTen) sind.

Dieser Pfad steht für die Auswirkung des Sich-Beziehens auf den Zustand des Seins. Aus der Haltung »Ich bin« wird im Geist eine Einstellung, die, was die Selbsteinschätzung angeht, von Anderen abhängig ist. In allen Gesellschaften sind die Kinder für die Bestimmung der Stellung ihres Selbst in der Gesellschaft mehr oder weniger von ihren Eltern abhängig. Viele von uns machen große Anstrengungen, um Anderen zu gefallen, damit sie annehmen können, daß sie geschätzt, respektiert oder geliebt werden.

Da der Geist ein Verfahren ist, die subjektive Wirklichkeit zu kontrollieren, ist es für jemanden, der sich mit seinem Geist identifiziert, wichtig, auch das zu kontrollieren, was andere Menschen von ihm halten. Subjektive Realität kann nur dann objektiv erscheinen, wenn Andere sie in ihrem eigenen Geist bestätigen. Dies ist das geistig-soziale Ebenbild der gemeinsam geschaffenen Realität, die im Bereich der ABST-Erwiderung entsteht.

Unsere Eltern und unsere Gesellschaft machen die Regeln, nach denen wir die sozial akzeptierten Einstellungen zu unseren Beziehungen zu Anderen übernehmen. Von früher Kindheit an werden wir angehalten, eine Fassade zu errichten, mit der wir der Welt gegenüberstehen. Diese Fassade beruht auf den Werten der Gesellschaft. Höflichkeit, Anpassungsfähigkeit, Gehorsam, die Annahme von Information an Stelle von Eigenerfahrung, Patriotismus, althergebrachte Religiosität und ein Satz von zeitgemäßen Ansichten, die wir durch unsere Ausbildung erhalten, werden besonders geschätzt. Diese Eigenschaften führen zu sozialem Erfolg. All das basiert auf der Einstellung, daß der Mensch gefährlich ist, wenn er seinen eigenen, ungezähmten, natürlichen Neigungen überlassen bleibt. Charles Berner definierte das Ego so: »Das geistige Bild, das man von sich selbst hat, und das auf dem basiert, was man selbst meint, daß es Andere von einem meinen.«

Pfad Nummer 6; ontologischer Raum

Pfad sechs verbindet Sich-Beziehen (zweite Sephirah) mit Festen Einstellungen (vierte Sephirah). Ihm sind der Buchstabe *Wav,* die Tarotkarte »Der Hohepriester« und das Sternkreiszeichen Stier mit der Schlüsselidee »Ich habe« zugeordnet.

Ontologischer Raum ist die Grundansicht, daß ein Quanten-Gott im Raum existiert. Diese Haltung wirkt zusammen mit der, daß er in der Zeit existiert, und bringt eine Situation hervor, die den Quanten-Gott noch enger an die Wahrnehmungen und Reaktionen seines Geistes binden. Er erfährt sich als jemanden, der einen anderen Ort im Raum einnimmt als andere Quanten-Götter. Während alle Quanten-Götter an sich den gesamten Raum einnehmen, erlebt er sich selbst als an einen Ort im Raum gebunden, an einen Bewußtseinspunkt innerhalb seines Körper-Geist-Systems.

Der Hohepriester ist die ägyptische Entsprechung des Papstes oder Patriarchen. Er stellt den geistlichen Gesetzgeber dar, der entscheidet, woran zu glauben ist und woran nicht. Der religiöse Führer ist die letzte Autorität, was die Interpretation der Gesetze der Natur oder Gottes angeht, und er entscheidet auch, wie man danach zu leben hat. Die so erklärten Gesetze bilden den Kodex für alle Menschen, die einer bestimmten Religion folgen.

Den äußeren religiösen Dogmen einer Kirche entsprechen im Individuum die angesammelten festen Einstellungen (vierte Sephirah). Welche Ethik, welchen Moralkodex oder welches religiöse Dogma ein Mensch auch hat, und ob er sie als Kind unbewußt von seiner Umwelt übernommen oder zu einem späteren Zeitpunkt angenommen hat, im Geist bilden sie feste Einstellungen und Ansichten.

In den meisten Fällen wird ein Mensch in eine Religion hineingeboren und ist abhängig von dem existierenden religiösen und ethischen Glauben Anderer, seiner Eltern, Lehrer, Priester, Pfarrer. Dieser Glaube wird dann zum Fundament, auf dessen Basis das Individuum die Realität beurteilt und darauf reagiert.

Pfad Nummer 7; ontologische Masse

Der siebte Pfad verbindet Tun (dritte Sephirah) mit dem Zustand des Seins (der sechsten Sephirah). Ihm zugeordnet sind der Buchstabe *Zain,* »Die Liebenden« im Tarot, und das Sternkreiszeichen Zwillinge, also »Ich denke«.

Dieser Pfad ist der Übergang aus dem Bereich direkten Wirkens und direkter Erfahrung durch den Prozeß des Ausstrahlens von ABSTen zum Prozeß des Denkens – einer indirekten, geistigen Entsprechung der ABST-Ausstrahlung. In den Höheren ist jede ABST eine spezifische Absichtlichkeit jenseits der Zeit und ist separat von und unverbunden mit jeder anderen ABST, die vor oder nach ihrer Ausstrahlung aufgetreten sein mag. Es gibt keine Ursache-Wirkung-Beziehung zwischen einer ABST und einer anderen. Ein Quanten-Gott hat eine ABST und dann eine andere. Die ABST, daß ABSTen in Zeit und Raum verbunden sind, ist eine zusätzliche ABST, die den Denkprozeß hervorbringt. Die ABST, daß ABSTen in einer Folge auftreten, ist das ontologische Äquivalent im Geist für die ABST, daß die Orte, die ein Materie$_1$ Quantum einnimmt, einer Sequenz folgen. Diese ABST führt in der materiellen Welt zur Eigenschaft der Masse. In der geistigen Welt führt diese ABST zu geistigen Strukturen wie Begriffen, Ideen und Bildern. Gedanken treten in einer zeitlichen Abfolge auf und sind durch Ähnlichkeit der Bedeutung oder Auswirkung miteinander verbunden.

Dieser Pfad deutet auch darauf hin, daß sich der Quanten-Gott mit den strukturellen Eigenschaften seines Körper-Geist-Systems identifiziert. Der strukturelle oder formende Aspekt ist das geistige Wirken selbst. So identifiziert sich ein Quanten-Gott also über den Pfad der ontologischen Masse mit seinem Geist.

Gelangt er im Prozeß der Erleuchtung an diesen Punkt, so könnte ein Mensch sagen, daß er sein Geist ist oder daß er ein Gedanke ist, den er hat. Viele von uns in der westlichen Welt legen großen Wert auf unseren Denkprozeß und identifizieren uns damit.

Der achte Pfad verbindet Tun (dritte Sephirah) mit der Fähigkeit zu reagieren (fünfte Sephirah). Er trägt den Buchstaben *Chet*, und ihm sind die Tarotkarte »Der Triumphwagen« und das Zeichen Krebs, »Ich fühle«, zugeordnet.

ABST (Absichtlichkeit) ist die Quelle sowohl von Gedanken als auch von Gefühlen. Das Denken ist die Massekomponente der ABSTen, die sich im Körper-Geist-System als geistige Bilder und Gehirnfunktionen manifestiert. Das Fühlen ist die Energiekomponente der ABSTen. Diese manifestiert sich als Energieübertragung im Körper und dem gesamten Nervensystem.

Dieser Pfad steht für eine Identifizierung mit dem Energieaspekt unseres Körper-Geist-Systems. Diese Gleichsetzung führt zur Abhängigkeit von Sinneswahrnehmungen, Gefühlen und Emotionen als Grundarten der Wahrnehmung. Über diesen Pfad identifiziert sich ein Quanten-Gott mit seinem Körper und sieht die Welt durch seine Körper-Bewußtheit. Energie ist einer der letzten Aspekte, von dem sich ein Mensch, der durch den Erleuchtungsprozeß geht, im allgemeinen distanziert. Sind sie mit diesem Aspekt in Berührung, so beschreiben viele ihr Erlebnis als »Ich bin Energie«, oder sie sagen, Bewußtsein ist Energie oder Licht. Diese Stufe wird oft als die letzte und höchste angesehen, da es für den Geist schwer faßlich ist, daß es etwas »Spirituelleres« geben soll als Energie. Doch ein Quanten-Gott ist nicht Energie; er ist die Quelle aller Energie.

Die Triade des ontologischen Geistes

Die fünf Pfade, die den Abgrund überqueren, verbinden die Höheren mit der nächsten darunterliegenden Dreiheit, der Triade des ontologischen Geistes. Durch das Zusammenwirken dieser fünf Pfade inkarniert sich der Quanten-Gott. Über den Prozeß der Identifikation mit seinen geistigen und körperlichen Funktionen »verkörpert« er sich im Körper-Geist-System. Die Aspekte von ontologischer Zeit, Energie, Masse und ontologischem Raum bestimmen das Sein des Quanten-Gottes so, daß er sich in seinem Körper orten und durch ihn wirken kann. Ohne diese einschränkenden Bestimmungen seines Seins wäre er wie ein körperloser Geist. Es sind dies die Wege, die das grenzenlose Sein eines Quanten-Gottes in den Bereich des Menschenwesens überführen.

Die Welt des Geistes liegt zwischen der Welt der Fähigkeiten und der Welt des Körpers. Das deutet darauf hin, daß der Geist dem Quanten-Gott näher ist als der Körper. Das zeigt sich am Beispiel des Durchschnittsmenschen, der seine subjektive Geistesverfassung leichter beeinflussen kann als seinen Körper. Ist der Körper einmal von fixierten geistigen Einstellungen gereinigt, dann vermittelt er uns, was in der objektiven Wirklichkeit tatsächlich geschieht. Der Geist jedoch steht wie ein Filter zwischen dem Selbst und dem Körper. Er verzerrt die Wahrnehmungen und Sinneserlebnisse des Körpers so, daß ein völlig subjektives Bild der Wirklichkeit entsteht. Dies ist die Funktion der vierten Sephirah, der ersten Sephirah der Triade des ontologischen Geistes.

Da ich das Wort Geist in einem ganz bestimmten Sinne verwende, möchte ich erklären, was ich damit meine. Sprechen wir von Geistestätigkeit, so denken wir dabei meist an Intelligenz. Intelligenz ist aber in diesem Modell ein Attribut des wahren Selbst (des Quanten-Gottes). Geistestätigkeit ist die subjektive Form, in der die natürlich fließenden Gedanken strukturiert werden. Geistestätigkeit ist das Ergebnis des Versuches, die eigenen Wahrnehmungen zu kontrollieren, anstatt es den Körperfunktionen zu überlassen, ihre eigenen Bilder der Wirklichkeit hervorzubringen.

Die vierte Sephirah: feste Einstellungen

Benennung aller Sephiroth auf Platz 4	Chesed, Gnade
Yetziratische Benennung	Die aufnehmende oder verbindende Intelligenz
Erzengel	Tsadkiel, die Gerechtigkeit Gottes
Symbol in ASSIAH	Jupiter

Gnade ist eine Befreiung von den natürlichen und erwarteten Folgen der eigenen Taten. Im Geist wirken Einstellungen und Meinungen auf gleiche Weise: sie befreien uns von der Bewußtheit der Handlungen, für die wir uns nicht verantwortlich glauben, und der Dinge, die wir nicht bewußt erfahren wollen.

Der Erzengelname, der für Gerechtigkeit steht, setzt voraus, daß es ein natürliches oder erdachtes Gesetz gibt, nach dem Gerechtigkeit zugemessen wird. Im Individuum ist das Moralgesetz, nach dem jemand urteilt, seine Sammlung von festen Einstellungen und Meinungen.

Die Funktionen des ontologischen Geistes stimmen genau mit dem überein, was in der yetziratischen Benennung als aufnehmende oder verbindende Intelligenz bezeichnet wird. In der folgenden Diskus-

181

sion der vierten Sephirah werden wir sehen, daß es im subjektiven Geist darum geht, auf welche Weise die objektive Wirklichkeit (wie sie durch die Sinne wahrgenommen wird) vom Individuum wahrgenommen und eine Wahrnehmung mit der anderen verbunden wird. In der Welt der Fähigkeiten deutet diese Sephirah auf die *Fähigkeit* eines Quanten-Gottes, eine feste Einstellung zu haben. In der Welt des Geistes manifestiert sich diese Fähigkeit im Errichten fester Einstellungen, Glaubensansichten und Grundannahmen. Eine feste Einstellung führt hier zu geistigen Bildern. Diese geistigen Bilder wirken als Filter oder Linsen, durch die die Erfahrung des Körpers und so die physische Welt und Andere gesehen werden. Hat ein Individuum gegenüber einem bestimmten Aspekt des Lebens eine ganz bestimmte Einstellung, so blockieren die geistigen Bilder, die damit verbunden sind, alle Sinneswahrnehmungen, die nicht mit diesen Bildern übereinstimmen. Ein Mensch, der z. B. glaubt, daß das Leben voller Hindernisse ist, wird sein Leben auf genau diese Art erfahren. Die Aspekte des Lebens, die ohne Hindernisse sind, werden ihm nicht bewußt, da sie nicht in seine vorgefaßten Meinungen über das Leben passen.

Feste Einstellungen blockieren auch die über das Körperliche hinausgehende Selbsterfahrung. Die Annahme, man sei nicht mehr als ein Körper oder ein Verstand, blockiert jede Verbindung zwischen den geistig-körperlichen Aspekten der Person und ihrem transzendentalen Wesen als Quanten-Gott. Die Vorstellungen, die man von sich hat, machen die Bewußtheit des eigenen wahren Wesens durch unmittelbare Erfahrung unmöglich.

Eine feste Einstellung ist dem Menschen, der durch ihre Brille sieht, normalerweise unbewußt. Wie wir uns unseres Auges nicht bewußt sind, wenn wir etwas sehen, sind wir uns des Filters der Einstellungen nicht bewußt, der alles färbt, was wir wahrnehmen.

Alle unterbewußten festen Einstellungen waren aber irgendwann einmal bewußt. Sie sind die Reste bewußter, absichtlicher Entscheidungen, die wir gefällt haben. Ein Beispiel: Der Patient eines Therapeuten beklagte sich über seine Impotenz und eine allgemeine Unsicherheit dem anderen Geschlecht gegenüber. Durch Anwendung der Gestalttherapie und unter Hypnose konnte sich der Patient eines Erlebnisses seiner Kindheit erinnern. Seine Mutter hatte ihn für irgend etwas bestraft, und in diesem Moment der emotionalen Verwirrung hatte er beschlossen, nie wieder einer Frau zu vertrauen oder sich in eine Position hineinzubegeben, in der er dem Wohlwollen einer Frau ausgeliefert wäre. Beinahe vierzig Jahre nach diesem Entschluß hatte seine Haltung des Mißtrauens gegenüber Frauen noch immer unglaublichen Einfluß auf sein Leben. Und doch war all diese Zeit vergangen, ohne daß er sich der Entscheidung, die er in seiner Kindheit ganz bewußt getroffen hatte, später noch einmal bewußt geworden wäre. Seine Einstellung hatte einen solch großen Einfluß auf sein Leben, daß er nicht zu einer ausgeglichenen harmonischen Beziehung fand, obwohl er das bewußt gewollt hatte.

Die Funktion einer Einstellung ist, Sinneswahrnehmungen zu hemmen. Im zitierten Beispiel wollte der Mann seine Abhängigkeit von der Mutter nicht erfahren. Er nahm eine Haltung ein, die ihm das subjektive Gefühl gab, er sei nicht abhängig von ihr oder ihren Urteilen und Strafen ausgesetzt. Tatsache war jedoch, daß er abhängig war. Die Haltung wurde angenommen, um die Wirklichkeit der Situation subjektiv in eine weniger bedrohliche abzuändern.

Die meisten unserer Grundeinstellungen bekommen wir von unseren Eltern. Und doch ist es das Individuum, das sie akzeptiert oder zurückweist. Es ist das Individuum, das entscheidet, welche Haltung es unter gegebenen Umständen einnehmen will. Das Individuum muß die Verantwortung für dieses Tun übernehmen, wenn sich daran irgend etwas ändern soll.

Die Einstellung wird vom Quanten-Gott durch seine ABST hervorgebracht. Deshalb vermögen auch Kleinkinder, die noch nicht sprechen können, Einstellungen zu bilden, genau wie Erwachsene. Eine Einstellung ist nicht einfach das Resultat des begrifflichen Denkens des Erwachsenen. Es ist ein Zustand des Seins, der die gesamte Charakterstruktur und die Körperfunktionen beeinflußt.

Wenn der Geist eine feste Einstellung hat, sammelt er alle Energie der Erfahrung, die er durch ihre Brille macht, in Bilder. Die Bilder binden die Energie dessen, was der Mensch nicht erleben will, so daß sie ihm gar nicht erst bewußt werden. Bis man bewußten Kontakt zu diesen Bildern herstellt und dadurch die Energie erfährt, die in ihnen enthalten ist, verbleiben sie im Geist. Dort wirken sie als Barrieren, welche die Fähigkeit einschränken, zu reagieren und das zu erleben, was jenseits der Einstellungen liegt.

Die fünfte Sephirah: Die Fähigkeit zu reagieren

Benennung aller Sephiroth auf Platz 5	Geburah, Strenge
Yetziratische Benennung	Fundamentale Intelligenz
Erzengel	Samiel, die Strenge Gottes
Symbol in ASSIAH	Mars

Die fünfte Sephirah entspringt der vierten. Die Fähigkeit zu reagieren, die Fähigkeit eines Individuums, mit Bewußtheit zu handeln, ist abhängig von der Art und dem Ausmaß der Einstellungen und Meinungen, die ein Mensch hegt. Verfestigte Einstellungen töten die Aufnahmefähigkeit eines Menschen ab und engen sein Vermögen ein, auf verschiedenen Ebenen zu reagieren. Mit »reagieren« meine ich geistiges, gefühlsmäßiges als auch physisches Antworten.

Ein Aspekt von Intelligenz ist das Vermögen, zwischen Dingen zu unterscheiden. Ein Mensch mit einer Einstellung, die gerne die Unterschiede zwischen Menschen verwischt, wird dazu neigen, auf alle Menschen so zu reagieren, als seien sie gleich. Seine Fähigkeit, auf die Unterschiede zwischen Menschen einzugehen, ist durch diese Einstellung eingeschränkt.

Hat ein Mensch bestimmte Meinungen darüber, was in bestimmten Situationen das »rechte Benehmen« ist, oder welche Wörter man in einer höflichen Unterhaltung wählen muß, so wird er automatisch reagieren, sobald sich jemand anders verhält, als er es für angemessen hält. Schimpfworte rufen starke emotionale Reaktionen in Menschen hervor, die solche Einstellungen haben.

Was unsere emotionalen Reaktionen angeht, so haben die meisten von uns bestimmte Einstellungen dazu und auch dazu, wie und wo man sie zeigen darf. Ein Mensch zum Beispiel, der der Meinung ist, Zorn sei niemals angebracht, wird ihn in jeder Situation unterdrücken, in der er auftritt. Diese Einstellung wird zu einer Reihe von chronischen Verspannungen im Körper führen, da der Körper die Lösung des Zorns zurückhält. Die Energie des gestauten Zorns kann sogar die Gesundheit dieses Menschen beeinflussen oder eines seiner Organe schädigen. Das ganze wird schließlich zu einem chronischen Spannungszustand führen, der keine Entspannung mehr zuläßt. Eine Situation wird eintreten, in der dieser Mensch wieder einmal zornig wird. Es mag eine ganz unwichtige Begebenheit sein, aber sie wird das Vermögen des Menschen überfordern, all den aufgestauten Ärger aus unzähligen kleinen Begebenheiten in seinem Körper zurückzuhalten. Der Damm wird bersten, und er mag in Wut ausbrechen und die Kontrolle über sich selbst verlieren. Er wird seinen Zorn dann als irrational und ungehörig empfinden, was er in der Tat ist. Die Reaktion auf diesen plötzlichen Gefühlsausbruch wird wiederum seine Meinung bestärken, Zorn dürfe niemals zum Ausdruck kommen. Der Teufelskreis von Einstellung – Reaktion wurde verstärkt.

Eine weitverbreitete Einstellung in diesem Zusammenhang ist der Glaube, der Ausdruck von Zorn sei immer irrational und führe zu

Gewalt. Zorn ist aber eine natürliche Reaktion des Körpers auf bestimmte Situationen. Ohne unterdrückende Einstellungen ist er immer der Situation entsprechend und führt nicht zu Gewalt. Er wird nur irrational und gewalttätig, wenn er eingedämmt wurde. Da die meisten von uns sich jedoch davor fürchten, den eigenen Zorn und den Zorn anderer zu erfahren, einigen wir uns auf allgemeingültige Einstellungen dazu, die von unseren Eltern und Lehrern noch bekräftigt werden.

Wir alle haben unsere ganz spezifischen Arten, auf unsere eigenen und die Gefühle Anderer zu reagieren. Diese sind das Ergebnis unserer geistigen Programme, jener Ansammlung von Einstellungen, die unter der Bewußtheitsschwelle liegen und die unsere Reaktionen auf das Leben und auf die Anderen bestimmen.

Der von festen Einstellungen freie Körper hat eine eingeborene Weisheit. Er weiß genau, wieviel Wasser und Nahrung er braucht, wie er richtig zu atmen und unter fast allen Umständen zu funktionieren hat. Innere Einstellungen stören die sonst natürlichen Funktionen des Körpers, schnüren die Atmung ein und führen zu unmäßigem Genuß der falschen Nahrung und falscher Getränke. Einstellungen machen aus einem sonst anmutigen und flexiblen Körper ein rigides und unbeholfenes Objekt, das dauernd überwacht werden muß.

Pfad Nummer 9; Die Spaltung der Absichtlichkeit

Der neunte Pfad verbindet Feste Einstellungen (die vierte Sephirah) mit der Fähigkeit zu reagieren (der fünften Sephirah). Der Buchstabe *Tet* ist ihm zugeordnet sowie die Tarotkarte »Stärke« und das Sternkreiszeichen Löwe mit der Schlüsselidee »Ich will«.

Wie bereits ausgeführt, ist die Fähigkeit zu reagieren direkt abhängig von der Anzahl der festen Einstellungen im Geist. Der Wille ist hier das Schlüsselwort, da die ursprüngliche ABST sich im Geist in zwei gegensätzliche Funktionen des Willens spaltet. Beim Hervorbringen der festen Einstellungen bestimmt der Quanten-Gott durch sein Denken willentlich, wie er etwas erfahren will (indem er alle anderen möglichen Standpunkte aus seinem Bewußtsein verdrängt). Andererseits bestimmt er willentlich Reaktionen und Handlungen, und zwar auf der Basis der Wahrnehmungen, die er durch die Brille seiner festen Einstellungen macht. Seine Absichtlichkeit ist damit aufgespalten zwischen Reaktion und Beschränkung der Reaktion. Diese fundamentale Spaltung der Absichtlichkeit in Wille und Anti-Wille zeigt sich überall im Geist und wird zum Lebensprinzip eines Quanten-Gottes, der sich mit dem Funktionieren seines Geistes identifiziert hat.

Die Spaltung des Willens ist das Grundübel des Geistes. Man sagt einem Menschen, daß das Lernen einer bestimmten Sache schwer ist, und er glaubt es. Er bringt eine Einstellung hervor, die sagt, daß er so etwas nicht lernen kann. Von da an bedeutet es für ihn eine große Willensanstrengung, etwas zu lernen. Jede Fähigkeit ruht als potentielle Fähigkeit in jedem Individuum. All diese Fähigkeiten sind aber auf die eine oder andere Art eingeschränkt durch die Einstellungen des Geistes.

Der gespaltene Wille ist verantwortlich für die Unfähigkeit, Gefühle, die in den festen Einstellungen steckengeblieben sind, auszudrücken und zu erfahren. Will man hier mit einer Therapie ansetzen, so gilt es nach der Absichtlichkeit zu suchen, die einerseits hinter der festen Einstellung steht, als auch hinter ihrer Manifestation als emotionale »Verstopfung«, als Block. Fast immer wird die Energie der Emotionen freigesetzt und wird verfügbar, wenn man die entsprechende Einstellung ändert. Damit das geschehen kann, ist es jedoch notwendig, daß die Person bereit ist, die Gefühle zu erfahren und auszudrücken, die durch die Einstellung gebunden sind, und sich der Umstände zu erinnern, unter denen die Einstellung entstanden ist. Sie muß dann die bewußte Entscheidung treffen, diese Einstellung fallenzulassen oder sie durch eine andere Einstellung zu ersetzen, die die fraglichen Gefühle zuläßt.

Wenn wir uns selbst erziehen und emanzipieren wollen, so hängt das weitgehend davon ab, ob wir in der Lage sind, die festen Einstellungen auszuräumen, die die kreativen Fähigkeiten des Individuums blockieren.

Dieser neunte Pfad überdeckt jene schöpferische Fähigkeit, die im Kapitel »Das schöpferische Gesetz« beschrieben ist. Wirkt man aus seinem Selbst, dann ist das Schaffen in jedem Bereich eine einfache, natürliche Funktion. Ist der Wille geteilt, so wird das Leben eine Anstrengung. Es verlangt, daß ein Quanten-Gott seinen eigenen Anti-Willen bekämpft, der ein Teil seiner Charakterstruktur geworden ist.

Pfad Nummer 10; Sich-Zurückziehen von der Erfahrung

Der zehnte Pfad verbindet die Festen Einstellungen (vierte Sephirah) mit dem Zustand des Seins (der sechsten Sephirah). Ihm entsprechen der Buchstabe *Yod*, »Der Weise« im Tarot und das Sternkreiszeichen Jungfrau. Die Schlüsselidee ist »Ich analysiere«.

Feste Einstellungen sind das Mittel, mit dem ein Quanten-Gott die Wirklichkeit analysiert. Jede feste Meinung distanziert ihn von der unmittelbaren Erfahrung des Lebens und gibt ihm einen ziemlich entfernten Standort, von dem aus die Wirklichkeit erfahren wird. Das führt dazu, daß er das Wesen eines intellektuellen Stubenhockers bekommt, der lieber seine Gedanken über die Dinge und über Andere erfährt, als diesen unmittelbar zu begegnen.

Die Möglichkeit des Zurücktretens von der unmittelbaren Erfahrung ermöglicht es ihm zu kontrollieren, wie die Umwelt ihn beeinflußt. Gleichzeitig bringt es ihn in die Position des Eremiten oder Weisen, indem er sein Selbst von der direkten Erfahrung des Lebens und Anderer isoliert. Aus dieser Position sieht er sich selbst jedoch als objektiv und weise. Diese Haltung wird unterstützt durch die in unserer Gesellschaft verbreitete Einstellung, die Objektivität schätzt und direkter Erfahrung mißtraut. Die Weisheit, welche die Tarotkarte meint, stellt das Auswählen umgreifender Zusammenhänge dar, solcher Zusammenhänge, die einen möglichst großen Teil der Wirklichkeit einbeziehen. Diese Weisheit ist jedoch nur eine geistige Weisheit. Die größten Weisen der Geschichte sind nicht gerade bekannt für ihre Fähigkeit, auf das Leben und Andere zu reagieren, sondern eher für ihre ansprechende Weltanschauung.

Pfad Nummer 12; Hilflos ist, wer sich hilflos verhält

Der zwölfte Pfad verbindet die Fähigkeit zu reagieren (die fünfte Sephirah) mit dem Zustand des Seins (der sechsten Sephirah). Er trägt den Buchstaben *Lammed*, und ihm sind die Tarotkarte »Gerechtigkeit« und das Sternkreiszeichen Waage, »Ich gleiche aus«, zugeordnet.

Die Fähigkeit zu reagieren hat zwei Aspekte. Die Fähigkeit zu reagieren ist direkt proportional zum Ausmaß der Verantwortung, die man übernehmen kann. Es geht hier um eine Balance zwischen Selbstbestimmung einerseits und dem Ausgeliefertsein an Umwelteinflüsse als den entscheidenden Faktoren andererseits. Es ist die Balance zwischen persönlicher Reife (Selbständigkeit) und Unreife (sich übermäßig auf Andere oder die Umstände verlassen). Das Verhältnis zwischen diesen beiden Aspekten bestimmt den Seinszustand, in dem man sich befindet.

Je mehr Einstellungen man hat, welche die Eigenverantwortung leugnen, um so weniger wird man in der Lage sein, seine Umstände zu verändern. Diese Unfähigkeit ist die gerechte Antwort auf die Ein-

stellung oder den Seinszustand, in dem man sich als nicht verantwortlich fühlt. Findet man z. B. etwas an sich selbst, das einem nicht gefällt,
so muß man zuerst die Verantwortung dafür übernehmen, muß aner-
kennen, daß man es selbst verursacht hat. Nur durch das Annehmen
der Verantwortung erhält man die Fähigkeit, es zu ändern. Die Al-
ternative ist, Andere dafür verantwortlich zu machen oder es einfach
als einen Wesenszug anzusehen, den man nicht ändern kann.

Die sechste Sephirah: Zustand des Seins

Benennung aller Sephiroth auf Platz 6	Tiphereth, Schönheit
Yetziratische Benennung	Die vermittelnde Intelligenz
Erzengel	Michael, das Ebenbild Gottes*
Symbol in ASSIAH	Die Sonne

Ein Seinszustand ist eine Rolle, die ein Individuum in seinen Beziehungen zu Anderen in seinem Leben spielt. Mit den grundsätzlichen
Rollen sind wir alle vertraut – Kind, Vater, Mutter, Erwachsener, guter Junge, braves Mädchen, Erfolgreicher oder Erfolgloser, guter
Bürger oder Revolutionär usw. Diese Rollen lassen die Auswirkungen von Gruppen von festen Einstellungen oder Meinungen erkennen, die miteinander verbunden sind und die Persönlichkeitsstruktur
bilden. Diese Persönlichkeitsstrukturen haben ihre zugehörigen
Verhaltensstrukturen, Denkarten und Formen der Gefühlsreaktion.
Die Rollen ändern sich unter den verschiedenen Lebensumständen.
Andere Rollen überlagern sie, so zum Beispiel die Rollen, die man
durch seinen Beruf übernimmt – Arzt, Soldat, Diplomat usw. Alle
diese Rollen gruppieren sich um ein zentrales geistiges Bild, mit dem
das Individuum sich identifiziert. Das ist das Ich.
Das Ich ist eine komplexe Gruppierung von geistigen Bildern, die –
im subjektiven Verstand – ein Bild von dem ergeben, was eine Person
in der Welt ist. Dieses Bild basiert allein auf der eigenen Beziehung zu
Anderen. Das Ich ist die Summe dessen, von dem man glaubt, daß es
Andere über einen denken. Dahinter liegt seine Spiegelung, nämlich
das, was man selbst von sich hält. Diese beiden sind natürlich voneinander abhängig. Sollte das Bild, das man von sich selbst hat, Anderen
nicht glaubhaft sein, dann erfüllt es seinen Zweck nicht.

---

* Anmerkung des Übersetzers: In manchen kabbalistischen Systemen ist der Erzengel Raphael hier zugeordnet.

All diese geistigen Bilder, einschließlich dem Ich, kreisen um die sechste Sephirah. Da dies der Ort ist, in dem der Quanten-Gott wohnt, erfährt er Andere und die Umwelt durch die Vermittlung dieser selbstgeschaffenen Bilder. Andererseits wird er wieder im Einklang mit diesen Bildern handeln, um sie zu erhalten. Er erhält sie, da sie sein Mittel sind, seine subjektive Wirklichkeit zu kontrollieren, und da sie ihm manchmal auch helfen, Andere zu kontrollieren. Doch indem er sich mit seinen Bildern identifiziert hat, hat er den Kontakt mit seinem wahren Wesen, das dahinterliegt, verloren.

Die vierte und fünfte Sephirah liegen auf der Säule des Sich-Beziehens, bzw. der des Tuns. Die sechste Sephirah liegt auf der mittleren Säule des Seins. Diese Sephirah stellt den Punkt dar, an dem das geistige Sein des Quanten-Gottes angesiedelt ist. Der Quanten-Gott nimmt die sechste Sephirah ein, indem er seine festen Einstellungen und Reaktionen bestimmt. Doch da die sechste Sephirah auf niederer Ebene als die vierte und fünfte Sephirah liegt, ist der Seinszustand, den sie darstellt, von diesen Sephiroth bedingt. Man könnte sagen, daß ein Quanten-Gott sich eine geistige Zelle errichtet, in die er sich dann selbst einschließt.

Die sechste Sephirah ist der Punkt, an dem die Triade des Ontologischen Geistes (die sein geistiges Sein bedingt) und die Triade des Körperlichen Geistes (der geistigen Aspekte des Körpers) zusammentreffen. Hier vermittelt der Quanten-Gott zwischen den Funktionen seines subjektiven Geistes und den Sinneswahrnehmungen, Gefühlen und Emotionen seines Körpers. Diese Sephirah stellt den Punkt der Inkarnation eines Quanten-Gottes in den menschlichen Körper dar und ist die objektive Wirklichkeit der gemeinsamen Schöpfung.

Hier müssen wir zur Welt des Körpers übergehen, um die Beziehung zwischen einem Quanten-Gott, seiner subjektiven Geistesverfassung (dargestellt durch die Triade des Ontologischen Geistes) und seinem physischen Körper beschreiben zu können.

Die Welt des Körpers

Die paramagnetischen Felder des Geistes

Die Körperzellen sterben ab und werden durch neue ersetzt. Man sagt, daß der Körper innerhalb von sieben Jahren völlig erneuert wird. Und doch haben wir das Gefühl, daß wir immer den gleichen Körper haben. Wir bleiben uns unser ganzes Leben lang ähnlich.

In den ersten neun Monaten nach der Empfängnis wächst der Körper aus einer befruchteten Zelle und entwickelt sich durch viele der Stadien, die der Mensch in seiner biologischen Entwicklung zum Menschen durchlaufen hat. Nach der Geburt wächst der Körper nochmals auf ein Vielfaches der Größe, die er bei der Geburt hatte. Und doch behält während dieser erstaunlichen Wachstumsperiode von der Kindheit zum erwachsenen Menschen unser Körper die grundsätzlichen Proportionen bei.

Die Wissenschaft sagt, der genetische Code, der in jedem Kern jeder Körperzelle vorhanden ist, sei dafür verantwortlich. Viele Phänomene dieser Entwicklung kann man auf die Funktion des Gehirns zurückführen; doch durchläuft auch das Gehirn unglaubliche Veränderungen in der vorgeburtlichen Zeit.

Man kann das Ganze auch anders sehen. Wir halten den Körper normalerweise für die physische Materie, aus der er besteht. Aber das ist nur eine Art, ihn zu beschreiben. Der Körper besteht auch aus paramagnetischen Energiefeldern, die sublimierend auf die Materie wirken und den physischen Körper in der uns bekannten Form aufbauen. Diese Energiefelder wirken als Schablonen, die jeden Entwicklungsschritt im Wachstum des Körpers lenken, und als Grundstrukturen für seine komplexen Funktionen.

In einem früheren Kapitel machten wir deutlich, daß Materie und Bewußtsein tatsächlich zwei Aspekte des gleichen Prozesses sind. Indem Materie immer komplexer wird, beginnend mit den zusätzlichen ABSTen, die die Eigenschaften von Zeit, Raum, Energie und Masse hervorbringen, wird auch das Bewußtsein komplexer. Masse ist die Eigenschaft, die die Materie in strukturierte Einheiten wie die Moleküle überführt. Molekulares Bewußtsein entwickelte sich zusammen mit molekularer Materie, so daß die hochkomplizierten animalischen Körper-Geist-Systeme entstehen, die uns heute vertraut sind.

Materie wie auch Bewußtsein entwickeln sich aus einem Energiefeld unendlichen Ausmaßes. Nur ein kleiner Prozentsatz der Materie im

Universum hat genügend Masse, um von uns als physisch angesehen zu werden (»physisch« nennen wir Materie, die in einem verhältnismäßig fortgeschrittenen Masse-Zustand ist). Wäre alle Materie gleichmäßig im Universum verteilt, kämen nur jeweils einige wenige Moleküle auf einen Kubikkilometer. Physische Materie ist in solch großen Körpern wie den Planeten und den Sternen zusammengeballt. Sie enthalten den größten Teil der Masse des Universums. Doch zwischen ihnen gibt es unvorstellbare Distanzen, in denen Materie in fortgeschrittenem Masse-Zustand kaum existiert. Das Universum enthält Materie hauptsächlich in dem massearmen Zustand, den wir Energie nennen. Diese Energie umgibt und durchdringt alle physische Materie des Universums.

Wir wissen, daß Masse und Energie vertauschbare Faktoren sind. Sie sind bloß zwei Bedingungen, unter denen Materie existiert. Obwohl unter bestimmten Bedingungen einer der beiden Aspekte offensichtlicher sein mag, existieren doch beide gleichzeitig, ob wir nun von Masse oder von Energie sprechen. Elektromagnetische Masse-Energie zeigt sowohl Masse- wie Energieeigenschaften, obwohl wir sie Energie nennen. Das Kunstwort für die Einheiten des Elektromagnetismus ist das »Wellikel«. Dieses Wort bezeichnet die Kombination des der Energie entsprechenden *Well*encharakters mit dem der Masse entsprechenden Part*ikel*charakter dieser Einheit.

Jedes elektrische Phänomen ist von seiner magnetischen Komponente begleitet. Magnetismus und Elektrizität sind vertauschbare Faktoren wie Masse und Energie. Die magnetische Komponente der elektrischen Energie ist ihre Masse. Die elektrische Komponente ist die Energie. In ihrer einfachsten Form ist Masse die Struktur, durch die die Energie sich fortbewegt. Die Wellenform in elektromagnetischer Ausbreitung ist die Massekomponente. Die Fähigkeit, Arbeit zu leisten, ist die Energiekomponente. Die magnetische Komponente ist der Weg. Wir meinen normalerweise, das magnetische Feld sei ein Ergebnis der Energiewirkung. Das Gegenteil ist aber ebenso richtig, da das Magnetfeld, in dem die Energie sich fortbewegt, ihren Weg bestimmt.

Atome werden als Materie bezeichnet und nicht als Energie, da sie mehr Masse haben, d. h. einen stärker eingeschränkten Weg. Die Wissenschaftler verwenden in Beschleunigern Magnetfelder, um atomare und subatomare Teilchen, also Energieeinheiten, zu beschleunigen und sie auf ein Ziel zu schießen. Die Magnetfeldkomponente aller Energiephänomene bestimmt, wie sich diese Energie manifestiert; sie ist der Masse ähnlich.

Indem wir die Leiter der Entwicklung von Materie und Bewußtsein in Richtung auf Komplexität emporklimmen, kommen wir zum Körper-Geist-System. Der Körper ist eine komplexe Organisation von Energieumwandlungen auf vielen Ebenen (elektromagnetisch, elektrisch, elektrochemisch und chemisch-mechanisch). Alle Körperfunktionen bedürfen der Aufnahme, Verwendung und Umwandlung von Energie in der einen oder anderen Form. Der Körper ist das Mittel eines Quanten-Gottes, mit der Energie der physischen Welt umzugehen. Der Körper ist der Energieaspekt des Körper-Geist-Systems.

Der Geist ist die magnetische Komponente des Körpers. Er ist das Feld paramagnetischer Materie, das wie Magnetismus in bezug auf elektrische Energie wirkt. Das paramagnetische Feld lenkt die Energieumwandlungen im Körper, genau wie ein Magnetfeld elektrische Energie in Wellenform oder Umlaufbahnen bringt.

Das paramagnetische Feld ist aus verschiedenen Frequenzen oder Strömungsdichten zusammengesetzt, von denen man jede als ein eigenes Feld ansehen kann. Allerdings durchdringen sich alle Frequenzen des Feldes und beeinflussen sich gegenseitig. Die dichteren Felder wirken als Formen für die physische Materie des Körpers. In den meisten metaphysischen Systemen wird das der Ätherleib genannt. Ein anderes Feld durchdringt den Ätherleib. Dieses Feld ist auf die Gefühlszustände des Individuums abgestimmt. Sensible Menschen sehen es als die Aura, ein eiförmiges Kraftfeld, das Farben und Formen enthält und den physischen Körper umgibt. Eine andere Frequenz ist auf die psychologischen Funktionen des Individuums abgestimmt. Auch dieses Feld beeinflußt die Farben und Formen innerhalb der Aura.

Die Felder scheinen aus zwei verschiedenen Richtungen in der evolutionären Entwicklung zu kommen. Alle physische Materie des Universums ist durch Energiefelder geformt. Ein Atom ist eine spezifische Art von Kraftfeld. Eine Zelle hat ihr typisches Kraftfeld. Als Zusammensetzung physischer Materie gesehen, hat der Körper sein eigenes Kraftfeld, allein schon als Resultat der physischen Materie, aus der er besteht. Jede chemisch-elektrische Aktivität des physischen Körpers beeinflußt dementsprechend die Kraftfeld-Konfiguration des Körpers.

Andere Frequenzen des paramagnetischen Feldes sind unabhängig von der physischen Materie des Körpers. Sie haben ihren Ursprung im individuellen Quanten-Gott, der den Körper bewohnt. Ein Quanten-Gott trägt diese Felder mit sich von einem Leben zum nächsten.

Diese Energiefelder überlappen und durchdringen die Felder der physischen Materie des Körpers. Während ein Quanten-Gott in einem physischen Körper wohnt, wirken die beiden Gruppen von paramagnetischen Feldern durch Induktion aufeinander.

Der Bereich der Fähigkeit

Ein Quanten-Gott ist nicht physisch. Seine einzige Art und Weise, etwas zu erfahren, ist, es direkt mit seiner ABST zu verbinden. Um zu verstehen, wie ein Quanten-Gott, der in seinem Körper-Geist-System wohnt (dargestellt durch die sechste Sephirah), etwas erfährt, können wir das folgende hypothetische Schema heranziehen: stellen wir uns vor, ein Quanten-Gott sei von einem sphärischen Bereich umgeben. Wir nennen diesen den Bereich der unmittelbaren Erfahrung und des direkten Wirkens oder den Bereich der Fähigkeit. Innerhalb dieses Bereiches nimmt ein Quanten-Gott die Dinge wahr, indem er die ABST hat, daß sie existieren, und bringt die Dinge auf die gleiche Weise hervor. Dieser Bereich ist die »physische« Manifestation der Welt der Fähigkeit. Innerhalb des Bereichs der Fähigkeit ist ein Individuum Gott. Man könnte Gott definieren als einen, der innerhalb eines bestimmten Bereiches unmittelbare Erfahrung und direktes Wirkungsvermögen hat.

Stellen wir uns vor, daß um diesen Bereich der Fähigkeit ein weiterer liegt, der erheblich größer ist. Dieser größere Bereich ist die höchste Frequenz des paramagnetischen Feldes und ist die »physische« Manifestation der Triade des ontologischen Geistes. Dieses Feld ist der subjektive Geist. Er wirkt als Pufferzone zwischen dem Quanten-Gott und seinem Fähigkeitsbereich und allen anderen Frequenzen des paramagnetischen Feldes, einschließlich dem Feld des körperlichen Geistes, dem Gefühlsfeld, der Körperstruktur und der physischen Materie des Körpers. Diese »niederen« Felder umgeben die Sphäre des ontologischen Geistes, die wieder den Bereich der Fähigkeit enthält.

Nimmt ein Quanten-Gott eine Haltung ein und entschließt sich damit, etwas auf bestimmte Art und Weise zu erfahren, dann bewirkt seine ABST eine Änderung in der Kraftfeldkonfiguration des ontologischen Geistes. Diese Änderung manifestiert sich als Verdichtung in dem Bereich, der den Bereich der Fähigkeit umgibt, d. h. im ontologischen Geist. Da der ontologische Geist zwischen dem Fähigkeitsbereich und den anderen Feldern liegt, die den Körper des Quanten-Gottes bilden, werden alle Wahrnehmungen, Gefühle und Gedanken durch ihn gefiltert. Umgekehrt ist auch die Fähigkeit eines Quanten Gottes, Änderungen in seinem physischen Körper zu verursachen und Wirkungen und Reaktionen hervorzurufen, durch die gleichen Verzerrungen des umgebenden Feldes beeinträchtigt.

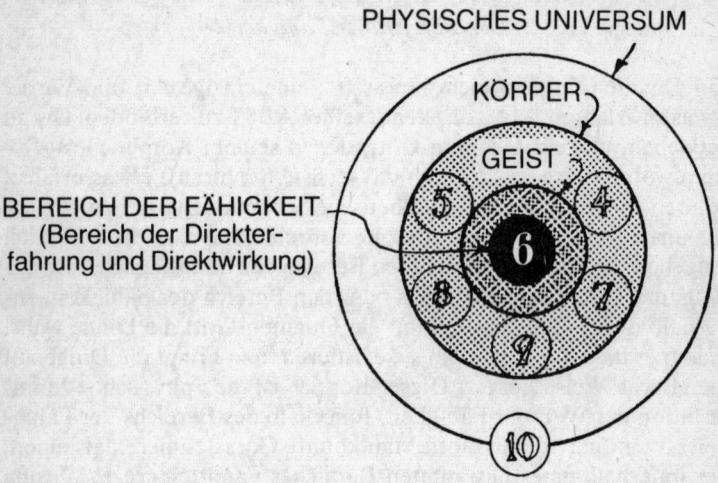

Diese Zeichnung zeigt den Bereich der Fähigkeit, manifestiert innerhalb der sechsten Sephirah in der Mitte. Ihn umgibt der Bereich des subjektiven Geistes, der die Triade des ontologischen Geistes oben (vierte, fünfte und sechste Sephirah) und die Triade des körperlichen Geistes unten (sechste, siebte und achte Sephirah) enthält. Der den subjektiven Geist umgebende Kreis stellt den Körper dar und schneidet die neunte Sephirah, welche für die »Körper-als-Energie«-Funktion steht. Den Körper umgibt ein Kreis, der die physische Materie des Universums darstellt und die zehnte Sephirah (die Materie) schneidet.

Der Lebensbaum des Körpers

Es ist nicht leicht, mit Hilfe des Lebensbaumes eine genaue Darstellung der physiologischen Form des Körpers zu geben. Es ist damit jedoch möglich, ganz allgemein die Körperfunktionen in ihrer Beziehung zu den Funktionen des Geistes darzustellen. Das Diagramm (Seite 195) zeigt die Funktionen, die mit der bewußten Wahrnehmung im Körper-Geist-System verbunden sind.

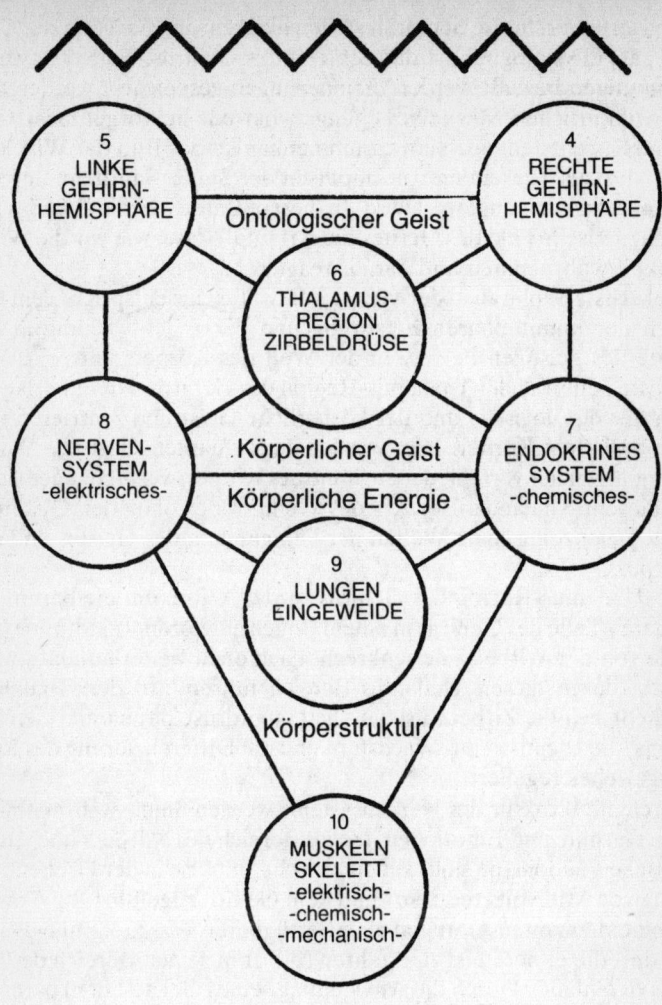

Die Welt des Körpers

Die vierte und fünfte Sephirah stellen als Paar die Funktion der Cortex dar. Physiologisch ist das der Teil des Gehirns, wo Sinneswahrnehmungen bewußt werden, Erinnerungen gespeichert werden und die willkürlichen Muskelbewegungen bewußt hervorgebracht werden. Hier entsteht auch ein zusammenhängendes Bild der Wirklichkeit, das aus Tausenden von Impulsen der Sinneswahrnehmung des Körpers zusammengesetzt wird. In diesem Bereich beeinflußt das paramagnetische Feld des Geistes die Art und Weise, wie wir die Wirklichkeit wahrnehmen und darauf reagieren.

Die sechste Sephirah in der Welt des Bewußtseins entspricht dem Bereich der unmittelbaren Erfahrung und der Direktwirkung in der Mitte des geistigen Feldes. In der Welt des Körpers entspricht die sechste Sephirah der Thalamus-Region des Gehirns. Hier überlagern sich der ontologische und der körperliche Geist und zentrieren sich im physischen Körper. Hier werden dem Quanten-Gott alle Wahrnehmungen der verschiedenen Sinne des Körpers verfügbar gemacht. In diesem Thalamus-Bereich des Gehirns bewohnt der Quanten-Gott gleichzeitig seine Welten der Fähigkeiten, des Geistes und des Körpers.

Die Thalamus-Region des Gehirns ist die Achse, um die herum die anderen Teile des Gehirns in einem Bogen angeordnet sind. Eine Gerade von der Wirbelsäule senkrecht nach oben weiterlaufend würde direkt durch diesen Thalamus-Bereich führen. An den Thalamus schließt sich die Zirbeldrüse an, die Hauptdrüse des endokrinen Systems, die chemisch das Wachstum und die Differenzierung des Körpergewebes reguliert.

Durch die Struktur des Nervensystems werden Sinneswahrnehmungen, Gefühle und Emotionen, die im Bereich des Körpers hochenergetische Phänomene sind, auf elektrische Impulse in der Größenordnung von Millivolts reduziert und dem Gehirn zugeführt. Im Gehirn wählt ein Quanten-Gott von allen verfügbaren Wahrnehmungen nur die aus, die er bereit ist zu erfahren (die er in seinen Bereich der Fähigkeit einläßt). Durch die Anwendung seines Geistes, dem paramagnetischen Feld, das zwischen ihm und dem Gehirn steht, schränkt er die Stärke einiger Wahrnehmungsimpulse ein und blockiert andere ganz.

Das Bewußtsein eines Quanten-Gottes wächst, indem er seine Widerstände (die festen Einstellungen) abbaut und mehr und mehr sinnliche Erfahrung in seinen Bereich der Direkterfahrung einfließen läßt. Die Folge ist, daß er mehr und mehr unmittelbar aus seinem Körper heraus reagieren kann, ohne daß ihm der Geist mit seinen

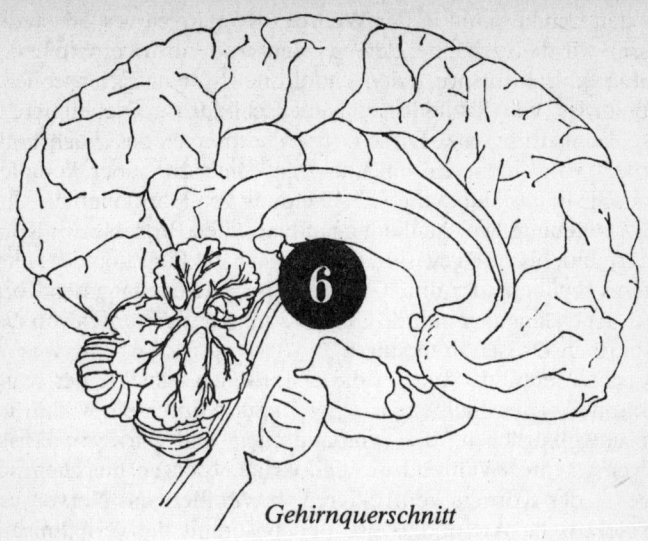

Gehirnquerschnitt

Einschränkungen dazwischenfunkt. Der Prozeß des (persönlichen) Bewußtseinswachstums geht einher mit der Vergrößerung (im Bezug auf den physischen Körper) des Bereiches der unmittelbaren Erfahrung und Direktwirkung.

Indem sich ein Quanten-Gott von der Identifikation mit seinem Geist und schließlich mit seinem Gehirn löst, vermag er seinen Bereich der unmittelbaren Erfahrung in andere Bereiche innerhalb der Welt seines Körpers hinein auszudehnen. Er kann dann die Aktivitäten seines Körpers unmittelbar erfahren, ohne von den abstrakten Interpretationen seines Gehirns abhängig zu sein. Es gibt Gebiete innerhalb des Körpers, die dem Quanten-Gott einen ganz neuen Bereich der Erfahrung erschließen. Es sind dies die Energiezentren des Körpers, die *Chakras.*

An einem bestimmten Punkt der Entwicklung eines Quanten-Gottes wird er seinen gesamten Körper bewohnen. Jede Körperzelle, jedes Organ, einschließlich dem Gehirn, wird dann innerhalb des Bereiches der Direkterfahrung liegen. Er wird völlig in seinen Körper inkarniert und damit einsgeworden sein. Das ist, so glaube ich, der Bewußtseinszustand, der in der Bibel »Christus« genannt wird. Der Quanten-Gott wird sein wie der »Vater in mir«, während der Körper als »Sein eingeborener Sohn« wirkt.

Um den Lebensbaum in der Welt des Körpers zu vervollständigen, müssen wir die verbleibenden vier Sephiroth noch beschreiben. Die siebte Sephirah entspricht dem endokrinen System. Es umschließt die Zirbeldrüse, die Schilddrüse, Nebenschilddrüse, Nebenniere und Geschlechtsdrüse, usw. Diese Drüsen bestimmen das Wachstum des Körpers von einem einzelligen Organismus zu seiner kompletten Form. Sie liefern durch die Ausscheidung von Hormonen die chemische Umgebung, welche die langandauernden Prozesse des Körpers steuert und, bis zum gewissen Grade, auch die Funktion des Nervensystems reguliert, das durch die chemische Umgebung des Körpers wirkt. Auch langandauernde Gefühlsstimmungen werden von diesen endokrinen Drüsen unterstützt.

Die achte Sephirah steht für die elektrischen Aspekte der Körperfunktionen – den Fluß elektrischer Impulse durch die willkürlichen und unwillkürlichen, die sympathischen und parasympathischen Nervensysteme. Während die endokrinen Drüsen die chemischen Aspekte des Körpers kontrollieren, kontrolliert das Nervensystem auf elektrische Art und Weise und bestimmt die verhältnismäßig kurzzeitigen Funktionen des Körpers – Sinneswahrnehmungen, Reflexe und Bewegungen.

Die neunte Sephirah repräsentiert die Teile des Körpers, die als Energieumwandler und Energiespeicher wirken. Das Verdauungs- und das Atmungssystem bewirken die Aufnahme und Umwandlung chemischer Energie – in der Form von Speise, Luft und Wasser – in elektrische Energie oder eine andere Form chemischer Energie. Diese Systeme wirken auch als Ausscheidesysteme für die Abfallprodukte der Energieumwandlung, indem sie Kohlendioxyd und unbrauchbare chemische Reststoffe abgeben.

Die zehnte Sephirah stellt die Skelett- und Muskelsysteme dar. Für ihre Funktion als Umwandler elektro-chemischer Energieformen in die mechanischen Energieformen der Körperbewegung sind sie von den Energiesystemen des Körpers abhängig. Diese Sephirah steht auch für die physische Materie des Universums, wie sie in der Körperstruktur sublimiert wird.

Die verschiedenen Aspekte der Körperenergieprozesse stehen mit allen anderen in Wechselwirkung. Keine Funktion ist von einer anderen isoliert. Das ist so innerhalb des Körpers und zwischen dem Körper, dem Geist und dem Quanten-Gott im Inneren.

Was ihre Beziehung zu den Engeln und zu den Kräften in der Welt von YETZIRAH (der die Welt des Körpers im Modell der Psychometaphysik entspricht) angeht, will ich hier nicht versuchen, die Körperform noch weiter zu klassifizieren. Das halte ich im Rahmen dieses Buches nicht für zweckmäßig. Die Wissenschaft hat umfassendes Material über die Funktionen des menschlichen Körpers zusammengetragen. In den letzten Jahren wurde dieses noch erweitert durch die Entdeckung von Energiefeldern, die den Körper umgeben. Wie ich erwähnte, sind diese gewissen Menschen schon seit Jahrhunderten bekannt. Den Körper und seine Energiefelder in größerem Detail zu behandeln, würde ein weiteres Buch füllen. Weitere Information über die Energiezentren des Körpers kann sich der Leser aus den Werken von Wilhelm Reich (die Orgontheorie), den Werken von C. W. Leadbeater und vielen anderen holen, darunter auch aus den Werken über die Wissenschaft und Praxis der Akupunktur.

Das Körper-Geist-System

Wir hatten die Welt des Geistes zeitweilig verlassen, um die Beziehungen zwischen der sechsten Sephirah und dem physischen Körper zu beschreiben. Das Körper-Geist-System wird durch die Sephiroth unter der sechsten Sephirah dargestellt. Diese Sephiroth zeigen, wie ein Quanten-Gott, der in der sechsten Sephira wohnt, im Körper-Geist-System wirkt. Genauer gesagt, stellen sie die subjektiven Erfahrungen eines Individuums dar, wie er sie durch seine individuelle geistige und körperliche Welt, das Universum seines Körper-Geist-Systems, wahrnimmt.

Die Triade des ontologischen Geistes stellt die Auswirkungen der Einstellungen und Meinungen (vierte Sephirah) und der Fähigkeit zu reagieren (fünfte Sephirah) dar, die zusammen in der sechsten Sephirah einen Seinszustand hervorrufen. Die Triade des körperlichen Geistes stellt die Gedanken und Gefühle dar, wie sie innerhalb der sechsten Sephirah, aus dem Körper kommend, erlebt werden. Die Triade des körperlichen Geistes repräsentiert den normalen Wachbewußtseinszustand, mit dem wir alle vertraut sind. Diese Triade steht für die Bewußtseinsinhalte, während die Triade des ontologischen Geistes den Bewußtseinszustand darstellt, von dem aus wir diese beobachten.

Die Triade des körperlichen Geistes

Die siebte Sephirah: Das Fühlen

Benennung aller Sephiroth auf Platz 7	Netzach, Sieg
Yetziratische Benennung	Die verborgene Intelligenz
Erzengel	Haniel, die Gnade Gottes
Symbol in ASSIAH	Venus

Die Bedeutung, die sich aus dem Symbol für die Venus ableitet, ist das Fühlen. Es steht für eine Wahrnehmung, die aus dem Körper aufsteigt. Das subjektive Gefühlserleben ist das Ergebnis einer Energieumwandlung innerhalb des Körpers, wahrgenommen durch das paramagnetische Feld des Geistes. Je klarer der Geist, um so leichter läßt er Gefühle und Sinneswahrnehmungen vom Körper ins Bewußtsein des Individuums fließen. Je mehr feste Meinungen ein Mensch über die Dinge hat, um so weniger wird er seine Gefühle erleben. Fühlen wird die verborgene Intelligenz genannt, weil es eine andere Wahrnehmungsart ist, eine, die dem Durchschnittsmenschen normalerweise nicht bewußt ist. Der Grund dafür ist, daß wir immer wieder angehalten werden, die Welt durch unsere Gedanken wahrzunehmen und unseren Gefühlen zu mißtrauen. Gefühle werden im großen und ganzen als irrational angesehen und als eine Störung des rationalen Denkprozesses, den wir überbewerten. Ein feinfühliger Mensch kann jedoch die hinter den Gedanken und Ideen liegende Wirklichkeit der Anderen wahrnehmen. Er erlebt die Welt und den Anderen auf viel direktere Art und Weise.

Es hat Millionen von Jahren gedauert, bis sich im Universum ein Körper entwickelt hat, der uns ein wahres Bild des Universums geben kann. Dieses Bild wird aus den Sinneswahrnehmungen und Gefühlen gebildet, die wir durch unseren Körper erhalten. Sinneswahrnehmungen und Gefühle teilen uns mit, was innerhalb unseres Körpers geschieht, was zwischen uns und Anderen sowie uns und dem ganzen Universum geschieht. Das einzige, was das Bild der Wirklichkeit verzerrt, sind unsere Gedanken über die Wirklichkeit und unsere Einstellung zu ihr.

Die achte Sephirah: Begriffliches Denken

Benennung aller Sephiroth auf Platz 8	Hod, Herrlichkeit
Yetziratische Benennung	Die absolute oder vollkommene Intelligenz
Erzengel	Raphael, der Göttliche Heiler*
Symbol in ASSIAH	Merkur

Das Symbol für Merkur beschreibt einen Prozeß, in dem Energie oder Information von oben kommend durch die Wahrnehmung in die Festigkeit nach unten übergeht. Es ist dem Symbol der Venus sehr ähnlich, nur deutet es noch etwas von oben Aufgenommenes an (symbolisiert durch den empfangenden Halbmond). Diese Sephirah folgt numerisch auf die Sephirah des Fühlens (siebte Sephirah); damit ist angedeutet, daß sie von dieser abhängig ist. Gefühle entspringen dem Körper, während Begriffe für diese Gefühle dem Geist entsprin-

---

* Anmerkung des Übersetzers: In manchen kabbalistischen Systemen ist der Erzengel Michael hier zugeordnet.

gen. Die Art und Weise, wie wir uns von etwas einen Begriff machen, hängt von dem Seinszustand (sechste Sephirah) ab, der wiederum von unseren festen Einstellungen (vierter Sephirah) abhängig ist und davon, wie diese unsere Fähigkeit zu reagieren (fünfte Sephirah) beeinflussen.

Bei der Begriffsbildung abstrahiert man Symbole in der Form von Wörtern, Vorstellungen oder Bildern von der sinnlichen und gefühlsmäßigen Erfahrung. Begriffe werden so zur »Währung« des Geistes und Gehirns. Die Fähigkeit der Begriffsbildung ist wichtig, da sie uns ermöglicht, abstrakt zu denken und miteinander zu sprechen. Problematisch wird es, wenn wir vergessen, daß Begriffe nur Dinge repräsentieren, und wir anfangen, die Begriffe für die Dinge selbst zu halten.

Pfad Nummer 14; Der Tod einer Rolle

Der vierzehnte Pfad verbindet Seinszustand (sechste Sephirah) mit Fühlen (siebte Sephirah). Der Buchstabe *Nun* ist ihm zugeordnet, die Tarotkarte »Der Tod« und das Zeichen Skorpion, das »Ich wünsche« bedeutet.

Der Seinszustand, in dem man ist, oder die Rolle, die man spielt, bestimmt das, wofür man empfindlich ist und welche Gefühlsreaktionen man in bestimmten Situationen hat. Eine Mutter ist für das Schreien eines Kindes empfindlich wie niemand sonst in einer anderen Rolle. Einem Kind erlaubt seine Rolle, zu spielen und sich zu vergnügen, wie das in keinem anderen Seinszustand möglich ist. Die Rolle eines Opfers macht einen Menschen empfänglich für alles in seiner Umgebung, das als Gefahr angesehen und damit zur Verstärkung der Rolle herangezogen werden kann. Alle Rollen haben ihre entsprechenden Bereiche der Empfänglichkeit für bestimmte Gefühle und Sinneswahrnehmungen. Alle Rollen haben ihre Gruppen von Gefühlsreaktionen – den Programmen, wie man in bestimmten Situationen zu fühlen und zu reagieren hat.

Der Prozeß verläuft auch in der Gegenrichtung. Der Seinszustand kann durch starke Gefühle oder Sinneswahrnehmungen beeinflußt oder grundlegend verändert werden. Ein Kind kann plötzlich in eine Erwachsenenrolle hineingeworfen werden, z. B. die des »Unverwundbaren«, durch das Erlebnis einer großen Enttäuschung oder Tragödie.

Eine Möglichkeit, die Tarotkarte »Der Tod« zu erklären, ist, sie als den Tod einer Rolle, die wir uns geschaffen haben, zu verstehen. Da sich ein Individuum mit seiner Rolle identifiziert, erlebt er ihren Verlust als einen persönlichen Tod. Die Tragödie kann ganz einfach darin bestehen, daß jemand die Fassade durchschaut und in jene Teile hineingesehen hat, die man verbergen wollte.

Pfad Nummer 16; Der Gebrauch von Begriffen

Der sechzehnte Pfad verbindet Seinszustand (sechste Sephirah) mit begrifflichem Denken (achte Sephirah). Er trägt den Buchstaben *Ayn*. Die Tarotkarte »Der Teufel« und das Zeichen Steinbock mit der Schlüsselidee »Ich gebrauche« gehören zu ihm.

Begriffliches Denken ist ein Prozeß des Beschreibens von Erfahrungen durch abstrakte Symbole in der Form von Wörtern und Bildern. Die Symbolwahl, die Wörter, die man verwendet, um sich oder Anderen die eigenen Erfahrungen zu beschreiben, hängt von dem Seinszustand ab, in dem man sich gerade befindet. Potentiell sind wir alle in der Lage, verschiedene Gruppen von begrifflichen Symbolen zu benutzen, um zu beschreiben, was uns geschieht oder was wir beobachtet haben. In der Rolle eines Wissenschaftlers wird ein Mensch eine Blume anders beschreiben als in der Rolle des Dichters. Die Begriffe, die wir zu einer bestimmten Zeit benutzen, offenbaren und verstärken die Einstellungen, die sich um den Seinszustand gruppieren, in dem wir gerade sind.

Die Pfade Nummer vierzehn und sechzehn zusammen gesehen, deuten auf die Fähigkeit eines Quanten-Gottes, in seinem Körper durch seine Absichtlichkeit Gedanken und Gefühle hervorzurufen. Wir nehmen normalerweise an, daß wir jeden Gedanken haben können, den wir haben wollen, da unser Erziehungssystem großen Wert auf die Denkfähigkeit legt. Wir nehmen im allgemeinen aber nicht an, daß wir willentlich auch Gefühle hervorrufen können. Diese Fähigkeit wird normalerweise nur von Schauspielern entwickelt. Wir sind aber alle Schauspieler in bezug auf die Rollen, die wir im Leben spielen (die sechste Sephirah). Wenn wir uns dessen auch nicht bewußt sind, so bringen wir alle sowohl Gedanken wie auch Gefühle hervor.

Pfad Nummer 17; Gefühle auf den Begriff bringen

Der siebzehnte Pfad verbindet begriffliches Denken (achte Sephirah) mit Fühlen (siebte Sephirah). Ihm sind der Buchstabe *Peh*, die Tarotkarte »Der Turm« und das Symbol für Mars zugeordnet.

Die Art und Weise, wie Gefühle und Sinneswahrnehmungen begrifflich erfaßt werden, bestimmt, wie und inwieweit sich ein Individuum ihrer bewußt wird. Wir sind uns alle gewisser Gefühle bewußt, denn der Geist unterdrückt sie nur selten ganz. Gefühle werden im Geist mit Begriffsetiketten versehen. Wir kennen alle den Begriff der Trauer. Doch sind wir uns normalerweise der Energie der Trauer in unserem Körper und der Wirkungen dieser Energie oder dieses Gefühls in unseren verschiedenen Körperteilen nicht bewußt. Jedes Gefühl, jede Emotion hat eine ganz bestimmte Auswirkung auf unseren Atem, die Muskelspannung in bestimmten Körperteilen, sowie andere Gefühle, die in unserer Charakterstruktur damit verbunden sind. Das Etikett »Traurigkeit« verbirgt uns den ungeheuren Bereich von Sinneswahrnehmungen und Gefühlen, die zusammenwirken, um Trauer hervorzubringen. Der Begriff der Traurigkeit ist ein kollektiver Gedanke, der uns von der Differenzierung der verschiedenen Wahrnehmungen und Körperwirkungen, welche die Trauer verursacht, abhält. Dieser Mangel an Differenzierung erlaubt uns nicht, die volle Tiefe und Eigenart unserer Gefühle und Emotionen zu erleben. Gefühle sind häufig sehr vielschichtig. Ein Gefühl ist oft von anderen Gefühlen begleitet. Dies verstärkt noch die Verwirrung des Geistes, die das voll bewußte Erleben der Körperenergie verhindert.

Die Pfade, die die Triaden des ontologischen und des körperlichen Geistes verbinden

Die sechste Sephirah liegt an dem Schnittpunkt, in dem feste Einstellungen, die Fähigkeit zu reagieren, Fühlen und begriffliches Denken zusammenwirken und so die Rolle oder den Seinszustand offenbaren, in dem ein Quanten-Gott sich gerade befindet. Auf diese Art und Weise wirkt die sechste Sephirah als Weg, der die Triaden des ontologischen und des körperlichen Geistes verbindet. Es gibt noch zwei weitere Wege, die diese Triaden verbinden. Es sind der elfte und der dreizehnte Pfad. Sie sind aber nicht mit der sechsten Sephirah verbunden und deuten so an, daß sie unterhalb der Schwelle der Bewußtheit wirken und unabhängig sind von dem Seinszustand, in dem man sich befindet.

Pfad Nummer 11; Emotionalität

Der elfte Pfad verbindet feste Einstellungen (vierte Sephirah) mit Fühlen (siebte Sephirah). Er trägt den Buchstaben *Khaf,* und ihm sind »Das Glücksrad« im Tarot und der Planet Jupiter zugeordnet. Dieser Pfad liegt auf der Säule des Sich-Beziehens im Lebensbaum.

Er ist nicht mit dem Seinszustand verbunden und stellt deshalb eine geistige Funktion dar, der sich ein Quanten-Gott, der die zentrale Position im Lebensbaum einnimmt, nicht bewußt ist. Während der zehnte Pfad den Einfluß der festen Einstellungen auf den Seinszustand zeigte, zeigt der elfte Pfad ihren Einfluß auf das Fühlen, die Emotionalität und die Sinneswahrnehmungen.

Gefühle und Emotionen scheinen oft zufällig, ohne offensichtliche Verbindung mit der entsprechenden Situation aufzutreten. Tatsächlich werden aber alle emotionalen Reaktionen, außer den unmittelbaren und natürlichen Gefühlsausdrücken, von den gleichen festen Einstellungen geformt, die auch die geistigen Denkstrukturen bilden. Man könnte sagen, daß die festen Einstellungen die Gefühle an das Rad der vorgefaßten Reaktionen heften. Freifließende Gefühle werden so zu Emotionen. Ein Mensch zum Beispiel, der mit großem Eifer an einer festen patriotischen oder religiösen Einstellung festhält, wird die Emotion der Freude erfahren, wenn jemand sein Land oder seine Religion preist. Stellt jemand diese Einstellung in Frage oder kritisiert sie, so wird er seinen Unmut darüber ausdrücken oder sogar zornig werden. Eifersucht und Feindseligkeit gegenüber dem, der unsere Einstellungen in Frage stellt, sind emotionale Strukturen, die eng mit grundlegenden psychologischen Einstellungen verbunden sind. Sie werden selten überwunden. Da sie so häufig vorkommen, hält man sie für einen Teil der eigentlichen Natur des Menschen. Unsere Umgebung bestärkt diese Ansicht dann noch.

Der Unterschied zwischen Gefühlen und Emotionen ist der: Gefühle sind das Ergebnis einer Änderung in der Beziehung zwischen dem Energiesystem des eigenen Körpers und dem Energiesystem der Körper anderer. Gefühle sind spontane Wahrnehmungen, und sie verursachen spontanes Antworten. Emotionen dagegen sind geistig kontrollierte Gefühle, die nicht spontan sind. Sie sind abhängig von den festen Verhaltensstrukturen des Geistes. Sie führen nicht so sehr zu spontanen Antworten oder direktem Handeln, sondern eher zu kalkulierten Reaktionen, dem bewußten Versuch, andere durch emotionale Einschüchterung so zu manipulieren, daß sie tun, was man von ihnen verlangt.

Menschen, die besonders stark emotional reagieren, können selten den Unterschied zwischen einer spontanen Gefühlswahrnehmung und ihren geistig-programmierten Reaktionsformen erkennen. Für sie zeigen sich Gefühle immer als Reaktionen, meist defensiver Natur. Die Möglichkeit, durch Gefühle die Art der Beziehungen zwischen sich und Anderen zu erfahren, ist ihnen verlorengegangen. Sie sind gänzlich von ihren Denkprozessen abhängig, mit denen sie ihre eigenen Empfindungen und die Anderer analysieren. Dies rührt daher, daß sie nicht bereit sind, ihre eigenen Gefühle zu erfahren und ihnen Ausdruck zu verleihen.

Pfad Nummer 13; Das Unvorstellbare

Der dreizehnte Pfad verbindet die Fähigkeit zu reagieren (die fünfte Sephirah) mit dem begrifflichen Denken (der achten Sephirah). Der Buchstabe *Mem*, die Tarotkarte »Der Hängende Mann« und das Symbol des Planeten Neptun sind ihm zugeordnet.

Das Symbol für Neptun deutet auf einen Prozeß des Empfangens von Information oder Energie, der eine feste Struktur hat, aber ohne Bewußtwerdung vonstatten geht. Es bezieht sich auf die Unfähigkeit eines Individuums, sich etwas bewußtzumachen, was außerhalb seines geistigen Bezugsrahmens liegt. Diese Unfähigkeit, auf eine Erfahrung mit einem angemessenen Begriff zu reagieren – und sie damit verstandesmäßig zu erfassen –, ist bedingt durch die Qualität und die Quantität der festen Einstellungen und der Fähigkeit zu reagieren, also der vierten und fünften Sephirah.

Nimmt ein Individuum eine spezifische Haltung ein, sagt es damit eigentlich, daß es nicht bereit ist, den gegenteiligen Aspekt zu erfahren. Will jemand nur die guten Seiten seines Kindes sehen, so wird er für seine schlechten Seiten blind sein. Es wird ihm schwerfallen, sich auch nur vorzustellen, daß sein Kind auch schlechte Seiten haben könnte.

Die Triade der körperlichen Energie

Die neunte Sephirah: Energiezustand

Benennung aller Sephiroth auf Platz 9	Yesod, die Grundlage
Yetziratische Benennung	Die reine oder klare Intelligenz
Erzengel	Gabriel, der Held Gottes
Symbol in ASSIAH	Der Mond

Die sechste Sephirah stellt den Einfluß dar, den die Geistestätigkeit auf den Seinszustand eines Quanten-Gottes hat. Die neunte Sephirah, die ebenfalls auf der Mittelsäule, der Säule des Seins, liegt, stellt den Gesamtzustand des sinnlichen und gefühlsmäßigen Erfahrens des Körpers dar. Man könnte ihn den Erregungszustand des Körpers nennen. Es ist der Allgemeinzustand der Energie des Körpers.

Das geistige paramagnetische Feld, das den Körper umgibt und durchdringt, bestimmt, wie und bis zu welchem Grade Energie aus der Umgebung und von Anderen durch den Körper fließen kann. Der Energiefluß durch den Körper aktiviert Gefühle und Gedanken, die dann vom subjektiven Verstand gefiltert dem innewohnenden Quanten-Gott zugeführt werden. So hat jeder Seinszustand einen ihm entsprechenden Energiezustand des Körpers.

Geistestätigkeit wirkt als Widerstand für den Energiefluß. Jede Einstellung im Geist beeinträchtigt und hindert den Energiefluß in irgendeiner Weise. Chronische Einschränkungen des Energieflusses zeigen sich im Körper als chronische Muskelspannungen und schließlich als Krankheiten. Je mehr ein Mensch seine Gedanken überschätzt und seine Gefühle unterschätzt, um so weniger Energie wird sein Körper haben.

Der Energiezustand wird subjektiv als ein Gefühl körperlicher Identität empfunden. Der Körper ist so weit eingeschränkt, daß er dem Selbstbild oder Ich entspricht. Das Selbstbild ist begleitet von einer Reihe von Muskelspannungen, die dem Individuum das Gefühl geben, eine eigenständige Person zu sein. Ohne diese Spannung würde sich der Körper als integraler Bestandteil des Universums fühlen. Mit den Spannungen erlebt sich der Körper als einem Individuum zugehörig, als ein Ding, das von der Natur getrennt ist.

Pfad Nummer 15; Die Energie der Erfahrung

Der fünfzehnte Pfad verbindet den Seinszustand (sechste Sephirah) mit dem Energiezustand (neunte Sephirah). Ihm sind der Buchstabe *Sammech,* die Tarotkarte »Gleichmaß« und das Zeichen Schütze mit der Bedeutung »Ich sehe« zugeordnet.

Durch den fünfzehnten Pfad »sieht« ein Quanten-Gott oder erfährt er die Energie seines Körpers. Jeder Seinszustand eines Quanten-Gottes bestimmt bis zu einem gewissen Grade seine Fähigkeit, die Grundenergie seines Körpers zu erfahren und anzuwenden. Grundsätzlich ist diese Energie sexueller Natur. Normalerweise erleben wir sie nicht als solche, außer im Sexualakt selbst, da unsere geistige Struktur sie in Gemütszustände, Emotionen und Reaktionen umändert (sublimiert). Könnten wir den Zwang, den der Geist auf unsere Körperenergie ausübt, beseitigen, dann würde schon der einfache Vorgang des Atmens uns sexuelles Vergnügen bereiten.

Ein Beispiel dafür, wie unsere geistige Struktur diese Grundenergie verzerrt: Erregung ist eine plötzliche Zunahme der durch den Körper fließenden Energie. Doch reagieren die meisten von uns auf das Erleben von Erregung, indem sie eine Haltung einnehmen, welche die subjektive Erfahrung der Erregung verzerrt. Unbewußt verlangsamen wir unsere Atmung. Gleichzeitig tauchen Bilder in unserem Geist auf, die das, was geschieht, mit anderen Erlebnissen unseres Lebens und den Einstellungen, die wir in der Vergangenheit einnahmen, verbindet. In einem Versuch, die Erregung zu kontrollieren, spannen wir unsere Muskulatur an. Durch diesen Prozeß des Kontrollierens wird die Erfahrung der Erregung verzerrt. Statt Erregung erleben wir Furcht oder Angst. Was ein erregendes und angenehmes Erlebnis hätte sein können, wird eines voller Mißbehagen, und unser gesamter Abwehrmechanismus ist aktiviert worden.

Pfad Nummer 18; Wahrnehmung der Gefühle

Der achtzehnte Pfad verbindet Fühlen (siebte Sephirah) mit Energiezustand (neunte Sephirah). Zugeordnet sind ihm der Buchstabe *Zadde,* die Tarotkarte »Der Stern« und das Zeichen Wassermann, »Ich weiß«.

Wissen wird gewöhnlich als eine Funktion des begrifflichen Denkens angesehen. Im Bereich zwischenmenschlicher Beziehungen ist diese Art des Wissens praktisch nutzlos. Was ein Mensch weiß, wie viele Daten er in seinem Erinnerungsvermögen verfügbar hat, sagt wenig darüber aus, was für ein Mensch er ist oder wie er sich selbst, das Leben und Andere wahrnimmt. Um diesen Bereich wissen wir nicht durch das begriffliche Denken sondern durch die Gefühle des Körpers.

Wird das begriffliche Denken ruhiggestellt, so kann ein Mensch der Wirkungen, die Andere auf ihn haben, und die er auf Andere hat, gewahr werden. Der Körper ist wie ein feingestimmtes Musikinstrument. Er hat die Tendenz, aktiv mit seiner Umgebung und anderen Menschen um ihn herum mitzuschwingen. Das Gefühlserlebnis einer Stadt ist ganz anders als das des Landes. Eine gelbe Blume gibt uns ein anderes Gefühl als eine rote. Ein Mensch mit starren Gewohnheiten und Einstellungen macht einen anderen Eindruck auf uns als ein entspannter, offener Mensch. Auf der Energieebene (dargestellt von der neunten Sephirah) sind Gefühle so gut voneinander unterscheidbar wie die Gedanken.

Dieser Pfad steht für die Fähigkeit des Körpers, die uns umgebenden Gefühle zu unterscheiden und darauf zu reagieren. Während der vierzehnte Pfad die Fähigkeit eines *Quanten-Gottes* beschreibt, Gefühle in seinem Körper hervorzubringen, deutet der achtzehnte Pfad auf die Fähigkeit des *Körpers,* eigene Gefühle hervorzurufen. Diese Gefühle, die vom Körper hervorgerufen werden, geben dem Quanten-Gott eine andere Wahrnehmungsart, eine, die oft genauer und aufschlußreicher ist, als es seine Gedanken sind.

Pfad Nummer 20; Die Energie der Begriffe

Der zwanzigste Pfad verbindet begriffliches Denken (achte Sephirah) mit Energiezustand (neunte Sephirah). Der Buchstabe *Resch*, die Tarotkarte »Die Sonne« und das Symbol für die Sonne sind ihm zugeordnet.

Dieser Pfad steht für die Fähigkeit des Körpers, im Geist begriffliche Gedanken hervorzurufen. Während der sechzehnte Pfad Gedanken darstellt, die durch die Absicht des Quanten-Gottes hervorgebracht werden, deutet dieser Weg auf die aus dem Körper aufsteigenden Gedanken. Durch die Wege, die mit der neunten Sephirah verbunden sind, ist es dem Körper möglich, Gedanken und Gefühle hervorzubringen, die für sein Überleben und Wohlbefinden wichtig sind.

Benötigt der Körper Nahrung, so bringt er Gefühle und Gedanken hervor, die an Stärke zunehmen, bis man sie wahrnimmt und darauf reagiert. Der Körper hat eine erstaunliche Eigenintelligenz. Seine Mitteilungen an den Geist des Individuums enthalten alle notwendigen Informationen für die Erhaltung der Gesundheit. Ist ein Individuum in Harmonie mit seinem Körper, wird es immer genau wissen, was und wieviel er an Nahrung benötigt.

Die Triade der Körperstruktur
Die zehnte Sephirah: Persönlichkeit

Benennung aller Sephiroth auf Platz 10	Malchuth, Königreich
Yetziratische Benennung	Die strahlende Intelligenz
Erzengel	Sandalphon, der Messias
Symbol in ASSIAH	Die Erde

Die zehnte Sephirah stellt die *Gestalt* aller anderen Sephiroth und Pfade, die als Einheit wirken, dar. Das Symbol der Erde ist ein Kreuz innerhalb des Kreises. Die Arme des Kreuzes teilen den Kreis in vier Teile. Die vier Arme stellen den vierfältigen Prozeß des Tetragrammaton dar. Die vier Quadranten stellen die spirituellen, geistigen, gefühlsmäßigen und körperlichen Aspekte des Individuums dar. Der das Kreuz umschließende Kreis zeigt, daß diese Aspekte als Einheit, als Persönlichkeit wirken.

Viele Menschen, die einem geistigen Weg folgen, meinen, die Persönlichkeit sei nicht spirituell. Sie glauben, man könne sich der Persönlichkeit oder des Ich entäußern und als ganz vergeistigtes Wesen leben. Sie nehmen an, der Geist sei etwas von der Persönlichkeit oder dem Ich Getrenntes. Andere wieder verwechseln das wahre Selbst mit dem Ich oder der Persönlichkeit und meinen, es bliebe kein Selbst übrig, wenn sie überwunden wären. Aber selbst wenn alle Ansichten und Bilder aufgegeben worden sind, manifestiert das Selbst sich weiter in der Welt des Menschen.

Jeder Aspekt eines Individuums, einschließlich seiner Körperform, ist ein Produkt des wahren Selbst, des Quanten-Gottes. Sprichst du mit jemandem, so sprichst du mit einem Quanten-Gott. Nimmt jemand deine Hand, dann berührt dich ein Quanten-Gott. Schaust du in den Spiegel, schaust du einen Quanten-Gott an. »Das ist doch bloß mein Körper und meine Persönlichkeit«, magst du sagen. Aber das ist nur deine Einstellung. Ein Quanten-Gott ist nicht nur ein Punkt im geistigen Raum; er beinhaltet alles, was du denkst, tust und sagst.

Pfad Nummer 19; Instinkt

Der neunzehnte Pfad verbindet Fühlen (siebte Sephirah) mit Persönlichkeit (zehnte Sephirah). Er trägt den Buchstaben *Qof*. Die Tarotkarte »Der Mond« und das Zeichen Fische, das »Ich glaube« bedeutet, sind ihm zugeordnet.

Ein Glaube an etwas ist ein Entschluß, eine Einstellung gegenüber einer Sache einzunehmen. Im Körper manifestiert sich der Glaube als feste emotionale Gefühlszustände. Es sind zutiefst unbewußte Reaktionsmuster, die wir Instinkte nennen. Ein Instinkt ist der Körperglaube in eine Handlungs- und Seinsweise, die dem Körper in der Vergangenheit in seinem Überlebenskampf nützlich war. Dieser Körperglaube ist dem Menschen so eingewurzelt, daß man ihn für einen Teil der menschlichen Natur hält.

Setzen wir den Glauben des Geistes gegen den Glauben des Körpers, so sehen wir den grundsätzlichen Zwiespalt zwischen dem materiellen und dem spirituellen Wesen des Menschen. Höchstes intellektuelles Streben nach vernünftigem, rationalem Verhalten wird häufig von der materiellen Notwendigkeit zu überleben überwältigt. Manchmal wird aber auch der Überlebenstrieb durch ein überpersönliches Streben überwunden. So etwa, wenn man sein eigenes Leben aufs Spiel setzt, um ein anderes Leben zu retten.

Wir mögen annehmen, daß sich diese beiden Kräfte widersprechen und daß die eine Kraft spiritueller ist als die andere. Der Instinkt, überleben zu wollen, ist die körperliche Spiegelung der spirituellen

Absicht eines Quanten-Gottes, zu sein und auch fortdauernd zu sein. Der Geschlechtstrieb, ebenfalls als Körperinstinkt angesehen, ist eine Widerspiegelung der spirituellen Absicht eines Quanten-Gottes, mit einem Anderen in Verbindung zu treten, den Anderen zu erfahren, und zwar im Akt der gemeinsamen Schöpfung (Zeugung).

Pfad Nummer 21; Selbst-Bewußtheit

Der einundzwanzigste Pfad verbindet begriffliches Denken (achte Sephirah) mit Persönlichkeit (zehnte Sephirah). Zu ihm gehören der Buchstabe *Schin,* die Tarotkarte »Das Gericht« und der Planet Pluto. Das Bild, das wir von uns selbst haben, stimmt oft nicht mit dem überein, was wir wirklich in der Welt sind. Wir haben ja die Fähigkeit zu kontrollieren, inwieweit wir uns unserer selbst bewußt werden. Haben wir vorgefaßte Meinungen und Ansichten darüber, wie wir sein sollten, so beurteilen wir uns selbst unter dem Aspekt, ob wir diesen Vorstellungen entsprechen oder nicht. Das führt zu dem typischen Erscheinungsbild, daß wir uns ändern wollen, ohne überhaupt zu wissen, wie wir in der Gegenwart sind.

Die Charakterstruktur, mit der wir uns darstellen, ist das Ergebnis der selbstgeschaffenen persönlichen Wirklichkeit. Es ist gut, sich daran zu erinnern, daß das, was wir in der Gegenwart sind, das Ergebnis des eigenen schöpferischen Wirkens in der Vergangenheit ist. Ehe eine neue und bessere Schöpfung die alte ersetzen kann, muß man wissen, was in der Gegenwart existiert. Diese Manifestation früherer schöpferischer Tätigkeit muß ins Bewußtsein gehoben werden, denn die Bewußtheit dessen, was geschaffen wurde, ist der letzte und abschließende Schritt des schöpferischen Prozesses. Will man die gegenwärtige Situation nicht sehen, so verneint man seine Verantwortung dafür und macht die Schöpfung neuer und besserer Antworten unmöglich.

Tritt man von sich selbst zurück, um sich zu beurteilen, und akzeptiert sich nicht, wie man wirklich ist, so begibt man sich in eine doppelte Verstrickung. Indem man sich in eine geistige Schablone zwängen will, kämpft man mit sich selbst. Es wird ein Kampf der inneren Schöpferkraft gegen die äußere Disziplin.

Pfad Nummer 22; Das materielle Medium

Der zweiundzwanzigste Pfad verbindet Energiezustand (neunte Sephirah) mit Persönlichkeit (zehnte Sephirah). Zu ihm gehören der Buchstabe *Tav,* die Tarotkarte »Die Welt« und das Symbol des Saturn.

Dieser Pfad hat, wie alle Pfade am Lebensbaum, zwei Richtungen. Durch den passiven oder empfangenden Aspekt wird der Materie des physischen Universums (einem anderen Aspekt der zehnten Sephirah) Energie entnommen. Energie wird dem Körper in Form von Nahrung zugeführt, also in Form von organischer Materie, die durch chemische Bindungen zusammengehalten wird. Das Verdauungssystem setzt diese Energie frei und macht sie für den Körper verfügbar. Auch aus der Luft wird Energie in Form von Sauerstoff entnommen, der für Stoffwechselprozesse notwendig ist. Schließlich nehmen wir auch aus den uns umgebenen Lebenskräften Energie auf. Der Körper nimmt Materie auf und benutzt sie, um die Körperzellen zu erneuern.

Der aktive Aspekt ist, daß die physische Materie des Körpers das Mittel ist, über das wir mit dem Stoff des physischen Universums und anderer Individuen in Wechselbeziehung treten. Ohne den physischen Körper und die Sinne wäre ein Quanten-Gott nicht in Verbindung mit der objektiven Wirklichkeit, die alle Wesen des physischen Universums gemeinsam haben. Seine Wirklichkeit wäre eine rein geistige, und es gäbe keine Möglichkeit, seine subjektiven Eindrücke von den Dingen an ihrer sinnlich erfahrbaren Wirklichkeit zu messen. Die physische Wirklichkeit gibt einen objektiven Rahmen, in dem ein Quanten-Gott mit anderen auf spezifische, differenzierte und bewußte Art und Weise kommunizieren kann. Die Bedingungen von Zeit, Raum, Energie und Masse, die der Quanten-Gott der Materie des physischen Universums auferlegt, wirken sowohl als Einschränkungen seiner Fähigkeiten, wie auch als Rahmen, innerhalb dessen er die Wirksamkeit aller ABSTen, Gedanken, Gefühle und Handlungen erleben kann.

Materie ist der große Gleichmacher. Stellen wir uns doch einmal vor, was geschehen würde, wenn wir in einem Universum ohne die Grenzen lebten, die die Materie uns auferlegt. Stellen wir uns vor, wie es wäre, wenn jeder Gedanke, den wir haben, sofort äußere Realität annähme. Hätte man einen Gedanken über sich selbst, würde man unmittelbar diese Erscheinung annehmen. Und die Gedanken, die man über Andere hat...

In gewisser Weise wäre es schön, von den physischen Einengungen frei zu sein. Wir könnten uns augenblicklich an jeden beliebigen Ort versetzen. Wir könnten fliegen. Doch der Zweck des Lebens ist nicht, ein »Supermann« zu werden. Der Zweck des Lebens ist, uns unseres eigenen Wesens und dem Anderer immer bewußter zu werden. Und darin liegt die Funktion der Materie.

DRITTER TEIL
SELBSTFINDUNGSKURS

Erleuchtung, das direkte Erleben
der Wahrheit

Einleitung

Alle Modelle sind, unabhängig von ihrer Genauigkeit, geistige Konstrukte. Als Geisteskonstrukte können sie nur auf die Wahrheit hindeuten. Die Wahrheit in ihrem absoluten Sinne läßt sich erst nach Überwindung aller Geisteskonstrukte finden. Die Wahrheit wird unmittelbar und vom ganzen Sein des Menschen erfahren, ohne die Begrenzung des begrifflichen Denkens oder der Gefühlsreaktionen, die auf Programmen der persönlichen Charakterstruktur beruhen. Sind diese Hindernisse beseitigt, ist die Wahrheit jederzeit, »hier und jetzt« unmittelbar und selbstevident erfahrbar.

Für viele ist das Modell, dem sie Glauben schenken, die Wahrheit selbst. Das sind die religiösen Modelle. Sie sind wahr, einfach weil man glaubt, sie seien wahr. Die Kabbalah wird von vielen so verstanden. Hier habe ich aber die Kabbalah in anderer Weise dargestellt. Für mich ist die Kabbalah nur eines der geistigen Konstrukte, mit denen man der Wahrheit nahe kommen möchte, nicht die Wahrheit selbst. Im Gegensatz zu anderen religiösen Modellen gibt uns die Kabbalah einen Bauplan der Wirklichkeit, der zur Wahrheit hinführt. Die Kabbalah ist eine Methode wie auch ein Plan. Sie ist ein Weg, der Wahrheit nahe zu kommen, indem man jeden Begriff und jedes Gefühl, das dem direkten Erleben der Wahrheit entgegensteht, prüft und auflöst. Wie alle anderen geistigen Konstrukte muß man am Ende auch die Kabbalah überwinden.

Es gibt Hunderte von Wegen zur Wahrheit. Jeder hat seine Gültigkeit und seine Zeit. Jeder Mensch hat seinen individuellen Weg, da das tägliche Leben – in einem ganz realen Sinne – der einzige Weg ist. Die Art und Weise, wie jeder von uns lebt, erfährt und das Leben versteht, ist einmalig. Die Pläne und Modelle, die wir annehmen und denen wir folgen, zeigen, wie wir uns entschlossen haben, uns selbst zu verstehen. Das Leben selbst hat keine festen und endgültigen Wege, die wir gehen müssen; unser Glaube und unsere Vorstellungen, und nur sie, schreiben uns den Weg vor.

Das Problem mit allen Modellen und geistigen Konstrukten ist, daß man daran glauben muß. Das ist für eine geraume Zeit wichtig und notwendig, denn ohne Glauben ist das Modell als Weg der Selbstfindung unbrauchbar. Es kommt jedoch ein Zeitpunkt, zu dem das Modell seinen Zweck als zeitweiliger Plan und als Methode erfüllt hat. Von diesem Zeitpunkt an muß das Individuum bereit sein, das Modell aufzugeben, um für den letzten Teil des Weges nur noch seiner inneren Stimme zu folgen. Für die meisten von uns ist das ein schreckliches Erlebnis. Es erfordert den Sprung von der sicheren Welt der geistigen Konstrukte in die geistige Leere unmittelbarer Erfahrung. Ist das Modell der Wirklichkeit, das uns bis zu diesem Punkt gebracht hat, richtig, wird es uns in die Lage versetzen, das in der direkten Erfahrung Erlebte ins alltägliche Leben zurückzubringen. Ist das Modell der Wirklichkeit, dem wir unseren Glauben geschenkt haben, zu weit von der Wahrheit entfernt, mag es passieren, daß wir unsere direkte Erfahrung leugnen und uns der Sicherheit des Glaubens wieder zuwenden. Oder wir verändern die Wahrheit so, daß sie unseren Vorstellungen entspricht.

Die wenigsten von uns machen den Sprung über den Glauben hinaus. Die meisten von uns glauben nicht einmal, daß das möglich ist. Wir bleiben in einer Welt, in der der Glaube an die Stelle der Wahrheit gesetzt wird. Das trifft sowohl für den wissenschaftlichen Glauben wie auch für den religiösen Glauben zu. In diesem Sinne sind sie beide gleich.

Für mich war der Weg heraus aus den geistigen Konstrukten in die Welt der direkten Erfahrung der »Selbstfindungskurs« (Enlightenment Intensive) eine aus der Zen-Meditation abgeleitete Methode. Durch den Selbstfindungskurs überwand ich meinen Glauben in die Kabbalah als die Wahrheit selbst. Durch die Erfahrungen des Selbstfindungskurses wurde es mir möglich, das Modell der Psychometaphysik zu formulieren.

Der Selbstfindungskurs wurde von Charles Berner, dem Gründer des »Institute of Ability« in Lucerne Valley, Kalifornien, zusammengestellt. Charles Berner (der für viele Jahre Zen-Buddhismus studiert hat) und seine Frau Ava wendeten eine Situation an, in der zwei Menschen sich gegenübersaßen und sich gegenseitig verschiedene Fragen über ihre Beziehungen zueinander stellten. Ende 1968 kam ihm der Gedanke, daß man in dieser Situation vielleicht auch viele der *Koan* (Fragen) lösen könnte, mit denen er vom Zen her vertraut war. Er rief seine Schüler zusammen und gab ihnen die Aufgabe, die Frage »Wer bin ich?« zu beantworten. Er war erstaunt und glücklich festzustellen, daß schon innerhalb weniger Tage einige seiner Schüler Erleuchtungserlebnisse hatten, wie sie von Leuten beschrieben wurden, die bis zu zehn Jahre Zen-Meditation geübt hatten.

Es war bei seinem zweiten Selbstfindungskurs, als ich mein eigenes

Wesen und das Wesen des Lebens fand. Es war ein Fünf-Tage-Kurs, der mein Leben ganz erheblich veränderte.

Es muß hier erwähnt werden, daß mein Interesse für die hintergründigen Aspekte der Dinge und das Modell der Psychometaphysik, wie ich es im zweiten Teil dieses Buches beschrieben habe, nur zweitrangig ist im Vergleich zur Erleuchtungs-Erfahrung selbst. Den meisten Menschen, die an einem Selbstfindungskurs teilnehmen, geht es nicht um das absolute Wesen der Wirklichkeit. Ihr Interesse gilt dem für sie wichtigen Aspekt – dem Direkterleben ihres eigenen Wesens, ohne sich auf Drogen zu stützen, an ein Dogma glauben zu müssen oder bis zu zehn Jahre in einem Zen-Kloster verbringen zu müssen.

Die Menschen, die daran teilnahmen, sind keine außergewöhnlichen Menschen. Es sind Menschen aller Altersgruppen, aus allen Berufen und jeder Bevölkerungsschicht. Das, was sie alle gemeinsam haben, ist der echte Wunsch, die Wahrheit zu erkennen. Beinah alle sind am Anfang recht skeptisch, wie auch ich es war. Das Schwierigste am Anfang ist, das schreckliche Wort »Erleuchtung« zu überwinden. Es hat so viele unerwünschte Untertöne, daß den meisten Leuten davor schaudert, wenn sie es hören. Aber welches Wort soll man verwenden? Ich hoffe, die folgende Beschreibung wird etwas Klarheit über die Bedeutung des Wortes bringen.

Erleuchtung heißt wörtlich, das Licht des Bewußtseins in etwas hineinzubringen. Erleuchtung erfährt man, wenn das Bewußtsein in unmittelbaren Kontakt mit der Wahrheit kommt. Erleuchtung kann ein jeder unter den verschiedensten Umständen des täglichen Lebens erfahren, und häufig geschieht das auch. Der Unterschied zwischen Erleuchtung und einer Einsicht ist, daß eine Einsicht ein geistiges Phänomen ist, während die Erleuchtung das ganze Wesen beeinflußt. Ein Individuum kann die verschiedensten Arten von Erleuchtung haben (Erleuchtung über sein eigenes Wesen oder Erleuchtung über das Wesen einer Blume) und diese wiederum in den verschiedensten Erlebnisgraden (oberflächlich bis sehr tief).

Das Schlüsselwort im vorangegangenen ist »unmittelbar«; das heißt hier »ohne irgendwelche Umwege«. Normalerweise erleben wir uns, das Leben und Andere durch Sehen, Denken, Glauben, Sich-Entschließen, Urteilen oder Fühlen. Dies alles sind indirekte Erlebnisweisen. Und doch nehmen die meisten an, dies seien die einzigen Erlebnismöglichkeiten.

Erleuchtung ist ein unmittelbares Erfahren der Wahrheit. Wahrheit existiert unabhängig von unserer Wahrnehmung oder unserer Vorstellung von ihr. Im Fall der Selbstfindung heißt das, daß man direkten Kontakt mit der Wahrheit des ICH hat. Diese Aussage könnte vermuten lassen, daß es zwei Formen des Ich (Ich und ICH) gibt – das liegt jedoch nur an der sprachlichen Formulierung und ist tatsächlich nicht der Fall. Man könnte es auf folgende Weise formulieren: In der Selbstfindung ist man eins mit seinem ICH, in dem Sinne, daß man bewußt sein wahres Ich ist. In diesem Zustand gibt es keine geistige Zweigeteiltheit, keinen Gegensatz von Subjekt – Objekt, sondern ein All-ein-sein mit sich selbst.

Der Selbstfindungskurs ist natürlich nicht die einzige Art und Weise, Erleuchtung zu finden. Die erste gut dokumentierte Erleuchtungserfahrung war die des Buddha. Das Ziel des Buddhismus ist das Erlangen der Erleuchtung durch Anwendung der Methoden des Buddha. Es gibt auch Geschichten über Erleuchtungserlebnisse in den Biographien christlicher Mystiker und Heiliger. Der hebräische Name Aaron deutet einen Erleuchtungszustand an. In anderen Religionen finden wir ebenfalls Geschichten über und Methoden für die Erlangung von Erleuchtung. Yoga und Meditation sind solche Methoden. In unserer Zeit verwendete man Drogen wie Meskalin und LSD, um Bewußtseinszustände hervorzurufen, die der Erleuchtung *ähneln*.

Die meisten Methoden, die in der Vergangenheit üblich waren, isolierten den Suchenden von der Welt. Erleuchtung ist am einfachsten (nicht notwendigerweise leicht und schnell) dadurch zu finden, daß man sich von allen äußeren Einflüssen isoliert. Indem man alle Unruheeinflüsse Anderer und der äußeren Dinge beseitigt, kann der Suchende ein tiefes Erlebnis des Alleinseins haben und sich so direkt erleben. Die Schwierigkeiten beginnen jedoch, wenn er dann aus der Isolation wieder zurückkehrt und wieder in Berührung mit der Welt kommt. Der Suchende mag dann feststellen, daß von der Erleuchtung innerhalb der Welt nur noch eine Erinnerung übrigbleibt.

Erleuchtung unter Anwendung von Drogen wie LSD erlangt, ist fast ausschließlich eine zeitweilige. Obwohl Drogen Änderungen im Bewußtseinszustand hervorrufen können, einschließlich solcher Zustände, die man als Erleuchtung beschreiben könnte, haben sie aber auch die Folge, das Individuum von der normalen Welt zu isolieren. Ist die Wirkung der Drogen abgeklungen, ist auch die Erfahrung vorbei. Das Erlebnis wird wiederum zur Erinnerung.

Der Selbstfindungskurs ist keine Methode der Isolation. Im Gegenteil, eine Anzahl von Menschen interagieren miteinander. Dieser Faktor der direkten Beziehung auf andere Menschen macht den Selbstfindungskurs so einzigartig. Da die Erleuchtung in der Gegenwart Anderer erlebt wird, besteht weniger die Gefahr, das Erlebnis zu verlieren und nur eine Erinnerung zu bewahren. Erleuchtung wird dadurch dauerhaft und praktisch.

Erleuchtete Menschen sprechen aus ihrem innersten Wesen. Sie identifizieren sich nicht mehr mit einer Rolle als Vater, Mutter oder Kind, oder mit einem Beruf wie Taxifahrer oder Diplomat oder auch nur mit ihren Gedanken und Gefühlen oder dem Körper. Sie setzen ihr normales Leben fort, aber mit einem bleibenden Wissen, mehr zu sein als alle diese Dinge. Solche Menschen sprechen aus sich heraus, ohne sich auf ihre früheren Gedanken oder die Anderer berufen zu müssen.

Ein erleuchteter Mensch ist mehr als andere fähig, bewußt seine Lebensumstände zu meistern. Er denkt, fühlt und handelt aus sich heraus und macht sich mehr und mehr frei von den Ketten der Umstände. In wachsendem Maße sieht er jeden Moment seines Lebens als ein neues und einzigartiges Erlebnis.

Durch das Selbstfindungs-Erlebnis gewinnt der Mensch ein tieferes Wertgefühl. Er beginnt zu sehen, daß das Leben auf eine erfüllendere und lebendigere Art und Weise gelebt werden kann, als er sich vorher je hat träumen lassen. Das tötende Einerlei, das die meisten von uns Leben nennen, wird überwunden. Das zwanghafte Streben nach Dingen und Geld als Weg zum Glück wird sekundär im Vergleich zum wachsenden Interesse an tieferen Kontakten mit dem Leben und Anderen.

In der Erfahrung eines Mitmenschen findet der Suchende ein Wesen, das genau seinem Wesen entspricht, mit gleichen Eigenschaften und gleichen Bedürfnissen; gleich im Wesen und doch ein völlig einzigartiges Individuum. Eine neue Haltung gegenüber allen Menschen entwickelt sich; ein neues Verständnis für die Wirkungen, die man auf Andere hat, und die Wirkung, die Andere auf einen selbst haben, tritt auf. Die unmittelbare Erfahrung eines anderen Menschen ist eines der schönsten und wertvollsten Erlebnisse, die man machen kann.

Der Selbstfindungskurs ist keine Methode der Problemlösung, wie es viele Formen der Therapie sind. Der Teilnehmer erlebt sich bewußt in der Gegenwart, im Hier und Jetzt. Er muß sich in keiner Weise ändern. Änderungen folgen ganz natürlich nach dem Erleuchtungserlebnis.

Zu sagen, man könne Erleuchtung in drei Tagen erlangen, ist nicht ganz richtig. Was ein Mensch als Antwort auf eine Frage, an der er arbeitet (wie z. B. »Wer bin ich«?), erlebt, ist die Frucht des gesamten Lebens bis zu diesem Zeitpunkt, aber eben erlebt in einem Moment. Oft sagen die Teilnehmer nach dem Erlebnis, daß sie es schon vorher wußten. Der Unterschied ist, daß sie es diesmal mit ihrem ganzen Wesen erlebten. Es war nicht nur ein hin und wieder auftretender Gedanke.

Natürlich ist die einzig wirkliche Möglichkeit zu verstehen, was Erleuchtung ist, die, es selbst zu erleben. Hier kann ich nur versuchen, das zu beschreiben, was bei einem Selbstfindungskurs vor sich geht. Obwohl der Prozeß in einen kleinen Zeitraum gepreßt ist (manchmal nur drei Tage), sind die zu durchlaufenden Stationen ähnlich, welche Methode auch immer verwendet wird.

Beschreibung eines Selbstfindungskurses

Eine Gruppe von Menschen, es können zwischen 12 und 80 sein, treffen sich irgendwo auf dem Lande am Abend vor dem Beginn des Selbstfindungskurses. Sie haben einen Schlafsack mitgebracht, Handtuch, Waschzeug und bequeme Kleidung und vielleicht auch ein Kissen zum Sitzen. Zu Hause gelassen haben sie alle Drogen, einschließlich Tabak und Alkohol, wie auch Rasierapparat und Make-up-Utensilien und – so ist zu hoffen – vorgefaßte Ideen.

Je nach den gegebenen Umständen schlafen und essen alle gemeinsam in den existierenden Räumen. Bei der Ankunft begrüßt sie jemand, bietet ihnen eine Suppe oder einen Kräutertee an und schlägt ihnen vor, sich auszuruhen. Der Kurs beginnt um sechs Uhr früh am nächsten Tag.

Um sechs Uhr weckt ein Gong oder eine Glocke die Teilnehmer. Man bittet sie, sich binnen 15 Minuten im größten Zimmer zu versammeln. Die Morgentoilette ist kurz.

Um 6.15 Uhr ist auch der letzte verschlafene Teilnehmer in der Meditationshalle. Der Kursleiter heißt die Teilnehmer willkommen und erklärt ihnen den Ablauf der nun folgenden Tage.

Nur während dieser kurzen Zeit besteht die Möglichkeit, sich eventuell gegenseitig vorzustellen. Es ist die einzige Gelegenheit während des Kurses, bei der die Teilnehmer sich gegenseitig beim Namen nennen.

»Während der nächsten drei Tage wollen wir versuchen, eine unmittelbare Erfahrung unseres Wesens, des Wesens des Lebens und des Mitmenschen zu machen. Wenn sie sich jetzt entschließen, daß ihnen das möglich ist und daß sie Erfolg haben werden, so wird ihnen das sehr helfen. Solch ein Entschluß erleichtert es, Zweifel in sich selbst abzubauen.

»Erleuchtung ist eine ganz einfache Sache; es ist die unmittelbare Erfahrung der Wahrheit. Mit ›unmittelbar‹ meine ich ohne Sinneswahrnehmungen, ohne Fühlen und ohne darüber zu denken. Es mit Worten zu beschreiben ist nicht möglich, aber jeder wird es verstehen, wenn er es selbst erfahren hat.

»Ich bitte jetzt für diese drei Tage alle Gedanken an die Außenwelt aufzugeben. Sollte irgend jemand einen Telefonanruf oder einen Brief erwarten, bitte ich, das meinen Assistenten mitzuteilen. Alle eingehenden Mitteilungen, es sei denn, es handele sich um einen Notfall, werden bis zum Ende des Kurses zurückgehalten. Es ist wichtig, nicht von äußeren Störungen abgelenkt zu werden. Gibt es jemanden, der glaubt, den Kurs vor dem Ende des dritten Tages abbrechen zu müssen?

»Bitte legen sie alle Skepsis ab sowie alle vorgefaßten Meinungen über das Wesen der Erleuchtung oder die Antwort auf ihre Frage. Auch dann, wenn sie schon eine Antwort auf ihre Frage haben, oder eine richtige Vorstellung davon haben, was Erleuchtung ist, ist die eigene Erfahrung noch immer etwas anderes, als das Wissen darum. Zweck meines Hierseins ist, sie zur größtmöglichen Anstrengung anzuspornen. Ich kann ihnen helfen, einige Klippen zu überwinden, denen sie sich auf dem Weg gegenüberfinden. Sie sollen das tiefstmögliche Erlebnis der Erleuchtung haben und nicht nur eine Einsicht oder emotionelle Katharsis.

»Es ist möglich, daß einigen meine autoritäre Rolle Schwierigkeiten macht oder auch die bis in Einzelheiten strukturierte Methode, die wir anwenden. Sollte das geschehen, kommen sie zu mir und sprechen sie sich darüber aus. Die intensive Struktur, die wir verwenden, vergrößert die Chance, eine besonders tiefe Erfahrung zu machen. Der Kurs hat Hunderten geholfen und wird auch ihnen nützen, wenn sie sich voll einsetzen.

»Ehe ich den Tagesablauf selbst erkläre, noch ein Wort zu den Regeln. Bitte nehmen sie für die nächsten drei Tage keine Drogen zu sich, einschließlich Tabak, Alkohol, Tee oder Kaffee. Essen sie nichts, außer dem, was wir ihnen geben. Wasser können sie trinken. Die Mahlzeiten sind so weit wie möglich aus organisch angebauter Nahrung zubereitet und sowohl die Quantität wie auch die Qualität sind ausreichend für ihre physischen und geistigen Anstrengungen hier.

»Tragen sie eine Brille oder Kontaktlinsen, versuchen sie, ohne sie auszukommen, wenn sie mit einem Partner arbeiten. Wenn sie ihren Partner ohne zu große Anstrengungen vor sich sehen können, arbei-

«Wer kein Geld hat...

...dem entfällt keine Münze», heißt es in einem alten holländischen Sprichwort. Der Trost klingt allerdings etwas schal. Dann doch lieber Geld, auch auf die Gefahr hin, daß einem mal etwas verlorengeht.

Aber das muß ja gar nicht sein: Wer sein Geld sicher und zinsgünstig anlegt, dem entfällt nicht nur kein Geld, bei dem vermehrt es sich sogar...

Pfandbrief und Kommunalobligation

Meistgekaufte deutsche Wertpapiere - hoher Zinsertrag - bei allen Banken und Sparkassen

Verbriefte Sicherheit

ten sie ohne die Brille. Manchmal verbessert sich die Sehfähigkeit in diesem Prozeß, da unser Sehvermögen oft mit gewissen Ansichten, die wir über uns selbst und Andere haben, zusammenhängt.

»Hat jemand hier eine intime Beziehung mit einem anderen Teilnehmer, so bitte ich sie, nicht miteinander zu arbeiten, bevor sie nicht mit mir darüber gesprochen haben. Ehepaare arbeiten fast ausschließlich an ihrer Beziehung statt an ihrer Frage. Noch etwas ist wichtig für jeden: Tun sie, was sie hier tun, weil *sie selbst* es wollen. Wenn sie hier sind, weil es ihnen jemand befohlen hat oder weil sie es für jemanden anderen tun, dann haben sie die falschen Gründe und sollten ein anderes Mal wiederkommen.

»Bitte haben sie während dieser drei Tage keinen Geschlechtsverkehr. Stellen sie alle ihre Energie in den Dienst dessen, was sie hier erreichen wollen.

»Im *Gespräch* bitte ich sie, in ihrer Muttersprache zu sprechen, auch wenn sie meine eigene Muttersprache, nämlich Englisch, flüssig sprechen können. Viele unserer Ansichten wurden in der Kindheit gebildet und sind mit der Muttersprache verbunden. Der Kursleiter wird sich dann bemühen, jemanden zu finden, der die entsprechende Sprache spricht. Ich kann mich an einen Kurs erinnern, bei dem fünf Sprachen im gleichen Raum gesprochen wurden.

»Wenn wir beginnen, teile ich jedem die Frage zu, an der er dann arbeiten wird. Es ist wichtig, die Form der Frage wie auch die Frage selbst in keiner Weise zu verändern. Die Fragen, die wir bearbeiten, sind grundsätzlich diese: ›Wer bin ich?‹, ›Was ist Leben?‹ und ›Was ist ein Anderer?‹

»Das *Gespräch* geht so vor sich: Am Anfang des *Gespräches* bitte ich jeden, sich einen Partner zu suchen. Sie und ihr Partner sitzen sich in einem angenehmen Abstand gegenüber. Man sollte auf gleicher Augenhöhe sitzen, in einer bequemen und entspannten Haltung. Achten sie jedoch darauf, daß ihr Rücken gerade ist. Kann jemand im Lotussitz sitzen, wie er im Zen geübt wird, ist das gut; wenn nicht, kann man auch in jeder anderen Haltung sitzen, in der man sich wohl fühlt. Die Knie sollten dabei möglichst unterhalb der Hüften sein. Man kann seine Haltung ändern, wenn man will.

»Die nächste Anweisung ist, festzustellen, an welcher Frage der Partner arbeitet. Ich werde dann einen von ihnen bitten, seinem Partner Anweisungen zu geben. Sie stellen ihrem Partner keine Frage, sondern geben ihm einen Befehl. Arbeitet ihr Partner an der Frage ›Wer bin ich?‹, dann sagen sie: ›Sag mir, wer Du bist!‹ Arbeitet ihr Partner an einer der anderen Fragen, dann würden sie sagen: ›Sag mir, was

Leben ist!‹ oder ›Sag mir, was ein Anderer ist!‹ Bitte halten sie sich genau an diesen Wortlaut und sagen sie nicht etwa: ›He Kumpel, wer bist du?‹

»Derjenige, der die Anweisung erhalten hat, bemüht sich dann um die Erfahrung seiner selbst, des Lebens oder des Anderen, je nach der entsprechenden Frage. Es ist wichtig, die Frage einige Zeit zu bedenken, ehe man seinem Partner antwortet. Tritt als Ergebnis etwas auf – sei es ein Gedanke, ein Gefühl oder eine Wahrnehmung, so teilen sie es ihrem Partner mit. Ist es ein Gefühl, bringen sie es zum Ausdruck. Das tun sie, ganz gleich, ob es die Frage zu beantworten scheint oder nicht.

»Der Partner, der die Anweisung gegeben hat, schenkt dann seine ganze Aufmerksamkeit dem Gegenüber. Er ist still und tut nichts, als das zu verstehen, was sein Partner ihm sagt. Man sollte dem Partner nicht helfen und ihm auch nicht zustimmen oder ihn kritisieren. Nur durch Dasein und Verstehenwollen kann man ihm helfen. Eine Konversation findet nicht statt; man stellt sich keine gegenseitigen Fragen; man diskutiert nicht während des Kurses. Der einzige verbale Austausch während des Kurses sind diese *Gespräche*.

»Nach fünf Minuten hört man einen Gong, und es ist Zeit, dem Partner zu danken. Das kann durch das Aussprechen des Dankes geschehen, aber auch durch eine Geste oder ein Kopfnicken.

»Gleich danach folgt die Anweisung, die Rollen zu vertauschen. Der Partner, der bis jetzt die Anweisungen gab, erhält nun die Anweisungen von dem anderen.

»Auf diese Art und Weise wechselt man. Jedes *Gespräch* dauert fünf Minuten. Dieses Wechsel-Gespräch dauert insgesamt vierzig Minuten. Nach vierzig Minuten hört man den Doppelton des Gongs und die Anweisung, seinem Partner zu danken. Man ruht sich fünf Minuten aus oder beginnt eine andere Tätigkeit. Es besteht die Möglichkeit, mit jedem Teilnehmer des Kurses zusammenzuarbeiten.«

Danach wird der Tagesplan beschrieben. Der Tagesplan und der gesamte Kurs haben nur ein Ziel: dem Suchenden zu helfen, alle Probleme und Gedanken zurückzulassen und sich nur der Frage zu widmen, die vor ihm steht. Den Teilnehmern wird erklärt, daß, sollten sie während des Gespräches etwas benötigen, z. B. ein Glas Wasser oder ein Papiertaschentuch, sie nur die Hand zu heben brauchen, und ein Helfer wird sich darum kümmern. Hat jemand irgendein Problem mit der Beziehung zum Partner, soll er sich an den Kursleiter wenden und nicht den Partner persönlich damit konfrontieren. Jeder wird angehalten, so rücksichtsvoll wie möglich zu sein.

Ein typischer erster Tag sieht so aus:

6.00 – 6.15	Aufstehen und Anziehen
6.15 – 7.00	Eröffnungsvortrag des Kursleiters
7.00 – 7.15	Atemübungen
7.15 – 7.30	Tee
7.30 – 8.15	*Gespräch*
8.15 – 8.45	Frühstück
8.45 – 9.30	*Gespräch*
9.30 – 10.15	*Gespräch*
10.15 – 11.15	Kontemplation im Gehen
11.15 – 12.00	*Gespräch*
12.00 – 12.45	Mittagessen
12.45 – 13.30	*Gespräch*
13.30 – 14.15	Vortrag
14.15 – 14.45	Kontemplation im Sitzen
14.45 – 15.30	*Gespräch*
15.30 – 15.45	Tee
15.45 – 16.45	Meditation bei der Arbeit
16.45 – 17.30	Ruhe
17.30 – 18.15	*Gespräch*
18.15 – 19.15	Abendessen
19.15 – 20.00	*Gespräch*
20.00 – 20.45	*Gespräch*
20.45 – 21.45	Kontemplation im Gehen
21.45 – 22.30	*Gespräch*
22.30 – 22.45	Hatha Yoga
22.45 – 23.00	Kleine Erfrischung
23.00 – 23.45	*Gespräch*
23.45 – 24.00	Waschen etc.
24.00 – 6.00	Kontemplation im Schlaf

Der Zeitplan kann sich, den Anweisungen des Kursleiters entsprechend, etwas ändern. Oft werden die Zeiten für die Kontemplation im Gehen, Ruhezeit usw. der Jahreszeit und den gegebenen Umständen angepaßt.
Die Nahrung ist organisch vegetarisch, unter Zusatz von natürlichen Vitaminen. Im Idealfall enthält sie keinen Zucker, keine Dosennahrung, wenig oder keine Milchprodukte und sehr wenig Gewürze. Die Vitamine – C, B 12, B Komplex, D, B 3, Kalzium und Körpersalze – werden der großen Anstrengungen des Kurses wegen gereicht.
Der Kursleiter setzt seinen Eröffnungsvortrag fort: »Während sie im

Gespräch sind, gehen meine Assistenten (in solch einem Kurs helfen andere Kursleiter, oder Schüler werden dazu angelernt) und ich im Raum umher, um ihnen zuzuhören. Das ist zur Kontrolle, daß die Übungen richtig ausgeführt werden und damit sie die Möglichkeit haben, Fragen zu stellen. Sie werden auch daran erinnert, ihren Rücken gerade zu halten.«

Der Kursleiter beendet seinen Vortrag mit einem Wort des Zuspruchs oder einer entsprechenden Zen-Anekdote. Danach werden einige Atemübungen gemacht, um den Körper richtig wach zu machen, gefolgt von einer Tasse Kräutertee.

Das erste *Gespräch* beginnt. Die Teilnehmer erhalten als erste Frage »Wer bin ich?«. Während dieses ersten *Gespräches* wird denen, die schon an einem Kurs teilgenommen haben und diese Frage beantwortet haben, eine andere Frage gestellt. Manchmal, besonders im Falle eines über-intellektuellen Teilnehmers, gibt der Kursleiter ihm die Frage: »Was ist mein wahres Wesen?«

Während des ersten Interviews fragt der Kursleiter jeden Teilnehmer, ob in seiner Familie Geisteskrankheiten aufgetreten sind oder ob er Symptome von Schizophrenie erlebt hat. Es ist jedoch recht selten, daß ein extrem unausgeglichener Mensch den Selbstfindungskurs besucht. Der Kursleiter bittet diejenigen, die er für ungeeignet ansieht, den Kurs zu verlassen, und verweist sie an Leute, die ihnen helfen können.

Der erste Tage des Kurses ist gewöhnlich der schwerste. Die meisten von uns sind nicht in der Lage, sich über einen längeren Zeitraum auf eine bestimmte Sache zu konzentrieren. Im Laufe des Tages finden die Teilnehmer sich vor Hindernissen, die es zu überwinden gilt, ehe man weitergehen kann. Mittags hält der Kursleiter einen weiteren Vortrag über diese Hindernisse, denen man sich gegenübersieht.

»Auf allen Wegen, Erleuchtung zu erlangen, gibt es Hindernisse. Beim Selbstfindungskurs ist das nicht anders. Die Hindernisse, die zwischen ihnen und ihrer unmittelbaren Erfahrung ihrer selbst stehen, treten auch hier auf. Lassen sie mich die Stufen erklären, die die meisten Menschen durchlaufen, wenn sie an solch einem Kurs teilnehmen.

»Vorerst möchte ich sie jedoch noch warnen: Einige von ihnen mögen im Lauf des ersten Tages zu dem Schluß kommen, daß diese Methode für sie nicht angemessen ist und daß sie mit ihr zu keinem Erfolg kommen. Sie finden es vielleicht irritierend, keine normale Konversation führen zu können, um sich gegenseitig kennenzulernen.

Absicht und Zweck dieser Übung ist *nicht,* sich gegenseitig kennen-zulernen – obwohl das auf ganz eigenartige Weise doch geschieht – sondern sich selbst unmittelbar zu erleben. Das ist ein sehr einsames Unternehmen.

»Wir alle haben Widerstände in uns, die uns davon abhalten möch-ten, das zu tun, was wir hier zu tun beabsichtigen. Sehen sie diese Wi-derstände und Hindernisse als ein direktes Ergebnis dessen an, was sie hier tun. Die Hindernisse treten auf, weil sie dagegen angehen. Wenn diese Dinge sie vom Weitermachen abhalten, kommen sie und sprechen sie mit mir darüber, und ich will versuchen, ihnen weiterzu-helfen.

»Vielleicht kann man die Hindernisse auch anders sehen. Ein Hin-dernis ist etwas in uns selbst, das wir noch nicht voll erfahren und als ein Teil von uns akzeptiert haben. Sie sehen also, daß solch ein Hin-dernis etwas ist, über das man mehr wissen und das man erleben soll-te. Und das ist die Lösung des Problems der Hindernisse: Das, was als Resultat des Kontemplierens der Frage ins Bewußtsein aufsteigt, muß voll und tief bewußt erfahren werden und dann dem Partner so ausführlich und genau mitgeteilt werden, daß dieser das Denken und Fühlen verstehen kann. Wenn dies geschieht, so ändern sich die Din-ge, und neue Gedanken und Gefühle treten auf. Man ist durch das Hindernis hindurchgegangen, nicht darum herum. Man hat es auch nicht unterdrückt.

»Einige der Hindernisse, die auftreten, sind Müdigkeit, Hunger, Schmerzen und die zeitweilige Unfähigkeit, seine Gedanken bei der Frage zu halten, sowie unerwünschte Gefühle und Gedanken fernzu-halten. Wichtig ist, all diese Dinge so genau wie möglich dem Partner mitzuteilen. Gefühle sind wichtig in dieser Beziehung. Haben sie ein Gefühl oder eine Emotion, so geben sie diesem Ausdruck und be-schreiben sie sie so, wie sie sie erleben. Dem Partner zu sagen: ›Ich bin traurig‹, ist nicht genug. Wie erleben sie das Traurigsein? Wo tritt es im Körper auf? Wie groß ist es? Ist es mit einer Farbe oder Form ver-bunden? Welche Gedanken treten auf bei diesem Gefühl?

»Alle Gefühle, Emotionen und Sinneswahrnehmungen sollten auf diese Art und Weise behandelt werden. Im Falle von Zorn könnten sie die Neigung haben, ihrem Partner zu sagen, daß sie mit ihm oder ihr zornig sind. Man sucht nach rationalen Gründen für das Zornig-werden, z.B. daß der Partner nicht zuhört, wie er sollte, oder daß ei-nem plötzlich sein Gesicht nicht gefällt. Der Zorn ist aber aufgetre-ten, weil man sich durch seine eigenen Gefühle hindurcharbeitet. Nehmen sie nicht den Partner als Zielscheibe ihrer Gefühle. Nehmen sie von ihren Gefühlen selbst Besitz. Sagen sie, daß sie zornig sind. Schreien sie ihren Zorn heraus oder schlagen sie ihr Kissen, aber richten sie ihn nicht gegen jemanden persönlich. Sie mögen glauben, mit mir oder dem Kurs zornig zu sein. In dem Fall kommen sie und sagen sie mir das. Sagen sie es zuerst ihrem Partner, und wenn das Erlebnis nicht überwunden werden kann, kommen sie zu mir.

»Nun einige Worte über die Stufen der Erleuchtung. Sie sind bei allen Methoden gleich, treten aber im Selbstfindungskurs rascher auf. Die erste Stufe befaßt sich mit dem Beantworten von Fragen. Man hält die gestellte Frage für eine intellektuelle Frage und beantwortet sie als solche. Die Antworten sind die, die man von den Eltern, Lehrern, Priestern und Freunden oder von Gehörtem oder Gelesenem übernommen hat. Sie beinhalten auch die Antworten, die man sich in der Vergangenheit selbst erarbeitet hat. Indem man seinem Partner diese Antworten mitteilt, werden sie im Geist erst einmal aus dem Weg geräumt. Diese Stufe kann zwei Stunden bis zu zwei Tage dauern.

»Die zweite Stufe ist die des Intellektualisierens. Man denkt logisch und rational über die Frage nach. ›Wenn das wahr ist, dann folgt daraus…‹ usw. Manchmal findet man auf diese Weise die ›richtige‹ Antwort. Doch da Antworten, richtige oder falsche, nicht das Ziel sind, muß man weitersuchen nach der unmittelbaren Erfahrung der Wahrheit. Diese Stufe ist überwunden, wenn man aufhört mit dem Versuch, Fragen zu beantworten, und beginnt, sie direkt zu erleben.

»Die dritte Stufe ist die der Phänomene. Man hat so viel nachgedacht, daß ungewohnte geistige und physische Phänomene auftreten. Man mag Visionen haben. Halluzinationen mögen auftreten, ähnlich denen, die nach dem Nehmen von Drogen auftreten. Der Raum mag einem verzerrt erscheinen. Man mag die Aura um Menschen und Dinge sehen. Heiße und kalte Lichtblitze oder Wellen starker Gefühle mögen den Körper durchströmen. Sie können diese Dinge für die Erleuchtung halten. Frage ich jemanden in diesem Zustand, könnte er antworten: ‹Ich bin eine explodierende Sonne!‹ Ich würde ihn dann fragen: ›Wer erfährt das?‹

»Die vierte Stufe ist die Leere. Auf dieser Stufe findet man sein Bewußtsein leer. Keine Gedanken treten auf, und man scheint keinen Fortschritt zu machen. Auf dieser Stufe bespreche ich mit ihnen, wie die Übung richtig fortzusetzen ist. Um weiteren Fortschritt zu machen, muß man aufhören zu ›suchen‹. Man muß suchen, sich selbst unmittelbar zu erfahren, ohne zu suchen.

»In der fünften Stufe erlebt man die Hindernisse der Gefühle, des Schmerzes und des Todes. Man erlebt Gefühle von Furcht, Zorn,

Trauer, Apathie und großer Ruhe. Die Gefühlszustände, mit denen man sich identifiziert hat, treten jetzt auf. Sie sind Teil der Charakterstruktur und hindern uns so daran, uns zu erleben, wie wir sind. Es sind Konstrukte, die man in der Vergangenheit aufgerichtet hat, um sich vor einem Gefühl zu schützen, das man nicht erfahren wollte. So hat man die gefühlsmäßige Empfindung eines ›Ich‹ erzeugt und sich dann damit identifiziert. Das Todeserlebnis oder die Furcht vor dem Tode tritt auf, wenn man sich von diesen geistig-emotionalen Ichzuständen löst. In manchen Fällen, wenn die Erleuchtung sehr tief geht, muß man im wahrsten Sinn des Wortes bereit sein zu sterben, um herauszufinden, wer man wirklich ist. Ich möchte ihnen aber hier versichern, daß noch niemand während eines Selbstfindungskurses wirklich gestorben ist.

»Die sechste Stufe ist das eigentliche Erleuchtungs-Erlebnis. Zwei Dinge geschehen gleichzeitig. Erstens hat man eine unmittelbare, bewußte Erfahrung seiner selbst, und zweitens erlebt man ein Freiwerden von Energie. Das geschieht in einem zeitlosen Moment. Man weiß, daß es ein entscheidender Durchbruch ist. Zweifel ist da unmöglich. Man mag lachen, schreien oder in einer Ekstase sein. Einige haben sogar einen Orgasmus. Es ist unterschiedlich je nach den verschiedenen Menschen und der Tiefe der Erleuchtung.

»Die siebte Stufe ist der Glanz, in dem man sich als die Wahrheit erfährt. Man fühlt sich völlig eins mit sich selbst, und von der eigenen Gegenwart strahlt etwas aus wie ein Glanz. Das hält an, bis man sich voll dem Anderen dargestellt hat. Im Zen beschreibt man das als ›Zen-Gestank‹.

»Die achte ist die Stufe reiner Ausgeglichenheit. Ist die Energie entladen, so ist man in einem ausgeglichenen Seinszustand, in dem man sein wahres Wesen Anderen mitteilen kann und selbst mit ihnen in direktem Kontakt ist. Diesen ausgeglichenen Zustand behält man im Leben so lange bei, solange man den Anderen sein wahres Selbst mitteilt. In diesem ausgeglichenen Zustand des unmittelbaren Erfahrens, was man wirklich ist, wird sich ihr Interesse wieder dem Leben und Anderen zuwenden.

»Wenn es so weit gekommen ist, gebe ich ihnen die nächste Frage. Es ist nicht selten, daß jemand mehrere Fragen in einem Selbstfindungskurs durchlebt. Es braucht nur einen Bruchteil einer Sekunde.«

Der Vortrag schließt mit einigen Worten des Zuspruchs, und auf den Gesichtern einiger Teilnehmer kann man erkennen, daß sie mit einer oder einigen der Stufen, die beschrieben worden sind, vertraut sind.

Danach ist es Zeit für die sitzende Meditation, und die Teilnehmer nehmen einen ihnen angenehmen Platz ein, wo sie ihre Frage in der Stille bearbeiten können.

Die Teilnehmer werden angehalten, ihre Aufmerksamkeit immer wieder zurück zur Frage zu bringen, wenn sie davon abgelenkt worden sind oder wenn ihre Gedanken gewandert sind. Der größte Teil des ersten Tages wird darauf verwendet. Den Teilnehmern wird nahegelegt, keine Anstrengungen auf das Vermeiden äußerer Gedanken zu verwenden oder herausfinden zu wollen, warum sie auftreten, sondern einfach immer wieder die Aufmerksamkeit auf die eigentliche Frage zurückzulenken.

Die Frage steht bei allen Tätigkeiten immer im Vordergrund des Bewußtseins. Während der Kontemplation im Gehen hat man nur eine Sache vor sich, die Frage: ›Wer geht? Wer atmet? Wer hört, wer riecht und wer fragt die Fragen?‹

Die Teilnehmer werden daran erinnert, daß der Zweck der Meditation bei der Arbeit der ist, herauszufinden, wer arbeitet. Wer harkt die Blätter zusammen? Wer wäscht auf, wer kehrt, wer schneidet das Gemüse? Vor dem Essen werden sie gefragt herauszufinden, wer da ißt, wer schmeckt und wer riecht. Am Ende des ersten Tages wird jeder angehalten, seine Frage zu dem letzten bewußten Gedanken zu machen, den er vor dem Einschlafen hat. Viele haben nur noch ein sehr müdes Lächeln über diese »Meditation im Schlaf«. Doch da werden Träume geträumt, und manchmal wacht jemand mitten in der Nacht auf und hat gefunden, was er sucht.

Am Schluß des ersten Tages hat jeder eine Vorstellung von dem, was ein Selbstfindungskurs ist. Wollte jemand wirklich den Kurs verlassen, so ist das die Zeit dafür. Die meisten Teilnehmer haben aber inzwischen feststellen können, daß der Prozeß in ihnen etwas angeregt hat, und normalerweise machen alle weiter. Vor dem Kurs bittet der Kursleiter meist diejenigen, die sich nicht sicher sind, zumindest diesen ersten Tag auszuharren.

Alle sind müde. Es war ein langer Tag. Alle schlafen rasch ein, doch innerhalb des Schlafzustandes zeigt sich ein erhöhter Bewußtseinszustand. Die Teilnehmer sagen oft, daß sie genauso schlafen wie gewöhnlich, aber irgendwie wacher als sonst. Sie nehmen das, was um sie herum geschieht, im Schlaf wahr. Sie nehmen es wahr, wenn jemand durchs Zimmer geht oder sich jemand bewegt; das weckt sie aber nicht auf und beeinträchtigt auch den Schlaf nicht. Wenn sie träumen, sind diese Träume klarer, und am Morgen können sie sich leichter daran erinnern.

Der zweite Tag beginnt. Die Teilnehmer werden angewiesen, ihrem Partner eventuelle Erfahrungen, die sie beim Schlafen oder Aufwachen gemacht haben, mitzuteilen. Der Raum scheint irgendwie klarer zu sein. Am ersten Tag liegt oft etwas in der Luft, das wie ein Nebel über allem lastet. Dieser Nebel lichtet sich nun, und die Gedanken und Gefühle werden klarer.

Einige Teilnehmer bitten den Kursleiter um ein Interview. Manche fühlen, daß sie keine Fortschritte mehr machen oder sind sich nicht sicher, die Anweisungen richtig zu befolgen. Für ein Interview geht man einzeln in ein spezielles Interview-Zimmer, setzt sich vor den Kursleiter und setzt das Gespräch fort, als ob der Kursleiter ein Partner wäre.

»Sag mir, wer du bist«, sagt der Leiter. Er erwartet keine endgültige Antwort, sondern sucht festzustellen, ob der Teilnehmer den Anweisungen Folge leistet. Johannes, ein hypothetischer Teilnehmer, antwortet: »Es passiert gar nichts bei mir. Wenn ich die Frage stelle, geschieht überhaupt nichts.«

»Und wie fühlt sich dieses Nichts für sie an?« fragt der Leiter.

»Ich schließe meine Augen und ich sehe nichts. Ich habe Kopfschmerzen vom dauernden Denken an meine Frage.«

»Was spüren sie sonst noch in ihrem Körper?«

»Mein Rücken schmerzt, und ich fühle mich unwohl, vor ihnen zu sitzen. Es erinnert mich an meine Schulzeit, wenn ich vor dem Lehrer stand und irgend etwas aufsagen mußte. Ich fühle mich frustriert und verloren.«

»Viele Menschen fühlen sich an diesem Punkt des Kurses genauso. Ich verstehe, daß es nicht angenehm ist, eine Autorität über sich zu haben. Wissen sie, daß ich für das, was wir hier tun, die Autoritätsfigur für sie sein muß, um ihnen helfen zu können, das zu finden, was sie suchen?«

»Ja, ich weiß das. Nun, da wir miteinander gesprochen haben, fühle ich, daß ich diese Erlebnisse habe, weil ich mir immer von äußeren Autoritäten habe sagen lassen, wer ich bin. Jetzt bin ich wütend über diese Autoritäten.«

»Man muß das seinem Partner sagen, bis es sich ändert. Ich danke ihnen, daß sie mir das gesagt haben. Wiederholen wir noch mal, wie das *Gespräch* zu führen ist. Wenn ihr Partner ihnen die Anweisung gibt, ihm zu sagen, wer sie sind, halten sie ein paar Sekunden inne, um es zu erleben, ehe sie antworten. Es ist kein Sich-Suchen. Hören sie auf zu ›suchen‹ und erleben sie unmittelbar. Verstehen sie den Unterschied?«

»Ich glaube. Ist das die Ursache für meine Kopfschmerzen?« fragt Johannes.

»Vielleicht. Es ist unwichtig, festzustellen, was die Gründe für Kopfschmerzen oder andere Symptome sind, die bei der Kontemplation auftreten. Wichtig ist, voll diese Erfahrungen wahrzunehmen und sie dem Partner mitzuteilen. Sagen sie dem Partner genauestens, wie sie die Kopfschmerzen erleben. Machen sie dasselbe mit ihren Rückenschmerzen, ihren Frustrationen, ihrem Zorn oder was sie auch immer erleben mögen. Wo genau ist der Kopfschmerz? Wie stark ist er? Pulsiert er oder ist es ein andauernder Schmerz? Versenken sie sich ganz hinein in den Schmerz. Stellen sie sich vor, daß sie die Frage direkt in den Schmerz hineinstellen, so daß sie sowohl die Frage wie den Schmerz voll wahrnehmen können. So können sie ihn ganz erleben, ihn ihrem Partner genau mitteilen und ihn so überwinden. Ihr Schmerz und alles was sie erleben ist ein direktes Ergebnis des Fragens ihrer Frage.«

»Ach so. Ich verstehe.«

»Da sie keine Gedanken haben, sagen sie, es würde nichts passieren. Doch da passiert eine ganze Menge in ihrem Körper, nicht wahr?«

»Ja, ich nehme an, daß ich meine Gefühle für nicht sehr wichtig ansehe. Wie sie vorher erwähnten, identifiziere ich mich mehr mit meinen Gedanken.«

»Identifizieren sie sich mit der Frage. Wer erlebt all das? Wer nimmt sich vor, das zu erleben? Wer denkt: ›Es passiert nichts?‹ Ändern sie nicht ihre Frage, sondern kontemplieren sie diese Dinge. Sogar in der Leere erlebt jemand ›Leere‹.«

Johannes nickt. Er scheint zu verstehen. Er hat neuen Mut.

»Gut. Gehen sie zurück und machen sie weiter.«

»Danke.«

Im Laufe des zweiten Tages ändert sich die Atmosphäre des Meditationsraumes. Einige der Teilnehmer erleben die vierte Stufe, die Leere, und absolute Stille herrscht für mehrere Minuten, während die Teilnehmer immer tiefer in sich selbst eindringen. Tränen und Gefühlsausbrüche, und es geht auf die nächste Stufe.

Der Kurs ist nicht ein Prozeß sondern mehrere Prozesse. Durchlaufend ist es ein Prozeß des Sich-Klärens. Während des *Gespräches* klären die Teilnehmer ihre Gedanken und Begriffe und teilen sie dem Partner mit. Vage, halbverstandene Ideen werden genaue Aussagen. Ein Prozeß der Loslösung findet statt. Der Teilnehmer kommt in Kontakt mit den Dingen, mit denen er sich in der Vergangenheit identifiziert hat. Er mag sich mit einer gewissen Rolle identifiziert haben wie »ein guter Mensch«, ein »Hilfsbereiter« oder mit einer bestimmten Berufung. Er mag sich mit seinem Denken, seinen Gefühlen oder seinem Körper identifiziert haben. Indem er nun jede dieser Feststellungen macht und seinem Partner mitteilt, zeigt sich die Wahrheit oder Unwahrheit dieser Identifikationen. Ist die Rolle oder Identität unwahr, verschwindet sie in dem Maße, wie sie dem anderen mitgeteilt und von diesem verstanden wird.

Gegen Ende des Kurses stellen sich die Teilnehmer mehr und mehr so dar, wie sie wirklich sind. Der Prozeß der Selbstdarstellung ist die Essenz des Selbstfindungskurses. Anfangs versucht der Teilnehmer, eine Frage zu beantworten. Dann wird der Teilnehmer eins mit der Frage. Schließlich wird der Teilnehmer die Antwort. Erleuchtung ist erreicht, wenn der Teilnehmer sich selbst dem Partner als Wahrheit darstellt. Zusammen mit der Erleuchtung kommen einige Worte, die für den Teilnehmer zu diesem Zeitpunkt als Beschreibung seiner selbst genau zutreffend sind. Doch sind diese Worte zweitrangig im Vergleich zur Darstellung seiner selbst als der Antwort.

Ein anderer Aspekt dieses Prozesses ist Liebe. Obwohl die Teilnehmer keine normale Konversation führen, offenbaren sie sich gegenseitig. Das ist eine gute Definition für Liebe: sich einem Anderen offenbaren und das unvoreingenommen akzeptieren, was ein Anderer dir offenbart. Am Schluß des Kurses ist der Meditationsraum erfüllt vom Gefühl der Gemeinsamkeit und Liebe. Das ist eigenartig, zudem da die meisten nicht einmal die Namen der anderen Teilnehmer wissen noch was sie im täglichen Leben tun. Dieser Prozeß des Sich-Öffnens ist es, der den Selbstfindungskurs so rasch und tiefgehend wirken läßt.

Der Prozeß ist nicht nur das Beantworten einer Frage. Die Frage ist nur Mittel zum Zweck. Die Frage ist die Landkarte, die Wahrheit das Ziel. Bildhaft gesprochen ist die Frage ein Magnet am Ende einer Angel. Indem man »an der Frage festhält«, wirft man die Angelschnur mit dem magnetischen Köder ins Unterbewußtsein. Das Unterbewußtsein ist wie ein Faß voller Alteisen. Die Frage zieht nur die Dinge an, die mit der Idee »Wer bin ich?« zu tun haben. Die Schnur wird eingezogen. Die Dinge im Unbewußten werden eines nach dem anderen hervorgeholt und einem Anderen gezeigt (dem Partner). Wieder und wieder wird die Angelleine ausgeworfen. Mehr und mehr Dinge, die bisher verborgen waren, werden hervorgeholt. Es ist wie das Leeren eines Fasses. Auf dem Boden des Fasses ist ein Spiegel. Ist er freigelegt und poliert, so spiegelt er das wahre Wesen des Suchenden wider.

Am Ende des zweiten und Anfang des dritten Tages machen einige Teilnehmer die Erfahrungen, nach denen sie suchen. Das Erleuchtungserlebnis ist für jeden anders. Für einige ist es eine Gefühlsexplosion und für andere ein sanftes Hineingleiten. Eines haben alle gemeinsam. Es gibt keinen Zweifel mehr, wer man ist, und eine große Ruhe überkommt einen. Man erfährt sich von Kopf bis Fuß, und es gibt keine Teilung von Körper und Verstand, Denken und Fühlen. Man weiß jetzt, daß man ist, wer man ist und immer war, unabhängig von seinem Denken, Fühlen und Tun. Der Kontakt mit Anderen und der Umgebung ist tief und klar. Die Gesichter leuchten mit einem inneren Glanz. Andere spüren ihre bloße Gegenwart, so wie man die Temperatur der umgebenden Luft wahrnimmt.

Die Grade der Erleuchtung

Es gibt nur eine Art der Erleuchtung: die unmittelbare Erfahrung der Wahrheit. Es gibt jedoch viele Stufen der Erleuchtung. Ein Mensch, der zu einer bestimmten Zeit die Antwort auf die Frage »Wer bin ich?« erfahren hat, kann später in seinem Leben wieder mit der gleichen Frage arbeiten und ein noch tieferes Erleben seines wahren Wesens haben.

In meiner Rolle als Kursleiter habe ich die Erfahrung gemacht, daß ein Erleuchtungserlebnis immer weiter vertieft werden kann. Dabei sind die Worte, die ein Teilnehmer als Beschreibung seiner Erfahrung verwendet, immer nur zweitrangig im Vergleich zur Erfahrung selbst. Die Worte sind insoweit wichtig, als sie helfen, die Erfahrung mitzuteilen. Aber die Worte sind nicht die Erfahrung selbst. Im Laufe der vielen Kurse sah ich immer wiederkehrende Formen in den Antworten. Auf jeder Erleuchtungsstufe werden für diese Stufe charakteristische Antworten gegeben. Sie sind entweder sehr ähnlich oder sogar identisch. Die Antworten geben eine Vorstellung vom Grad oder der Tiefe der individuellen Erfahrung.

Betrachten wir zuerst den Prozeß der »Erleuchtung des Selbst«. Auf die Frage »Wer bin ich?«, »Was bin ich?« oder »Was ist mein wahres Wesen?« ist die Antwort unweigerlich: »Ich bin«, »Ich bin ich«, »Ich bin ich selbst« oder einfach »Ich«. Auf der ersten Stufe der Selbstfindung sind diese Antworten einfach selbstevident. Es sind die Antworten, die man von einem kleinen Kind erhalten würde, wenn man fragt, wer es ist. Das Kind würde uns anschauen, als hätten wir nicht alle Tassen im Schrank, und würde sagen: »Ich bin ich, natürlich.«

Die Antworten auf der ersten Stufe der »Erleuchtung des Lebens« sind ähnlich denen der Erleuchtung des Selbst, insofern sie eine selbstverständliche Aussage großer Einfachheit machen. Die Fragen sind: »Was ist das Leben?«, »Was ist der Zweck des Lebens?« oder »Wie wird das Leben lebenswert?« Die Antworten auf diese Fragen sind meistens: »Dies«, »Leben ist«, »Leben« oder »Der Zweck des Lebens ist leben«, oder »Das Leben wird lebenswert durch leben«. Es ist nicht so, daß die Antworten den Teilnehmern vorher unbekannt waren. Viele gaben ihrem Partner diese Antworten schon in der ersten Stunde des Kurses. Der Unterschied ist der, daß sie nach der Erleuchtung eine unmittelbare bewußte Erfahrung dieser unglaublichen Tatsache ihrer eigenen Existenz haben. Das ganze Sein erlebt das JETZT. Vor der Erleuchtung hat man nur die Vorstellung, daß man existiert. So sind diese Aussagen jetzt, wenn sie auch einfach sind, doch sehr tief.

Was der Prozeß mir immer wieder zeigt, das ist der traurige Zustand des größten Teiles der Menschheit. Die meisten Menschen gehen durch ihr gesamtes Leben, umgeben von dem tötenden Feld ihrer individuellen Geistesverfassung. Sie sind nicht wirklich lebendig, sondern gefangen in einer Welt von Ideen und Rollen, die sie vom direkten Kontakt mit der erstaunlichen und wunderbaren Tatsache des Lebens selbst abhalten.

Die erste Stufe für die Frage »Was ist ein Anderer?« ist ähnlich. Sie beinhaltet zum erstenmal die bewußte Erfahrung der Tatsache der Existenz eines Anderen. Die Antwort ist häufig: »Ein Anderer ist.« Wenn man besorgt ist um den traurigen Zustand der Welt und darüber, daß so viele Menschen ihre Mitmenschen ignorieren und daß es so viele einsame Menschen gibt, dann sollte man diese Frage bedenken und ihre Antwort.

Die allermeisten von uns erleben den Mitmenschen nicht unmittelbar, sondern als Objekt in unserem Verstand. Nur in besonderen Situationen und unter bestimmten Voraussetzungen erlauben wir uns unmittelbaren und intimen menschlichen Kontakt. Für die meisten von uns sind Menschen Dinge, Objekte, die man durch die Fassade unserer Persönlichkeit und unserer Glaubenssysteme hindurch behandelt. Für einen Menschen, der das Bewußtsein von der tatsächlichen Existenz eines Mitmenschen nicht hat, sind Geschäfte, Politik oder Macht immer wichtiger und naheliegender. Der Mitmensch ist die Quelle der wertvollsten und schönsten Erlebnisse, die der Mensch haben kann – Liebe und Freundschaft.

Das direkte, voll-bewußte Erleben des Seins eines Anderen ist etwas, das ein Leben ändern kann. Ein neuer Respekt und ein Sorgen für den Mitmenschen entspringen daraus, die jenseits von allem »sich um den Mitmenschen kümmern« liegen, jener geistig produzierten Rolle, mit der wir alle so vertraut sind.

Die Fragen rotieren so, daß ein Teilnehmer, der wiederholt an den Kursen teilnimmt, sie in dieser Reihenfolge bearbeitet: Zuerst muß er die Frage beantworten: »Wer bin ich?« oder eine Frage ähnlichen Inhalts. Dann behandelt er die Frage »Was ist das Leben?« und schließlich »Was ist ein Anderer?«. Dann kehrt er zur ersten Frage zurück, um ein tieferes Erleben der Selbstfindung zu haben. Es ist nicht ungewöhnlich, daß ein Teilnehmer in einem Drei- bis Fünftage-kurs mehrere Fragen beantwortet (Kurse laufen manchmal auch bis zu einundzwanzig Tage).

Ein Teilnehmer tritt in die zweite Phase der Selbstfindung ein, wenn er über die einfache Tatsache seiner Existenz hinausgeht und das Wesen, das WAS des »Ich bin« sucht. Der Vorgang ähnelt dem, der zur ersten Stufe führte, aber der Teilnehmer hat nun mehr Selbstvertrauen in den Vorgang und weiß, daß er fähig ist, die Antwort zu finden. Er braucht im allgemeinen weniger Zeit dafür.

Die Antworten, die in der zweiten Phase auftreten, sind verblüffend: »Ich bin die Quelle meiner selbst«, »Ich bin der Gott meines Universums« oder einfach »Ich bin Gott«. In anderem Zusammenhang könnten einen solche Antworten in eine Nervenheilanstalt bringen. Doch diese Menschen sind nicht wahnsinnig. Sie sind gesünder als je zuvor. Die Erfahrung, der Schöpfer des »äußeren Selbst« zu sein, ist gleich der Erfahrung dessen, was für den westlichen Menschen »Gott« bedeutet. Die zweite Phase der Erleuchtung des Selbst ist charakterisiert durch die Erfahrung, daß man voll verantwortlich ist für das, was man ist. Das ist sowohl das Übernehmen einer großen Verantwortung wie auch ein befreiendes Erlebnis. Denn erst, wenn man die Verantwortung übernommen hat für das, was man ist, kann man sich auch ändern.

Die zweite Phase der Erleuchtung des Lebens hat ebenfalls den zusätzlichen Aspekt der Verantwortung. Obwohl die Frage in der ursprünglichen Form gefragt wird, wird ihr Gehalt zu »Was ist das Leben über das Überleben und das einfach Dahinleben hinaus?«.

Die Antworten darauf drücken direkt oder indirekt aus, daß es einen Sinn und Zweck des Lebens gibt. Erstes Ziel ist natürlich, das Leben so voll wie möglich zu leben. Außerdem ist das Ziel, sich seiner selbst und der Umwelt bewußt zu werden. Antworten wie die folgenden treten auf: »Das Leben ist eine Beziehung, die alle Wesen miteinander haben«, »Der Zweck des Lebens ist Liebe«, »Ziel des Lebens ist Wachstum« oder »Das Leben ist die Art und Weise, wie man sich treffen kann«.

Die Frage hat zwei Seiten, die ineinander übergehen. »Was ist der Zweck des Lebens im allgemeinen, und was ist der Zweck meines Lebens?« Je tiefer die Erleuchtung über das Wesen des Lebens ist, um so klarer sieht man das Leben als eine Möglichkeit des Wachstums an und um so deutlicher wird, daß dieses Wachstum unabdingbar mit der Beziehung zu Anderen verbunden ist. Die Antworten deuten an, daß das Leben durch die Vertiefung der Beziehung zur Umwelt, besonders zu anderen Menschen, erfüllt wird. Eine weitere Frage hilft zu prüfen, was man in seinem eigenen Leben tut: »Führst du das reichste Leben, das dir möglich ist?« Die meisten Teilnehmer des Kurses entdecken, daß sie ihr Leben schon dadurch erfüllen, daß sie eine tiefere Beziehung zu sich, zum Leben und zu Anderen suchen. Nach dieser Erfahrung entschließen sich einige, ihr Leben noch aktiver zu gestalten und vielleicht sogar Anderen bei ihrer Suche behilflich zu sein.

Die Erleuchtung des Lebens bringt uns in einen Bewußtseinszustand, der die Grenzen unserer privaten Welt überwindet. Man gewinnt das Gefühl, mit allen Dingen in enger Verbindung zu stehen. Es ist ein Gefühl universeller Bruderschaft und Liebe für die Erde, auf der wir alle leben. Je tiefer diese Erfahrung ist, um so klarer sieht man den Sinn des persönlichen und überpersönlichen Lebens im Hier und Jetzt. Es ist nicht nur ein Glaube, eine Annahme, es ist ein inneres Wissen, das das ganze Sein erfüllt.

In der zweiten Phase der Erleuchtung in bezug auf den Anderen erwirbt man ein tiefes Verständnis dafür, daß der Andere nicht nur existiert, sondern ein einmaliges Individuum ist, dessen Wesen dem eigenen Wesen gleicht. Das ist schwierig in Worte zu fassen. Das »Wer« des Anderen ist absolut einmalig. Er oder sie ist eine ganz andere Person. Und doch hat man mit dieser Person gleichzeitig dasselbe Wesen. So wie das Bewußtsein wächst, wächst auch die Würdigung sowohl der Unterschiede zwischen den Menschen als auch der Gemeinsamkeit ihres Wesens. Das ist ein Gegensatz, den das begriffliche Denken nicht leicht fassen kann. Der Inhalt dieser Aussage ist jedoch unmittelbar erfahrbar.

Der tiefste Grad der Erleuchtung wird umschrieben in Antworten wie: »Ich bin Fähigkeit«, »Ich bin das ›Ich kann‹«. Die Worte sind aber nur eine Andeutung dessen, was dahinterliegt. In diesem Zustand erlebt man sein wahres Wesen jenseits aller Begriffe. Man erlebt sich als ein nicht-physisches Wesen, man besteht weder aus Materie noch Energie, noch Gedanken oder Gefühlen. Da man kein »Ding« ist, hat man auch keine Form. Man weiß, daß man immer war, erlebt sich also ohne Ursprung. Man sieht, daß der Verstand, der Körper und das physische Universum unsere Schöpfungen sind. Wir erfahren uns gegenseitig durch diese Schöpfungen, sind sie aber nicht selbst. Ein Wort, das dieser Erfahrung nahekommt, ist Emanation, Ausfluß, Ausstrahlung. Man ist Emanation. Man erlebt sich als endlos und grenzenlos und doch zentriert im Hier-und-Jetzt.

Man erfährt, daß man nicht sein Gehirn oder seine Verstandesfähigkeit ist. Die Funktionen des Denkens und Fühlens bringt man selbst aus einer tieferen inneren Quelle hervor. Obwohl man hauptsächlich in seinem Körper wohnt, um am Leben teilzunehmen, erstreckt man sich doch – in physischen Begriffen gesprochen – bis in die fernsten Fernen des Universums.

Nun kommen wir zu Erfahrungen, die begrifflich nicht verstanden, sondern nur erfahren werden können. Der dritte Grad der Erleuchtung setzt eine gänzliche Überwindung des rationalen Denkens voraus. Der Verstand allein kann nicht zu den Vorstellungen kommen, die wir beschrieben haben. Sie beschreiben eine Wirklichkeit, die im Bezug auf unsere normale Wahrnehmung der Welt unwirklich scheint. Akzeptieren wir sie als Wahrheit, muß sich unser gesamtes Bild der Wirklichkeit ändern.

Eine Beschreibung der Wirklichkeit aus der Sicht der höheren Stufen der Erleuchtung habe ich in meinen Ausführungen über die Psychometaphysik versucht. Das Erleuchtungs-Erlebnis selbst aber findet in einem zeitlosen Moment statt, jenseits der Grenzen des begrifflichen Denkens. Das zu beschreiben würde ein anderes Buch in Anspruch nehmen, wenn man es überhaupt beschreiben kann.

Der Zweck des Selbstfindungskurses ist, die unmittelbare Erfahrung des eigenen Wesens, des Wesens des Lebens und des Anderen zu erlangen. Auf lange Sicht wird Sinn und Zweck aber noch viel umfassender. Durch die Teilnahme an diesen Kursen über einen Zeitraum von mehreren Jahren habe ich herausgefunden, daß es eine Methode zur Entwicklung der Fähigkeit ist, die Dinge ganz aus sich selbst zu erkennen.

Dieser Prozeß ist eine Art von Meditation. Er setzt das Stellen einer Frage voraus oder die Absicht, etwas Spezielles zu erfahren. Ein Wissenschaftler oder Mathematiker wendet denselben Prozeß an, wenn er ein Problem lösen will. Er vertieft sich intensiv in die Frage, und einige Zeit später kommt die Antwort wie von selbst ins Bewußtsein, im Schlaf oder zu einer ganz unerwarteten Zeit. Wissenschaftler würden kaum zugeben, daß dieser Prozeß in den Bereich der Mystik fällt. Das übliche Verständnis des Wortes Mystik ist: etwas hinter einer Fassade von verschwommenem religiösem Gerede verstecken. Mystik ist jedoch etwas ganz anderes. Ein Mystiker ist ein Mensch, der seinen Geist und seinen Körper so geübt hat, daß sie ihm eine klare Erfahrung und ein Verständnis der physischen Realität geben.

Stellen wir uns vor, die Wissenschaft wäre in der Lage, irgendwann in der Zukunft einmal eine Maschine zu produzieren, die sämtliche Phänomene des Universums aufspüren und in einen Zusammenhang bringen könnte. Diese Maschine wäre der Höhepunkt der wissenschaftlichen Technologie. Die Maschine würde alle Dinge messen und berechnen, vom Kleinsten bis zum Größten, und alle Kräftewirkungen, die nur existieren, zusammenfassen. Die Maschine gäbe der Wissenschaft ein richtiges und genaues Bild des Weltalls. Mystiker wissen, daß sie schon existiert. Jeder Mensch auf der Erde bewegt sich in solch einer Maschine.

Wie ist es möglich, daß ein Individuum jenseits der akzeptierten Grenzen der Sinneswahrnehmungen noch etwas erfahren kann? Die Antwort ist einfach, wenn man unmittelbares Wissen um das eigene wahre Wesen hat. Das Wesen des Ich ist es, nicht nur ein Beobachter der Welt zu sein. Es ist auch der Schöpfer oder genauer ein Mit-Schöpfer der Welt. Auf einer tieferen inneren Ebene wissen wir alle alles, da wir es selbst hervorgebracht haben. Stellen Sie sich im Geist ein Dreieck vor! Woher wissen Sie, daß es dort ist?

Es geht nicht darum, sich Wissen anzueignen, sondern das bereits vorhandene Wissen unserem normalen Wachbewußtsein bewußt werden zu lassen. Das geschieht einfach (nicht notwendigerweise leicht oder schnell), indem man sein Körper-Geist-System von allen Verfestigungen befreit. Die Dinge, die uns vom Wissen fernhalten, sind vielfältig. Man muß den Geist von allen festen Einstellungen und Meinungen reinigen. Man muß lernen, keinen Teil seiner selbst oder der Welt für wichtiger anzusehen als einen anderen. Man muß den Körper von Giften und Spannungen befreien, besonders von chronischen Spannungen, da sie die Wahrnehmungen verzerren. Man muß seine Beziehungen zu Anderen klären, so daß man sich so geben kann, wie man wirklich ist. Dann kann man sein Bewußtsein auf jede Frage lenken, angefangen mit den Fragen nach sich selbst, nach dem Leben und dem Anderen. Man kommt nicht darum herum. Der Prozeß, ein Mystiker zu werden, ist derselbe wie der Prozeß des persönlichen Wachstums. Warum soll man ihn also mystisch nennen?

Bibliographie

Literatur zur Kabbalah in deutscher Sprache

Bardon, Franz — Der Schlüssel zur wahren Quabbalah, Bauer Verlag, Freiburg/Br. 1957

Benz, Ernst — Christliche Kabbalah, Rhein Verlag, Zürich 1958

Bischoff, Erich — Die Elemente der Kabbalah, 2 Teile in einem Band, Barsdorf Verlag, Berlin 1913

Die Mystik und Magie der Zahlen. Arithmetische Kabbalah, Nachdruck der Ausgabe Berlin 1920, Ansata, Schwarzenburg 1977

Halevi, Z'ev Ben Shimon — Der Kabbalistische Weg zur Bewußtseinserweckung, Bauer Verlag, Freiburg/Br. 1975

Langer, Georg — Liebesmystik der Kabbala, Barth Verlag, München-Planegg 1956

Müller, Ernst — Der Sohar und seine Lehre, Einführung in die Kabbalah, 4. Aufl. Origo Verlag, Zürich 1978

Papus — Die Kabbala, Nachdruck der Altmann Ausgabe, Leipzig 1911, Ansata, Schwarzenburg 1975

Safran, A. — Die Kabbala, Gesetz und Mystik in der Jüdischen Tradition, Francke Verlag, Bern 1966

Schaya, Leo — Ursprung und Ziel des Menschen im Lichte der Kabbala, Barth Verlag, Weilheim 1972

Scholem, Gershom — Das Buch Bahir (Text und Kommentar), 1923 (Neuauflage Wissenschaftliche Buchgesellschaft Darmstadt 1970)

Ursprünge und Anfänge der Kabbalah (Studia Judaica Band III), de Gruyter, Berlin 1962

Die Geheimnisse der Schöpfung (Ein Kapitel aus dem kabbalistischen Buch Sohar) Insel Verlag, Frankfurt 1971

Zur Kabbala und ihrer Symbolik, Suhrkamp, Frankfurt a. M. 1973

Über einige Grundbegriffe des Judentums, Suhrkamp, Frankfurt a. M. 1970

Die Jüdische Mystik in ihren Hauptströmungen, Suhrkamp, Frankfurt a. M. 1967

Von der Mystischen Gestalt der Gottheit, Suhrkamp, Frankfurt a. M. 1973

SEPHER JESIRAH — Das Buch der Schöpfung; mit kritisch redigiertem Originaltext (vokalisiert) und deutscher Übersetzung; von Lazarus Goldschmidt 1894; (Neuauflage Wissenschaftliche Buchgesellschaft, Darmstadt 1969)

DER SOHAR — Das Heilige Buch der Kabbala; nach dem Urtext herausgegeben von Ernst Müller, Nachdruck der Ausgabe Wien, 1932, Ansata, Schwarzenburg

Thimus, A. von — Die Harmonikale Symbolik des Altertums, Nachdruck der Ausgabe Köln, 1868–76, 2 Bände, Olms Verlag, Hildesheim

Weinreb, Friedrich	*Der Göttliche Bauplan der Welt*, Origo, Zürich 1966
	Die Symbolik der Bibelsprache, Origo, Zürich 1969
	Wie sie den Anfang träumten, Origo, Zürich 1976
	Die Jüdischen Wurzeln des Matthäus-Evangeliums, Origo, Zürich 1976
	Das Buch Jonah, Origo, Zürich 1970
	Die Rolle Esther, Origo, Zürich 1968

Wichtige Literatur in englischer Sprache

Case, Paul Foster	*The Tarot, A Key to the Wisdom of the Ages*, Macoy, Richmond, Virginia, 1947
	The Book of Tokens, Builder of the Adytum, Los Angeles 1968
Fortune, Dion	*The Mystical Qabalah*, Ernest Benn, London 1957
Ginsburg, Christian	*The Kabbalah, Its Doctrines, Development and Literature*, Routledge & Kegan Paul, London 1971
Gray, William	*The Ladder of Lights*, Helios, Cheltenham 1971
Hall, Manley Palmer	*The Secret Teachings of All Ages*, Philosophical Research Society, Los Angeles 1968
Kalisch, Rev. Dr. I.	*Sepher Yezirah, English and Hebrew*, L. H. Frank, New York; reprint AMORC, no date
Knight, Gareth	*A Practical Guide to Quabalistic Symbolism*, Volumes 1 and 2, Helios, Cheltenham 1972
Ponce, Charles	*Kabbalah*, Garnstone Press, London 1974
Regardie, Israel	*The Golden Dawn*, Llewellyn Publications, St. Paul, Minn., 1971
Regardie, Israel	*The Tree of Life*, Weiser, New York 1971
Suares, Carlos	*The Cipher of Genesis*, Stuart & Watkins, London 1970
Waite, A. E.	*The Holy Kabbalah*, University Press, New York 1965
Westcott, William W.	*Sepher Yetzirah, The Book of Formation and The Thirty Two Paths of Wisdom*, Occult Research Press, New York, no date
	The Kabbalah, Wehman Bros., no date
Zain, C. C.	*The Sacred Tarot*, The Church of Light, Los Angeles 1966

Als Quellen wurden weiterhin herangezogen

Assagioli, Roberto	*Psychosynthesis, A Manual of Principles and Techniques*, Turnstone Books, London 1975; deutsch: *Handbuch der Psychosynthese*
Kapleau, Philip	*The Three Pillars of Zen*, Beacon Press, 1967; deutsch: *Die drei Pfeiler des Zen*
Maltz, Maxwell	*Psychocybernetics*, Wilshire Books Co., North Hollywood, California, no date; deutsch: *Erfolg kommt nicht von ungefähr*
Perls, Frederik S.	*Gestalt Therapy Verbatim*, Real People Press, Utah, no date; deutsch: *Gestalt-Therapie in Aktion*
Teilhard de Chardin, Pierre	*The Phenomenon of Man*, Collins, London 1959; deutsch: *Der Mensch im Kosmos*

Der Sohar

Das Heilige Buch der Kabbala

Nach dem Urtext ausgewählt,
übertragen und herausgegeben
von Ernst Müller.
Diederichs Gelbe Reihe Band 35.
12. Tsd., 320 Seiten mit 13 Abb.

Wer sich mit jüdischer Mystik vertraut machen will, der findet in
diesem »Buch des Glanzes« (Sefer ha-Sohar) ihren Grund.
Der Ende des 13. Jahrhunderts in aramäischer Sprache abgefaßte Sohar
ist – neben der Bibel und dem Talmud – ein kanonischer Text. Aber
es brauchte Jahrhunderte, bis er aus der Verborgenheit zu höchster
Wertschätzung gelangte.
»Wenn ich das Buch Sohar öffne, so schaue ich die ganze Welt«
(Baal-schem, der Begründer des Chassidismus). Und von Rabbi Pinchas
von Koretz ist überliefert: »Der Sohar hot mich derhalten beim
Jiddischkeit.«

EUGEN DIEDERICHS VERLAG

rororo
sachbuch
transformation

C 2296/1

C 2296/1 a

rowohlts enzyklopädie

ro
ro
ro

C 2309/1